U0640037

礼法传统与现代法治丛书 第三辑

立字为据

礼法传统中的契约文化

俞荣根 丛书主编

瞿见 著

国家出版基金项目

孔學堂書局

2022年度国家出版基金资助
2021年度贵州省出版传媒事业发展专项资金资助
贵州省孔学堂发展基金会资助

图书在版编目（CIP）数据

立字为据：礼法传统中的契约文化 / 瞿见著．—
贵阳：孔学堂书局，2023.12
（礼法传统与现代法治丛书 / 俞荣根主编．第三辑）

ISBN 978-7-80770-364-8

Ⅰ．①立… Ⅱ．①瞿… Ⅲ．①契约－文书－研究－中国 Ⅳ．①D923.64

中国国家版本馆CIP数据核字（2023）第081376号

礼法传统与现代法治丛书（第三辑）　俞荣根　主编
立字为据：礼法传统中的契约文化　瞿见　著
LIZI WEI JU: LIFA CHUANTONG ZHONG DE QIYUE WENHUA

责任编辑：胡　馨　黄　艳
责任印制：张　莹　刘思妤
技术编辑：龙雅萍

出版发行：孔学堂书局
地　　址：贵阳市乌当区大坡路26号
印　　制：深圳市新联美术印刷有限公司
开　　本：889mm×1230mm　1/32
字　　数：250千字
印　　张：11
版　　次：2023年12月第1版
印　　次：2023年12月第1次印刷
书　　号：ISBN 978-7-80770-364-8
定　　价：88.00元

总 序

俞荣根

百多年前，中国的法学、法制在摆脱民族危亡中艰难转型。模范欧美，称引宪制，废旧立新，变法修律，以图汇入民主法治大潮流。其进步和成就可以用一句话概括：从此迈入了现代阶段。但她毕竟很年轻，还不成熟。年轻时代犯错总是难免的。一个人如是，一种学术和制度亦如是。其中之一，是这一领域几乎成了域外法学理论和法制模式的试验地，西洋的、东洋的、苏俄的，一度照搬他们的理论和法条，缺乏民族自信力和创造力。流弊所至，菲薄传统，厚诬古贤，陷入对中国古代法误读、误解、误判的“三误”境地。有一个显证：都说中华传统文化源远流长、博大精深，但涉及其中的古代法和法制，给世人的印象无非“法自君出”“严刑峻法”，似乎一无是处。虽说年轻时犯的错应当原谅，但必须记取，加以改正。

重新认识中国古代法和中华法系，寻求其固有结构体制和价值，以及内在的法文化遗传密码，是本丛书的初衷。

追寻对中国古代法和中华法系的“三误”源流，我们发现，“律令法”之说难脱其干系。“律令法”说亦称“律令体制”说，长期主导着中国法律史学术领域。这一学说也确曾推进了历代律令制度的研究。但“律令法”说，无法真正理解古代“礼乐政刑”“德礼政刑”的治国方略，难以领悟“无讼”“亲亲相隐”“复仇”“存留养亲”、家产制、州县对“细故”纠纷的“调解和息”等制度和原则的合理内核。循守“律令法”之说，难免得出中国古代“诸法合体”“民刑不分”“民法缺位”“用刑罚手段审理民事案件”“卡迪司法”等结论。

自古以来，人们描述古代中国，惯用“礼法制度”“礼法社会”“礼法之治”等词语。此“礼法”，不是“礼”与“法”的合称，也不是“礼法合一”“礼法融合”的意思。“礼法”就是“礼法”，是中国古代法的实存样态，是一个双音节的法律词汇，一个双音节的法哲学范畴。中国古代法是“礼法”之法，是一种“礼法体制”，而不应归结为单纯的“律令法”或“律令体制”。律令是礼法统率下的律令，是礼法中偏重于刑事和政令的那些法律和法制部门。正是“礼法”，维系着古代中华帝国政治法制的合法性论证，包摄有超越工具法层面的法上法、理想法、正义法层级，秘藏了古代法文化的遗传密码。它肯定烙有历代统治集团阶级偏私的严重印痕，也避免不了时代的种种局限，但掩盖不住所蕴含的“良法善治”智慧和经验。“礼法”，是古代中国人长期选择的法律样式和法律制度。

中国古代法是“礼法体制”，中华法系是“礼法法系”。这是本丛书的基本思路。

鉴于此，本丛书的架构，不能不从反思“律令法”说起始，继而对礼法和礼法制度的内在结构、功能价值进行必要的法学和法哲学原理上的阐释与探索，进而沿波讨源，追寻其生成、发达、消解的过程并力图说明这一过程的内外联系。丛书有诸多分册横向展现古代礼法和礼法制度的某一层面或部分，它们是实现丛书宗旨的坚实支撑。

牢牢把握学术性是丛书立足之本。立论有据，考析翔实，引证规范，观点平实，不搞吸引眼球的噱头，不搞戏说、穿越、梦幻。但这套丛书毕竟不同于诸如《中国古代礼法制度史》《中国古代礼法思想史》之类的学术著作，通俗、可读是她应有的风采。结构不厌精巧，运思力求缜密，文通句顺，语言清新，笔端情丰韵盈，多以案例、故事说礼法，以收引人入胜之效。诚然，通俗性不得损害学术性。寓学术性于通俗性之中，是本丛书学术团队的自觉追求。

本丛书的发起人和倡导者是孔学堂书局管理高层。他们也是推动丛书策划和运作的原动力。

2015 年 4 月 10 日上午，贵阳孔学堂主办第一场学术论辩大会，论题为“现代法治与礼法传统”。我有幸以六位嘉宾之一的身份参与。论辩会前后，孔学堂书局副总编张忠兰女士几度表示，想组编一套以“礼法传统与现代法治”命名的丛书，希望我出任主编。我自知年岁不饶人，难当重任，恭谢而婉拒之。第二天下午，贵州省人民检察院邀我去做个学术讲座。孔学堂书局和孔学堂杂志社总编辑李筑先生和张忠兰女士等闻讯赶过去旁听。讲座结束后，李筑总编说，我以“礼法传统”分析中国古代“良法善治”的诸多问题，他都同意。两位再次希望支持他们做好这套丛书。书局领导如此敬业执着，再拒就不恭了。

丛书的第一批书目和作者确定后，李筑总编写信予以肯定和鼓励。这是一篇见解深邃、雅语迭出的美文，将本丛书的宗旨、价值、特色表达得一清二楚，谨录之与读者共享。

> 礼法作为整个农耕时代维系中国社会运行的制度基础，几千年来植入人心，早已成为中国人信仰的重要组成部分，沉淀为中国人的文化基因，在伦常日用中外化为中国人温良恭俭让、长幼尊卑有序的行为习惯。儒家的核心价值是求仁，从孔孟处发源的

"仁者爱人"，在宋明以后更发展为"民胞物与""万物一体"之仁，今天看来，这当是人类最高明的价值观。而依循礼法，乃是致仁的根本路径、不二法门。中华民族历数千载而愈发茁壮，礼法文化堪称制度枢纽，功莫大焉。体验过百多年来欧美典章和苏俄制度交相试验的得失成败，并通过近四十年穷追猛打般的工业化狂飙初步取得器物层面自信的中国，要在精神上真正站起来，建立良善和谐、充满活力的新中原，必须回到对仁的追求，自然也就必须从礼法文化中寻求社会发展和社会治理返本开新的资源！

……

从书选题的规划，以原始察终、承弊易变、汇通中外的史学方法为经，以现代法学的分科观照路径为纬，案理结合、深入浅出发挥中华礼法文化的宏微之意，定会在国学复兴的热潮中别树一帜。而丛书各卷溯本清源阐发之礼法精华，更会在返本中开掘出礼法文化源源不断的崭新当代价值：信仰价值、制度价值、道德价值、文化价值……展现中华法文化"周虽旧邦，其命维新"的灿烂光华，于普及教化中启发治国为政者的制度创新智慧！

……

礼法文化是一座宝库，我们正在开启它！因此，我们对这套丛书充满期待！

对这套丛书，总编期待！书局期待！作者期待！

更值得作者和编者共同期待的是，愿她能满足读者的期待！并得到读者"上帝"的回音，尤其是批评和指教性的回音。

2017 年 11 月 5 日

目录

绪论

古代契约法：海德堡与文斗寨

一、比较视野中的契约与礼法传统

（一）契约的两个名字

“傅别之法，古用竹木，如符节然。至周而用质剂，则券契尚矣。嗣是而后，相循不废。”[1]这句话是刊行流布于清末，教人如何拟写契约的一本“契式书”的开篇之辞，其中罗列了许多今人并不熟悉的术语，如“傅别”“质剂”“券契”。这些似乎古奥聱牙的语汇，在现在的理解中，指代的都是某一种类的“契约”：一般认为，“借贷契约叫作傅别，取予受入契约叫作书契，卖买、抵押、典当契约叫作质剂”[2]。

虽然用“契约”来解释那些去今已远的古称已经足够浅显，但在现今的中文法律语境中，连“契约”本身都已成为一个颇具古意的称谓[3]——无论是在学术还是通俗语境中，更为人们所熟知

1　〔清〕蒋升：《书契便蒙》，京都鸿文书局光绪三十一年（1905年）石印，第1页。另，该书中蒋署名“南窗侍者”。

2　张传玺：《契约史买地券研究》，中华书局2008年版，第13页。

3　一个观察是，在当前大陆法学术语的使用传统中以“合同”一词为主，而其在海峡对岸的对称，则主要为“契约”。有学者经考察发现，“‘合同’成为‘契约’的同义词并逐渐取代后者是1949年以后的事情”。见贺卫方：《“契约”与“合同”的辨析》，《法学研究》1992年第2期。

的用词显然是“合同”[1]。因此，被“契约”所指称的事物似乎拥有了在时序上前后承继的两个名字：在关涉古代的文字中它常以“契约”的名字出现，而在现代话语中则易以“合同”之名。这种简单的古今对应，实际上存在着某种虽然无伤大雅，但并不十分严谨的概念偏移——无论在古代还是今天，“契约”与“合同”都无法在严格的意义上相互等同。[2]但是，在一般的认知中，对“契约”这一概念的解释，则已经悄然演进为“（中国）古代的合同”了。

进一步的，在西法东渐的宏大背景下，“合同”一词又常被用来对译外文中的相应词汇（诸如法语中的 *contrat*，德语中的 *Vertrag* 或 *Kontrakt*，英语中的 contract 或拉丁文中的 *contractus*），因而其也在相当程度上为后者的定义所定义。很多时候，人们对于“合同”概念的理解，与“合”“同”二字之结合并无直接关系，而更多的是将其作为某一中文语境之外的法律术语的对称。由此，这实际上形成了一种以“西法”来解释“合同”，而又借“合同”

1　《中华人民共和国民法典》第四百六十四条第一款规定：“合同是民事主体之间设立、变更、终止民事法律关系的协议。”

2　1892 年，德国学者约翰尼斯·埃米尔·孔兹（Johannes Emil Kuntze）提出，应当将契约行为和合同行为区分开，双方法律行为为“契约”，而共同行为（如合伙合同）则应为“合同”。这一区分其实与中国古代关于“合同”和“契约”的区别相暗合，但中国民法中并未区分“合同”和“契约”的概念。参见 Johannes Emil Kuntze, “Der Gesamtakt-ein neuer Rechtsbegriff,” in *Festgabe der Leipziger Juristenfakultät für Dr. Jur. Otto Müller*, ed. Bernhard Windscheid and Johannes Emil Kuntze (Leipzig: Verlag von Veit & Comp., 1892), 27–80。另参见王利明：《合同法》，中国人民大学出版社 2021 年版，第 5 页；江平、王家福总主编：《民商法学大辞书》，南京大学出版社 1998 年版，第 150 页。

来理解“契约”的横跨古今与中西的逻辑链条——以“西”喻“今”，而又以“今”释“古”。可以发现，以“合同”为津梁，关于“契约”的诸多讨论其实一直与其固有语境之外的概念群紧密勾连。[1]

因此，如果惯常以“合同”来理解“契约”的话，则会在契约研究中面临一个必然的比较视野。在讨论中国的“契约”时，常暗含着是以西方或现代的“合同”作为“对照组”的。据此，一系列人们或许耳熟能详的疑问就开始不断涌现：中国人或中国社会是否缺乏“契约精神”，（古代）中国是否（如西方一样的）是“契约社会”，等等。[2]这些问题的背后，其实仍是一种立基于比较视野的试探，即“契约”是否也是“合同”？并且进一步地，“契约”是否也并不亚于“合同”？故而，相当部分的中国古代契约研究所试图回答的一个潜藏其后的“终极”问题，仿佛就变成了，可否以关于“契约（法）”的实证来回应关于传统中国无“合同（法）”的质疑？

当然，这一现象并非仅仅发生在“契约”和“合同”这一对

1　有学者总结道，“契约”一词兼具“传统与现代、东方与西方（作为contract之译语）、日用与法学的多样意涵”，因而在讨论时也常常出现误解。见刘欣宁：《秦汉时代的契约》，《新史学》2021年第4期。有鉴于契约概念在古今中西的差异，在进行跨文化分析的时候，研究者往往需要基于可行性的考虑而采取一个“松散可操作”的定义。相关讨论，参见［美］宋格文：《天人之间：汉代的契约与国家》，李明德译，载高道蕴、高鸿钧、贺卫方编：《美国学者论中国法律传统》（增订版），清华大学出版社2004年版，第180—238页。

2　相关的讨论，参见康兆庆、苏守波：《中国传统文化中的契约精神——基于关系契约论的视角》，《管子学刊》2016年第3期，第42—46页。

概念之上。这种看似吊诡的情境，在现今的无论是学术语境还是生活世界中都是一种颇为寻常的存在。这些都可以被归纳为一种“中国并非如此”的“辨异”。[1]在一个稍广阔的背景下来看，作为一门学科，“中国法律史学”似乎也内在地带有类似的某种比较视野。人们认为，这一学科“自诞生之日起就背负着以西法贬抑古法，或以古法抗衡西法的时代使命”[2]。其最初的基本任务也是回应关于中国古代无法律的质疑，“所以自一开始就仓皇地烙上了‘救亡’的印记”。[3]在此种路径上，中国法律史的学人们在厘定基本事实的基础上，试图以各种方式证明中国古代也存在着（西方意义上的）“法律”。在这些努力之下，如同“合同”一样，现代“法律”同样收获了一些它在中国古代语境中的对称，比如人们所熟知的“律令”[4]。归结起来，在比较视野下的这项工作，其实是一种试图在另一语境中寻求、厘清或建构某一对应物的工作。人们往往略带讥讽或自嘲地将那些看似与当下毫无瓜葛的工作，称之为整理故纸的“无用之用”。但由于比较视野的加入，这些努力或许可以被赋予某种与现实的联结。虽然仍有待于实现，但这些努力的意义应当远不止于完善博物馆的陈列，而更在于赓

1 参见［日］滋贺秀三等：《明清时期的民事审判与民间契约》，王亚新等编译，法律出版社 1998 年版，第 444 页。

2 俞荣根、秦涛：《礼法之维：中华法系的法统流变》，孔学堂书局 2017 年版，第 3 页。

3 同上。

4 关于“律令说”的由来和盛行，参见俞荣根、秦涛：《礼法之维：中华法系的法统流变》，第 154—164 页。

续往古以至当今。

显然，无论是对于“法律”还是“合同”而言，这种在古代语境中堪称“重构”的工作是极其艰难的。它首先需要厘析考辨大量的基础材料，其次则须以恰当的方式和理路阐释并组织起这些可能离散零乱的事实，使它们得以以一种体系化的方式呈现并为今人所认知。在理想的情况下，这一体系还应当具备相当的解释力，进而对其原有领域的内外都产生影响。虽然早已时过境迁，但是这仍让人联想到罗马法学家们的工作，以及这些工作在嗣后的法律发展中的重要意义。

契约的两个名字，揭示了相关讨论中无往不在的比较视野，以及这一视野背后所暗藏的前提或前见。但需要说明的是，这本小册子在讨论契约时，并不排斥，甚至欢迎这一视野的必然存在。比较常常意味着对中、西之别的强调，但所谓的中、西问题，在很大程度上却往往是古、今问题。“时”（古、今）与“空”（中、西）的差异，在营造比较情境这一点上并无二致。在必然的比较视野中，古代无异于异国。故而，立足于现在而探访古代这一“异域”，未尝不是一次比较法的考察。在方法论上，对于深入其中、“贸然闯来”[1]的考察者而言，其目光常需要在不同的时空之间穿梭往返；惟其如此，才既不至于无法领略险远处的非常之观，也避免了因“异域”的奇伟瑰怪而迷失归途。

1 ［德］茨威格特、克茨：《比较法总论》，潘汉典、米健、高鸿钧、贺卫方译，法律出版社 2003 年版，第 3 页。

（二）礼法传统中的契约

在正式进入讨论之前，还需要先大致阐明契约与中国古代社会法秩序之间的关系，以及契约与契约法（如果可以姑且以此称之的话）在中国礼法传统中的位置。

这本小册子中关于“契约”的讨论，是建基于“契约”在中国传统社会秩序构建中的基础性作用的认知上的。一般认为，“了解传统中国社会的民事法秩序，必须从‘契约’入手。”[1] 正如俗谚所云，“官有政法，民从私约”。如果以公、私畛域进行划分的话，在正式的典章制度以外，人们在私领域中关涉田土钱物乃至对婚丧承继的秩序构建和维护，在很大程度上是以多种形态呈现的契约为依归的。在“政法”较少考量但极其广阔的社会领域中，契约恰好是作为秩序建构的基础而存在的。当然，这并不是说契约自身就是所有秩序问题的答案，而是意图表达，正是由于契约与诸多社会系统的共同联动，方才形成了一个相对完整而有效的规则体系。虽然这一体系内在的运作机理尚需仔细剖析，但是契约在中国古代社会法秩序中的基础性作用显然不容忽视。

这一中国古代法秩序的构建被描绘为遵循了一种“礼法传统”。在其细分之下，中国古代的“礼法”包括三个子系统，即“礼典”“律典”和“习惯法”[2]。其中的“习惯法”，被认为是“民间的‘活

1 阿风：《中国历史上的“契约”》，《安徽史学》2015 年第 4 期。

2 参见俞荣根、秦涛：《礼法之维：中华法系的法统流变》，第 15—22 页。另可参见俞荣根：《礼法中国：重新认识中华法系》，孔学堂书局 2022 年版，第 74—91 页。

法’”，是一种“在空间上全覆盖、在时间上全充盈的规范群，是一种无处不在、无时不有的‘无法之法’”[1]。中国古代的民事关系基本上有赖于此种规范群的调整，“以至于不论朝代如何更替，民间的物和债的关系、婚丧嫁娶和祖宗血脉、财产的承继关系得以维系而不败乱”[2]。可以发现，这些被名之以“习惯法”的规范集群的应用场域，在很大程度上与契约所规范的场域相重合，其中的很多内容其实也可以被理解为某种契约规范。如果将这些规范之集群称为一种“契约法”的话，那么根据以上的描述，便可以找见契约及契约法在整个礼法传统之中的位置。同时，契约规范在价值层面本就应内含于礼法传统的价值指引之中。虽然相较于规范国家祀戎大事的礼法内容，契约所关照的事项稍嫌琐细，但如《慎子》所言的“礼从俗”，礼俗之间的联系互动其实极为紧密，契约及其文化也因此得以在礼法传统的语境中被容纳和讨论。此处其实为“礼法传统中的契约文化”做了一番题解；因之，这本小册子即试图在这一大框架之下，粗略述及中国传统契约文化的若干面向。

另外，作为对基本研究方法的解释，契约的两个名字被不嫌繁冗地在开篇提出。以上既然已阐明了契约研究中所附着的比较视野，则有必要就中、西两种不同的契约或合同观念作一个基本分析。海德堡和文斗寨，是欧亚大陆两端两个似乎风格迥异的例

1 俞荣根、秦涛：《礼法之维：中华法系的法统流变》，第21—22页。

2 同上，第22页。

证。当然，必须说明的是，这两个例证的选择都是极具个人色彩的。作为一种前见和背景，前者除了是笔者的求学之地外，还可以被借以隐喻西方契约文化发展的转捩；而后者，则是本书的主要关注之处——其所贡献的契约文书构成了本书讨论的基础材料。并且，本书的探讨还试图将这些稍嫌“偏狭”的材料，视为中国契约这一宽宏全景的一个得以借之“一叶知秋”的典型例证。在以上自我界定的意义之上，“海德堡与文斗寨”这样在初见时会稍嫌错愕的搭配得以并肩而立，并在这一本小书中被当作古代契约法之比较背景的具象化呈现。

二、海德堡：身份还是契约

从中国的角度回望西方契约文化的发展，所谓的“梅因公式”是一个无法被绕过的命题。它被认为是“全部英语文献中最为著名的法律格言之一”[1]，同时，它对中国法学也影响甚巨。[2] 作为在一般意义上理解契约与其所对应的社会关系的重要背景，有必要重新梳理这一公式所尝试指明的关于契约的关键转捩。

就此，亨利·梅因（Henry Maine）在其《古代法》中所提出的完整表述是：“所有进步社会的运动，到此处为止，是一个‘从

1 Carleton Kemp Allen, “Status and Capacity,” *Law Quarterly Review* CLXXXIII, no. 3 (1930): 283.

2 参见俞荣根：《超越儒法之争——礼法传统中的现代法治价值》，《法治研究》2018 年第 5 期。

身份到契约’的运动。”[1]这一公式所试图回答的问题是，现代法律赋予我们的权利和义务，究竟是来自对先验世界的抽象演绎，还是社会历史发展的累积？显然，从历史到今天，这种“身份的人”与“契约的人”之间的颉颃往复一直不曾停歇。[2]

（一）海德堡的学生王子

这种身份与契约间的对抗或许可以以一种更加浪漫和艺术的方式重新阐发。与《古代法》同一时代的一位德国作者的作品恰好触及了这一主题。威廉·梅耶–福斯特（Wilhelm Meyer-Förster）出生于《古代法》出版的后一年（1862 年），其所创作的经典小说《卡尔·海因里希》（*Karl Heinrich*）中也涉及到身份与契约的纠葛。[3]或许，由这部小说所改编的舞台剧和电影的名字在表达这一主题时会更加直白：《学生王子》（*Student Prince*）——这一以表示两种不同身份的名词的直接结合而构成的标题，可能更能直接地向观众传达故事之中的关键矛盾。

《学生王子》的情节其实并不复杂，甚至有些老套：古老的卡尔斯堡王国陷入了财政危机，亟须通过一场联姻纾解国库空虚。在老国王的安排下，卡尔王子和公主在舞会上相见，但王子那种

1　［英］亨利·梅因：《古代法》，沈景一译，商务印书馆 1996 年版，第 97 页。

2　关于《古代法》的一次颇为清晰、精到的重读梳理，参见陆宇峰：《重读〈古代法〉：扬弃“纯理论”的努力》，《清华法治论衡》2007 年第 2 期。

3　See Wilhelm Meyer-Förster, *Karl Heinrich: Erzählung*, ed. Herbert Charles Sanborn (New York: Newson & Company, 1904).

卡尔斯堡式“精确而训练有素”的行事风格却并不令公主满意，公主渴望的是一个充满“热情与魅力”的男子。于是，老国王命令王子的随身教授尤特纳博士(Dr. Jüttner)教授王子“生活的艺术”。但教授认为，“真正的教育来自人群”，要想拥有“热情与魅力”，王子应当离开王宫到海德堡大学去。老国王不解，大学有那么多，为什么一定是海德堡大学？教授的回答骄傲而直率：“因为对我而言，只有一所大学。”

于是，王子以一个学生的身份，在海德堡的热烈夏日里开始了他关于青春与爱情的美妙旅程。他与酒馆的女侍凯茜坠入爱河，甚至打定主意与其一同私奔去巴黎。然而，老国王病重的消息恰时地传来，王子只好离开爱人返回卡尔斯堡。

如同片名所喻示的一样，学生与王子的双重身份同时收敛于一个人身上。于后者而言，他的权利义务都约束于身份；而于前者而言，他的行为举止都得以仅基于契约。从卡尔斯堡到海德堡，王子经历了一个从身份社会到契约社会的迅疾转变。在这里，身份与契约的历史矛盾被戏剧化地集中于个人命运之上。无论作者福斯特是否意识到了这二者之间的暗合，这一矛盾都正回应着同样一个叩问：我们，以及我们的社会，将如何完成从身份到契约的蜕变？

《学生王子》可能恰好提供了一种解释。故事的结局并不离奇，当王子宣称他愿意为了爱情放弃王位时，老国王一如既往地扮演了爱情美梦“终结者”的角色，然而却是以全然不同以往的理由。

这个理由并不是为国为民的家族责任或国家传统，而是一种无可选择且无可逃避的宿命——“要么成为国王，要么什么也不是”。在一个“同心圆”般的身份格局中，无论国王还是平民，失掉自己的身份就意味着失掉自己本身。类似于“不为凯撒，即为庸人（*aut Caesar aut nullus*）”[1]的罗马谚语，王子并非是“选择”离开爱人，而是连选择的权利都不曾拥有，这种境况甚或至于恐怖的境地。故事因之迅速从古希腊英雄式的崇高情绪中脱出，转而进入一种世俗的、理性的悲情之中。因为从根本上来说，这本就不是一场关乎个人命运的选择，而只不过是发生于当下的历史冲突。

然而，这种理性同样也建基于身份与契约间转换的可能。使这位王子得以以“契约”的方式进入日常生活的，是因为他以一个独立的人的形象出现，而非从属于某个王国的王子。得以成为独立的人，或许恰恰是完成这一转折的根本。当然，热烈甜蜜的爱情、日渐没落的贵族、新兴的富庶阶级、汹涌而来的文化思潮，甚至那一朵诱人的啤酒花对德意志民族独特的生理与精神的导引，都催化着这一转变。但对于塑造人而言，影片所着意强调的，却是以尤特纳教授作为象征的“教育”。

此时，可能还要回到影片最开始的问题，为什么一定是海德堡大学？无疑，这个由河流与城堡、啤酒与社团、教授与年轻人交织而成的意象集群，成就了一个绝佳的发现——同时也是教育——之所。在尤特纳教授那里，真正的教育不是基于身份的训

1　［英］亨利·梅因：《古代法》，沈景一译，第 60 页。

练，而是关于“人”的发现。如果可以将这种发现视为一种“启蒙”的话，那么从身份到契约的转捩点可能正在于此。

某种程度上，这部影片甚至在暗示着一种关于根本的人的哲学：王子并不是独立的人，只有在脱离了身份阶级、剥落了所有头衔之后，一个真正的、作为契约之一方的人之存在才可能被发现。而这一切可能都必须归因于某种教育，或曰“启蒙”。对于现代法律而言，如果它所能赋予的一切并不来自它启蒙的发端的话，那么又能来自哪里呢？

影片对结局的处理似乎渲染了一种介乎悲剧和喜剧之间的情绪。接替王位，迎娶公主，海德堡的学生王子在身份和契约之间无可选择地回归了他最应当的结局。女主角的清醒和男主角的坦然都向观众展示了一种惊人的理智，以及蕴藏在这理智背后的绝望。至于海德堡，可能只是某种属于青春与爱情的“记恋”罢。每个人的青春都必然是一首无以怀念的恋曲。但海德堡并非如此，她永远古老，更永远年轻。城堡下的内卡河水蜿蜒向西，河右岸的山腰上，是黑格尔走过的哲学家小道。在路的尽头，落满栗子的密林里立着一块石碑，上面镌刻着诗人荷尔德林对海德堡的赞颂：“我爱你已久（*Lange lieb' ich dich schon*）”。

（二）契约研究的历史进路

借由作为艺术作品的《学生王子》，以上的叙述将海德堡隐喻为从身份到契约的转捩之所——王子从卡尔斯堡到海德堡的经历对个人命途的转变，恰可视为一种社会大变局的具象表达。而《学生王子》与《古代法》的联结还远不止于此。有意思的是，这种极力具象化的表达方式，其实正与梅因在《古代法》中所着力强调的历史进路相暗合。

需要理解的是，梅因的《古代法》所希望传递的，与其说是一篇立论，毋宁说是一篇驳论。其矛头所指向的是十七八世纪的自然法理论，乃至其背后的启蒙思想。[1]关于这一点，最为明显的（但是常常被人们忽视的）一个体现，是在《古代法》中甚至能看到梅因对启蒙思想家卢梭的"人身攻击"。梅因说，卢梭是"一个非常的人，他没有学识，很少美德，并且也没有十分坚强的个性"，虽然梅因肯定他具有"对于人类的真诚的热爱"，[2]但是"卢梭兼有了法律上的和通俗上的错误"[3]。问题在于，为何梅因会如此激烈地批判自然法理论呢？在梅因看来，自然法理论是一种建构在假设基础上的哲学。例如经典的社会契约论，其实并没有人能证明是否真的存在如其所描述的"自然状态"，我们的祖先也显然并没有实际地签订一份真实存在的社会契约。[4]梅因认为，这样的论述造成了"对现实法的蔑视""对经验的不耐烦"，[5]以及一系列的"偷梁换柱"——比如将罗马法的人人"是"平等的，换成

1 参见［英］亨利·梅因：《古代法》，沈景一译，第 2 页。

2 同上，第 50 页。

3 同上，第 174 页。

4 同上，第 50—52 页。

5 同上，第 52 页。

了人类“应当”平等。[1]而在休谟那里，“是”与“应当”之间的区别已经得到了清楚的论证。[2]

如此看来，“从身份到契约”，这一公式的关键词其实既不是“身份”也不是“契约”，而是“到”，即“从何者到何者”的过程。以此理解，梅因所着意强调的应是这一真实的、历史的“过程”在法律和规范发展之中的作用。此处的“真实”，是相对于假设而言的真实；而此处的“历史”，则是相对于推演而言的历史。因而，历史并不仅仅是作为一种研究对象，而是作为一种研究方法出现的。显然，那些不以真实历史经验为基础的概念创建并不为其所乐见。不难发现，在梅因公式的语境下，更强调的是一种对历史性的尊重。

如果回到海德堡的隐喻之中，来自中国的研究者难免会在这一历史的转捩之所回望和探究东方的情形。关于契约的考察是梅因对历史的论述中的重要例证。他通过对“无数的事例”的考察，依据“契约在社会中所占范围的大小”的标准，认为“我们今日的社会”较之“以前历代社会”而言更是一个契约的社会。[3]有学者曾指明，在讨论其所提出的著名公式时，梅因所依据的材料主

1　参见［英］亨利·梅因：《古代法》，沈景一译，第53—54页。

2　See David Hume, *A Treatise of Human Nature*, ed. L. A. Selby-Bigge (Oxford: Clarendon Press, 1896), 455–470.

3　参见［英］亨利·梅因：《古代法》，沈景一译，第172页。

要来自西欧和北部印度；[1] 而远在东方的中国，则仅仅作为进步社会的反面而被提及，[2] 似乎并没有进入其所划定的“契约的社会”的范畴。当然，无论彼时的梅因是否实际地考虑到了东方的中国，都会有声音将古代中国社会划出“我们今日的社会”的范畴，而认为其相较而言显得更重视“身份”而不是“契约”。但是，在以下即将论及的文斗寨这样的例证面前，对如是观点的种种坚持显然需要告一段落了。

三、文斗寨：作为例证的中国契约

在梅因的同时代，古代中国的契约之丰富已经毋庸赘述。甚至在之前的许多时代，契约都已在社会生活之中占据了极大的分量。有学者直言，“宋代以来的中国，与同时代其他国家相比，可说是相当自由的契约社会。”[1]

这一判断同样来自对历史中“无数的事例”的考察，而这得

1 See Robert Redfield, “Maine’s Ancient Law in the Light of Primitive Societies,” *The Western Political Quarterly* 3, no. 4 (1950): 576.

2 ［英］亨利·梅因：《古代法》，沈景一译，第 14 页。

1 ［日］岸本美绪：《民间契约与国家干预——明清时代的“契约正义”问题》，《中国经济史研究》2021 年第 2 期。

益于契约材料的大量“发现”。[1]在最基础的研究材料层面，近年中国契约文书的发现、整理与出版几呈井喷之势；虽然难称汗牛充栋，也足可谓蔚为大观。除了体量巨大的徽州契约文书、清水江契约文书外，尚有福建、台湾、浙江、江西、广东等地的万件以上规模的契约文书库相继形成，在华北、中南、西南等地区契约文书材料也频频出现。[2]这一体量恢宏的基础史料，为以契约文书为依归的研究者带来了“幸福的烦恼”——幸福于材料的丰富与可获取，而烦恼于材料的卷帙浩繁、无从穷尽。这一本小册子的撰写同样遭遇了此种困难。以题名而言，受制于种种考量，本书并未在标题上给出某种用以凸显学术逻辑之严密的限定语，如以某种材料为中心，或基于何种区域文献的考察。关于这一点的解释，需要在绪论中开宗明义地稍加“辩白”。要言之，本书的标题除了文辞简洁的考虑之外，这一处理的最主要的理由是基于一种“天下契约都一样”的“大胆”判断或设定。据此，贵州黔东南文斗寨被择定为本书讨论的核心，期望以其作为中国契约的一个例证。在“辩白”之前，需要先对这一村寨及其所留存的契

1 从最严格的意义上来说，关于这些材料的重新认识显然并不是一种“发现”。这些契约材料其实是历史中人们所最为惯常使用的，只不过可能达到了一种“百姓日用而不知”的状态。所谓的重新发现，自然是站在当下研究者的视角来说的；对于今人而言，这些过往的日常或许已经显得太过于新奇以至于需要被重新“发现”，并被现在的知识所重新定义、解释和建构。

2 相关综述，参见杨国桢：《〈明清土地契约文书研究〉第三版序》，《中国史研究动态》2020 年第 1 期。另外，关于清代契约文书材料的综述，参见刘洋：《近三十年清代契约文书的刊布与研究综述》，《中国史研究动态》2012 年第 4 期。

约做一简单介绍，并对本书的基本结构稍加阐明。

（一）文斗寨及其契约

文斗寨，亦称“文堵”“冉都”[1]，位于清水江下游地区，现属贵州省黔东南苗族侗族自治州锦屏县河口乡。这一苗族村寨幅员颇广，据称其横跨“九冲十一岭”[2]，林木繁盛，屋所错落，向有重视契字文书的传统。[3]稍早年间，外界进入文斗寨的交通过程十分“繁琐”。一般来说，远来的访客需要先以各种交通方式（如搭火车到湖南靖州再转乘长途汽车）抵达锦屏县城，辗转至三板溪码头，之后乘船奔赴文斗寨的山脚岸边，弃舟登岸，再沿青石板铺就的小径拾级而上，才得最终到达坐落于清水江南岸山岭之上的文斗寨。[4]早先时候，要走完离岸登山的石阶小径，全程费时颇多；嗣后水库蓄水，水位上涨，路程也便缩短了不少。而如今，文斗寨已经通车，人们可以缘公路自县城直抵寨中，寨子与外界

1 王宗勋主编：《乡土锦屏》，贵州大学出版社2008年版，第179页。

2 张应强、胡腾文：《锦屏》，生活·读书·新知三联书店2004年版，第112页。

3 文斗村寨社会中甚至留有这样的口传：“烧屋伤皮肉，烧契断筋骨。”其于契约文书的重视程度可见一斑。参见王宗勋：《文斗——看得见历史的村寨》，贵州人民出版社2009年版，第102页。

4 依据科大卫的描述，2002年他是需要从县城逆流而上一小时，然后再步行两小时爬上陡峭的山坡才可以到达文斗寨。附近最近的村寨加池离文斗则还有两小时的路程。关于探访文斗寨早年经历的记录，可参见David Faure and Helen F. Siu, “The Original Translocal Society and Its Modern Fate: Historical and Post-Reform South China,” in *Translocal China: Linkages, Identities and the Reimagining of Space*, ed. Tim Oakes and Louisa Schein (London and New York: Routledge, 2006), 39, 51。

沟通联系的方式和频度也已经换了全新的景象。

传统上，广义的文斗寨由文斗上寨、文斗下寨及河边村三者组成。后由于兴建水利，地势较低的河边村被淹没，目前仅存上、下二寨。文斗寨向东隔乌斗溪与平鳌寨相对，南与中仰寨、加池寨相邻，西与岩湾寨相望；历史上这些相邻的村寨之间存在频密的交往活动，[1] 而又以文斗寨为传统上和经济上的中心村寨，基本上可以视为形成了一个以文斗寨为辐射核心的村寨集群。

近些年来，通过对在贵州清水江流域发现的大量契约文书的整理和研究，整个清水江流域的历史风貌和民间社会的运行状态也逐渐清晰起来。[2] 清水江文书所涉及的诸多村寨中，文斗寨应是最先进入学术视野的。自 20 世纪 60 年代开始，文斗寨所遗存的大

1　这些交往活动在留存的契约文书中也有体现。参见王宗勋：《文斗——看得见历史的村寨》，第 3 页。

2　关于清水江文书的发现、搜集和整理，参见 Qu Jian, "A Brief Introduction to the Qingshui River Manuscripts," *ERCCS-Research Notes*, no. 2 (2018): 1–6。另外，关于清水江文书的综合性介绍，也可以参见 Zhang Yingqiang, "The Qingshuijiang Documents: Valuable Sources for Regional History and Cultural Studies of the Miao Frontier in Guizhou," *Journal of Modern Chinese History* 11, no. 1 (2017): 145–160。此外，2018 年通过的《黔东南苗族侗族自治州锦屏文书保护条例》第二条对锦屏文书（清水江文书）做出了解释："本条例所称的锦屏文书（以下简称：'文书'），是指黔东南自治州境内以锦屏为代表的清水江、都柳江和㵲阳河流域的苗、侗等各族人民在明、清至民国时期形成，反映林业生产力与生产关系以及民间习俗、生态环保、区域经济、民俗文化、社会变化的历史记录。包括：山林、田地、房屋、宅基地权属纠纷诉讼、调解裁决文书，家庭收支登记簿册，乡村民俗文化记录，官府文件，村规民约，族谱等。"

量明清时期的契约文书相继被发现。[1] 在文斗寨发现的第一批文书后于 1988 年出版公布，共二百六十余份，全部收集于文斗上寨。[2] 在法学家之外，社会学家、人类学家、经济学家和历史学家都给予了这些文书持续的关注，其考察范围从黔东南地区、锦屏县到清水江中下游村寨直至文斗寨本身大小不等。在既有的研究中，文斗寨无疑是清水江畔最受学者关注的一个村寨，以其作为典型例证的研究也更为系统和全面。[3] 文斗寨契约文书中存在大量关于田土、山地、林木交易的契约，也有许多反映文斗寨历史生活状态的各类文书。这些遗存下来的契约文书，为研究者展现了一整套的关于契约活动的规则；而各类其他文书中的文字，则丰富了人们对于契约背后之村寨生活样态的认知。据此，研究者在对文斗契约文书开展研究之时，还可以获得关于文斗寨的社会之维和历史之维的较为全面的了解。这种契约条款之外的社会的、历史的、甚或是感性的认识，让研究者在进一步探寻文斗契约制度的体系和具体运行时，得以具备对其生长之土壤的更为扎实的认知。

1　参见徐晓光、龙泽江：《贵州“锦屏文书”的整理与研究》，《原生态民族文化学刊》2009 年第 1 期。

2　参见贵州省编辑组编：《侗族社会历史调查》，贵州民族出版社 1988 年版，第 11 页。

3　如张应强：《木材之流动：清代清水江下游地区的市场、权力与社会》，生活·读书·新知三联书店 2006 年版。其中第五章就是专门以文斗寨为中心的讨论。又如梁聪：《清代清水江下游村寨社会的契约规范与秩序——以文斗苗寨契约文书为中心的研究》，人民出版社 2008 年版，也是以文斗苗寨契约文书为中心的研究。

（二）主要研究材料与结构

本书所主要依据的材料是地处王朝边疆的清水江流域村寨所留存下来的契约文书，[1]益以作为比较资源的其他内地[2]契约材料。当然，这本小册子的大部分章节是以文斗寨的清代契约文书为主要研究资料的。其中，已经出版的文书资料主要包括以下5组：1.唐立、杨有赓、武内房司主编的《贵州苗族林业契约文书汇编（1736—1950年）》（第一、二、三卷）中所载录的契约文书（东京外国语大学国立亚非语言文化研究所2001年、2002年、2003年

1 需要特别说明的是，有学者表示在严格的"边疆学"意义上，清水江文书所主要集中的贵州省或"苗疆"并不属于常谓的"边疆"，但是，"其在西南地区成为中国疆域重要组成部分的过程中却有着非同一般的作用"。进而，在一定程度上，"苗疆"在学术上可以称为"内地化边疆"。参见曾江：《"古苗疆走廊"研究拓展边疆理论》，《中国社会科学报》2012年4月27日，A01版。此处即在此种相对于内地和中央更为边缘的意义上使用"边疆"这一概念。

2 "内地"（hinterland）一词在中国语境下有着复杂的含义。本书中关于"内地"这一概念的使用，主要是在相对于作为"边疆"的清水江流域的情形下使用的。具体而言，为了叙述的方便，在本研究中，这一术语主要是指那些在清末和民国时期进行的习惯调查中所包括的省份，如湖南、安徽、江西、河南等。

版）；[1]2. 谢晖、陈金钊主编的《民间法》（第三卷、第四卷）中收录的《贵州锦屏林契精选》和《贵州锦屏林契田契精选》（共约一百五十件）；3. 张应强、王宗勋主编的《清水江文书》（共三辑 33 册）中的文斗契约文书，主要包括第一辑的第 12、13 册（广西师范大学出版社 2007 年版）和第三辑的第 7、8、9、10 册（广西师范大学出版社 2011 年版）；[2]4. 陈金全、杜万华主编的《贵州文斗寨苗族契约法律文书汇编——姜元泽家藏契约文书》（人民出版社 2008 年版），陈金全、梁聪主编的《贵州文斗寨苗族契约法律文书汇编——姜启贵等家藏契约文书》（人民出版社 2015 年版）和陈金全、郭亮主编的《贵州文斗寨苗族契约法律文书汇编——易遵发、姜启成等家藏诉讼文书》（人民出版社 2017 年版）；5. 潘志成、吴大华编著的《土地关系及其他事物文书》（贵州民族出版社 2011 年版），潘志成、吴大华、梁聪编著的《林业经营文书》

1　该书所刊布的契约文书来自文斗与平鳌二寨，本书主要依据该书第三卷所列《文书群——文书番号对照表》一表以分别出文斗契约文书。但该表所列之文书编号似乎并不完整，若干书中刊布的文书并未在此表中标明来源。关于这一点，笔者后来在一次同参与该书编纂的日本学者的交流中也得到了确认。故而，本书在依据该表的同时，对于若干表内并未说明但依据文书内容基本足以断定其属于文斗契约文书，亦酌以纳入考察（如编号为 A0038、A0043、A0046、A0047、A0050 的文书）。当然，收集自其他村寨但也能反映文斗契约制度的文书也有参考。参见［日］相原佳之：《清代中国、貴州省清水江流域における林業経営の一側面——〈貴州苗族林業契約文書滙編〉平鳌寨文书を事例として》，载［澳］唐立、杨有赓、［日］武内房司主编：《贵州苗族林业契约文书汇编（1736—1950 年）》第三卷，东京外国语大学国立亚非语言文化研究所 2003 年版，第 124 页。

2　其中，第 10 册内尚有平鳌寨、岑梧寨文书各两卷，并不纳入本书的重点考察。

（贵州民族出版社 2012 年版）以及潘志成、吴大华、梁聪编著的《清江四案研究》（贵州民族出版社 2014 年版）中收录的契约文书，[1] 等等。除正式出版的文书资料之外，笔者还于锦屏县档案馆及若干师友处访得部分并未正式刊布的契约文书。此外，笔者在赴文斗寨及周边村寨的数次田野调查中，也收集、整理了一部分契约文书。[2] 以上所述及的这些契约文书材料，构成了本书讨论以文斗寨为例证的契约制度和文化的主要研究资料。当然，其他相邻村寨的文书中也有反映相关契约制度的材料。如前所述，这些村寨在地理上和文斗寨临近，在经济和社会交往上也与文斗寨联系紧密，故而本书在相关部分也参考了这些村寨的契约文书材料。

在时间上，以上这些文书大都为清代契约文书（主要集中于清中后期），间有部分民国时期和当代的文书。由于本书的主要

1　此三册书为贵州民族出版社的三卷“清水江文书研究丛书”，其中共收录文书三百份左右。在其篇首的《凡例》中，均说明其文书系 2005 年赴“锦屏、天柱等地调研时拍摄所得，部分是在剑河、三穗、麻江等地的档案管理部门拍摄所得，另有数份文书援引自他人著作或论文之中”，据此无法准确判断每份文书的具体来源。参见潘志成、吴大华编著：《土地关系及其他事务文书》，贵州民族出版社 2011 年版，凡例页。但是，对于其中部分在标题或注释处标明为文斗文书的，及可以从内容判定显系文斗文书的，亦将其纳入本书的考察范围。经查校，三卷中所收录的文书大部亦见于其他文书资料，纳入考察的其所独见的清代文斗寨法律关系文书计有 26 件。另外，《林业经营文书》中收录的一份“光绪朝文斗寨姜姓杉山簿”亦纳入考察。参见潘志成、吴大华、梁聪编著：《林业经营文书》，贵州民族出版社 2012 年版，第 67—90 页。

2　如“文斗寨姜廷庆家藏契约”，系 2015 年 9 月笔者在文斗寨进行田野调查时，搜集、整理的若干契约文书，其中部分尚未公布出版。

研究范围被限定在古代传统社会，依循一般习惯，在参考引证的时候注意区别了清代和民国、当代的文书。对于清代之后的契约文书，原则上本书不作征引。但需说明的是，清水江乃至中国社会的契约传统和制度是一个延续的系统，这些延续的印记在当今仍能很轻松地找见。[1]因而，对于部分可以反映古代契约制度的清代以后的相关文书也酌情纳入了讨论。仅就文斗契约文书而言，在清代的时间跨度上，本书所主要考察的范围以契约文书在时间上较为连续出现的乾隆八年（1743年）开始，[2]直至最末宣统三年（1911年）的一份文书，[3]时间跨度共计169年。需要说明的是，本书所参考的这些契约文书在清代内部时段的历时性考察并没有得到充分地呈现；虽然本书的部分章节关注了契式在清水江流域的演进历程，但总体而言并没有将上述近两百年的各个阶段作区分处理。

同清水江流域其他区域的情况相类似，在文斗寨的契约留存

1 关于在清水江流域契约文化的当代表现和承续，可参见高其才：《锦屏文书的现代表现形式及其法文化意义》，载高其才、王奎主编：《锦屏文书与法文化研究》，中国政法大学出版社2017年版，第381—392页；朱力宇、栗丹：《清水江文书的契约精神及其传承与发展——以锦屏华寨村为例》，载高其才、王奎主编：《锦屏文书与法文化研究》，中国政法大学出版社2017年版，第393—406页。

2 参见张应强、王宗勋主编：《清水江文书（第一辑）》第12册，广西师范大学出版社2007年版，第1页。

3 同上，第145页。

中，绝大多数都是白契，只有极少数的红契。[1] 这在相当程度上表明了国家法在文斗寨社会生活中（最起码是在文斗契约活动中）的相对缺位。在涉及田土的契约中，白契与红契的关键区别在于官府的课税。在光绪十八年（1892 年）天柱县的一份告示中饬令："务将买田房白契赶紧赴辕投税，切勿仍前观望，隐匿其有税价。"[2] 这也说明红契在村寨中的缺乏与国家力量在基层中的困境。由于国家力量在文斗寨的相对薄弱以及税费的压力，[3] 再加上种种其他因素，共同解释了白契何以在文斗寨处于主流地位的原因。但是，"白契"的形式并不意味着契约效力的降低，相反的是，被称为"契约社会"的文斗寨在实践中对契约是极为推崇的。例如，每一年的"六月六"，文斗人都要拿出家藏契约"晒契"，以防虫防霉，便于保存。对于文斗人来说，契约不仅仅是一种历史的印迹，更是切切实实调整着他们过去与现在生活的某种传统、精神乃至凭据。文斗人喜欢"凭契讲理"，以至于被官府称为"好讼之乡"，文斗人对契约的看重由此可见。另外，在锦屏县当地著名的"三魁告一姚"的案件中，"姚百万"之所以失败的一个主要原因就

1 参见［韩］Kim Hanbark：《因何前去官衙：清水江文书中的红契分析》，《原生态民族文化学刊》2015 年第 4 期。

2 陈金全、郭亮主编：《贵州文斗寨苗族契约法律文书汇编——易遵发、姜启成等家藏诉讼文书》，人民出版社 2017 年版，第 197 页。另外，文斗下寨归天柱县管辖。

3 在前述告示中，提及了白契变为红契所需的费用："本县俯从该绅首之请，格外轸恤民艰，定章减为每千枚钱十三文，外加本署纸笔、房费等钱二文，团绅经手盘费三文，绝不格外索取，抑且随到随印，并不稽迟时日。"来源同上。

是失去了契约——“姚百万”在“六月六”晒契的时候，“三魁”安排一个叫金贵的丫鬟趁机将契约一把火烧毁。[1] 人们认为失去了契约，也就失去了契约所记载的权利。

当然，这本小册子的视野并未限于文斗寨的“九冲十一岭”。就主要利用的材料而言，本书第五章关于林业契约的讨论将着眼于整个清水江流域的基本情况，而第六章关于拜师契约的分析则从各地流行的“契式”资料入手，其应该可以反映中国传统社会中关于拜师契问题的普遍情况。

除了所使用的主要研究材料，还有必要在开头介绍一下这本小册子的基本结构。在“绪论”和“结语”之外，本书的主体部分共有六章。如果以合同法研究的一般结构类比的话，主体部分的六章基本上分别归属于传统契约文化研究的“总论”和“分论”两大部分。其中，所谓的“总论”部分包括第一、二、三章，是以文斗契约文书为主要例证的，关于中国传统契约一般运作模式的探究，主要分析传统契约制度运行中的“中人”和“代笔”，以及作为交易费用的二者的报酬问题。以上三者，是大部分契约中都存在的一般性问题，并不局限于某一种类的契约，故而可以视为某种程度的“总论”。而所谓的“分论”部分，则具体讨论中国传统社会中一些各具特色的具体契约类型（即所谓的“有名

1　参见张应强、胡腾文：《锦屏》，第 123、141 页。

合同”[1]），包括典契（第四章）、林业经营契约（第五章）和拜师活动中的契约（第六章）。其中，典契是广为学界所关注的一种极具中国特色的契约类别和制度设计，对于中国学者而言，相较于买卖、借贷、租佃等广泛存在的契约种类，典契更具独特的研究价值。林契在严格意义上并不是一种依据契约自身脉络而形成的分类，而是基于林业的行业特殊性、遵循特定的行业规则而形成的契约文书的总和；林契在林业经济发达的清水江流域颇为普遍，因而也是清水江文书研究绕不开的话题。而拜师活动中的契约则相对较少进入学术研究者，尤其是法学研究者的视野，这一章试图讨论拜师这一社会现象与契约传统之间的紧密关联，并尝试由这个看似偶见的例证，揭示出契约传统在古代中国社会中内置性的广泛存在。当然，传统契约的种类不胜枚举，这本小册子也仅仅讨论了其中三个小的类别，更多的契约类别和更为一般性的讨论，则有待进一步的拓展研究。

（三）天下契约都一样？

至此，终于需要“辩白”一下题名的“名不副实”。在11巨册的《徽州合同文书汇编》的起始，是主编的一篇以“天下合同

---

1 所谓的“有名合同”，指“法律已经赋予了一定名称的合同。如合伙合同、互易合同、赠与合同、委托合同、买卖合同等，与‘无名合同’对称，是划分合同的一种形式。有名合同又称典型合同。”见李伟民主编：《法学辞海》，蓝天出版社1998年版，第1005页。此处以“有名合同”的术语代指那些被各种类型化努力确定下来的具体合同类型。

都一样”为题的“代序”[1]。这一序文的题目很清晰、直白地提出了一个关于中国传统合同研究的基本命题，而这一命题的意图，需要在时、空两个维度上理解。第一，如果这一命题成立，其似乎意味着在横向的空间维度上，“天下”的、不同区域的合同文书“都一样”。作者说：“我们这次整理的清代合同文书，全部出自古徽州地区。但不意味着合同文书仅仅出自徽州地区，也不意味着徽州合同文书与其他地方的文书有什么不同。”意即，一地所出的合同文书，在很大程度上仍可以代表更广阔地域的合同文书的样态。第二，在纵向的时间维度上，似乎自古洎清，合同文书都具有相对统一的形制，所以它们“都一样”。进一步，作者认为，通过“归纳出四项辨别合同的要件”，“可以把所有时期和地方的古代合同文书识别出来”。

这一认知当然并不仅仅是外在观察的结果。作者表示，这一判断的内在逻辑在于，“严格保证合同文书的形制统一性，是合同内容取信于各方当事人的基础”，故而“古代合同文书形制的统一性，是合同文书作为信用凭证的内在价值决定的”。而正是基于对这种内在统一性的认识和判断，作者才坚定地表示：“我们才敢大胆断言：天下合同都一样。”

作为一种基本认知，本书大体上同意这一断言。甚至，本书

1　俞江：《天下合同都一样（代序）》，载《徽州合同文书汇编》第1册，广西师范大学出版社2017年版，第1—7页。以下两段中的引用均据此。更为详尽的研究，参见俞江：《清代的合同》，广西师范大学出版社2022年版。

尝试提出一个更为大胆的判断，即“天下契约都一样”。较之前述命题，这一新的判断在两个层面上有所扩张。其第一个层面，也是最为重要的，是将上述命题从仅针对“合同”文书的判断，拓展为对整体的“契约”文书的判断。

在前文提及契约的两个名字时，对“合同”与“契约”二者在旧时的差异曾按下不表。现在，则有必要就这两个在现代汉语中约略等同的术语，在中国传统社会的语境中重加厘定。[1]在最基础的分类上，如果姑且将“契约”作为一个统而言之的上位概念的话，中国传统契约大致可以分为“（单）契”和“合同”两种。一般认为，这二者的区别很明显地体现在各自不同的形制上。[2]前者的关键词是“单”，如契约当事人中署名签押的一般只有一方，一般仅有一张（份）契纸，“立契方立契并具名押署之后，把纸交给对方”[3]。而后者的形制却始终在展现“合”的意涵，如具有双方或多方的签押，一般以一式两份或多份的形式存在并交各方保存，末尾一般有骑缝签押的“半书”文字等。但是，“如果从

1　相关的经典讨论可参见贺卫方：《“契约”与“合同”的辨析》，《法学研究》1992年第2期；俞江：《“契约”与“合同”之辨——以清代契约文书为出发点》，《中国社会科学》2003年第6期；［日］岸本美绪：《明清契约文书》，载王亚新等编译：《明清时期的民事审判与民间契约》，第280—326页。

2　参见周绍泉：《明清徽州契约与合同异同探究》，载张中政主编：《明史论文集（第五届中国明史国际学术讨论会暨中国明史学会第三届年会论文集）》，黄山书社1993年版，第164—165页。

3　同上，第164页。

契约的‘共相约束以为信’的意思来说，合同也是契约”[1]。据此，在传统中国社会的语境下，约略可以将“合同”视为“契约”的下位概念。并且，需要特别强调的是，虽然没有直接的数据统计[2]，仅以经眼相关文书的经验来看，合同的数量要远远低于单契。因而，甚至可以认为，虽然在逻辑上，合同与单契并列为两种基本的契约类型，但是以使用的频密程度和存世的量级而言，合同类文书似乎远不及单契，因而仅成为契约中的一个较小分类。所以，“天下契约都一样”的新提法，实际上极大程度地拓展了原先命题的适用范围。

第二个层面的拓展，则是或许可以将上述命题中“天下”的范围从中国语境下的各区域继续扩张出去。从功能主义的视角来看，不同古代语境和文明中的人们对于契约这一工具的基本认知和使用方式在大体上其实并无二致。以一种后见之明来看，在罗

1 周绍泉：《明清徽州契约与合同异同探究》，载张中政主编：《明史论文集（第五届中国明史国际学术讨论会暨中国明史学会第三届年会论文集）》，黄山书社 1993 年版，第 170 页。

2 作为一个数据上的补充，以笔者的一个针对近两千份清代文斗契约的统计而言，契约名称中涉及“合同”的文书共仅约占 7.03%（139/1976）。

马法文献和《古兰经》中关于契约的描述或规定[1]，在很多时候甚至可以并不违和地套用在传统中国的契约实践之中。这一认知，同样是建立在对于契约作为两方或多方之间就若干特定事务而作的权利义务安排的统一理解之上的。[2]可以被涵盖于上述描述的需求恒有，而恒存的需求自然会由相应的制度供给所满足，无论此种制度是被创设出来的抑或是自然生长出来的。此种境况及其背后的逻辑，显然在很大程度上是超越地域和文化背景的。虽然试图引入比较的视野，但逾越中国语境的契约文化并不是本书的重点。因此相关论述也不再继续展开，而仅作为一种暂且"存疑"的判断在此提出。

当然，几乎是作为史学研究的直觉，一直存在的声音是对契约在具体时空之中的"特殊性与多样性"的强调，进而对"一般性结论"和"同一性的总结"始终抱持着慎之又慎的态度。[3]本书

1　相关资料，可参见［古罗马］查士丁尼：《法学总论——法学阶梯》第三卷第二十三篇"买卖"，张企泰译，商务印书馆 1989 年版，第 174 页；拉丁文本及英文译本，参见 Thomas Collett Sandars, *The Institutes of Justinian: With English Introduction, Tanslation, and Notes* (Chicago: Callaghan & Company, 1876), 441。另可参见《古兰经》，马坚译，中国社会科学出版社 1981 年版，第 34 页；英译本参见 Muhammand Taqi-ud-Din Al-Hilali, Muhammad Muhsin Khan, trans.,*The Holy Qur'an: English Translation of Meanings and Commentary* (Medina: King Fahd Complex, 1998), 65–66。

2　关于"契约"之描述，一个更为简洁的提议是"私人之间的书面约定"，不过提议者将其所谓的"契约"限定为"书面约定"。参见刘欣宁：《秦汉时代的契约》，《新史学》2021 年第 4 期。

3　相关批评，参见杨潇：《晚清至民国时期（1840—1949）契约文书研究述评》，《法律史评论》2020 年第 2 期。

当然同意这种谨慎的认知，并且，应该说只有这种足够谨慎的考察才是足够科学的；任何关于类型化或一般化的讨论都是在删削了大量细节之后才得以成立的，在此意义上，“同一性的总结”的根基天然是不牢靠的。因此，这一本小册子无法也无意承担起论证关于传统契约的“一般性结论”的任务。虽然，“天下契约都一样”这一稍嫌鲁莽的“大胆假设”尚需诸多细致的“小心求证”，但是，无论这一命题是否能在多视角的苛责下成立，其所试图提醒的是，研究者是否能在“存异”的同时尝试“求同”，是否能在揭示“多样性”之后建构或解释“同一性”。在很大程度上，这本小册子仍在坚持着强调特殊性的解释，尽量严格地依据所占有的材料而作“画地为牢”式的“限定版”结论。但是，这绝不意味着不存在或者不应追求一个相对普遍的解释框架，只不过这一宏大的目标显然要远超这一本小册子的能力范围罢了。

要言之，通过一种始终存在的比较的视角，并基于来自文斗寨和清水江流域内外的契约文书材料，本书试图在礼法传统的背景下讨论中国传统契约文化的几个面向。通过对中国传统契约一般理论的阐释，及其在具体契约类型中之运用的分析，这本小册子尝试从边疆村寨的社会运作中一窥传统契约文化的样态，并提供一个关于这一样态的较为综合的理解方式。

第一章

凭中议定：契约的中人

中人，是中国传统民间契约活动中的重要角色，在大部分的契约文本中均可以找见中人的身影。[1]文斗寨作为一个相对偏远的黔东南苗族村寨，其中人制度展现出了自身的特点。以一种类型化的视角来看，在“契约在场的中人”和“契约缺场的中人”的二分之下，可以将文斗中人分为“牙中”“见中”“保中”和“理中”“劝中”多个不同类别。这些不同类别的中人都在文斗寨的历史生活图景中有着丰富的展现。这些对文斗中人在具体民间法律活动中的阐释，不仅意味着对文斗中人制度本身的认识，也有助于人们进一步理解民间法在生活中的真实运行。

一、文斗寨的中人制度：概念及体系

对于研究者而言，讨论“中人”的第一步可能是“中人”问题的定名本身。一些研究称之为“中人现象”，认为在“中国古代民事活动中，记录缔约双方合意的有关权利与义务的书面约定均有第三方参与，这构成了中国传统民事契约中的独特现象——中人现象。”[2]也有研究称其为“中人制度”，如梁治平认为：“中

1 当然，清水江流域中也存在所谓的“无中人”现象，参见吴才茂：《明代以来清水江文书书写格式的变化与民众习惯的变迁》，《西南大学学报（社会科学版）》2016年第4期。

2 李祝环：《中国传统民事契约中的中人现象》，《法学研究》1997年第6期。

人制度的建立包含了一种极其深刻的文化意蕴，它是这个社会的有机文化逻辑的显现。”[1]当然，还有研究径以“中人”称之而不做具体界定。本章之所以将文斗“中人”的存在及其活动规范称之为一种“制度”，是取其“谓在一定历史条件下形成的法令、礼俗等规范”之义，着意探究文斗中人制度的体系和运行两个面向的内容。

通览文斗寨留存的契约文书，“中人”的身影频繁出现，中人制度的存在和运行也因之成为整个文斗社会生活中的重要组成部分。[2]对文斗中人制度的具体梳理和研究，不仅有助于理解文斗社会生活的运行机制，而且作为某一个案，对完善整个传统中人研究也将有所助益。需要认识到的是，文斗中人制度既有其普遍性，也有其特殊性。和那些完全“乡土的”或者属于民族特有的制度不同，文斗中人制度无疑是整体中国民间中人制度中的一部分，这是它在国家范围内的“普遍性”。但和那些同内地基本一致的制度习惯不同，文斗中人制度在相对的意义上也体现了本土特色，这是值得研究者关注的部分。

对于文斗中人制度的探查，首先需要研究者对其研究方法有所认识。梁治平在总结日本汉学界的“现象学方法”或“主观主义方法”时，认为其“在具体研究层面上，这种努力主要在两个

1 梁治平：《清代习惯法：社会与国家》，中国政法大学出版社1996年版，第125页。

2 在相关著作中，可以寻见关于文斗中人的讨论，如梁聪：《清代清水江下游村寨社会的契约规范与秩序——以文斗苗寨契约文书为中心的研究》，第118—122页。该书中将文斗中人作为文斗契约文书作用机制的一环，对文斗中人有专节讨论。

方向上展开，即一方面是对于被研究者世界中'固有'概念的重视和梳理，另一方面是力图将这些概念按照其内在逻辑联系起来，并给以系统性的说明。"[1]这种方法要求研究者在研究时要"把当时人们的观念世界作为分析社会结构时的中心"[2]。采取此种研究方法，意味着研究者要在一定程度上超越现下的立场，以一种谦逊、平等的态度进入研究对象的内部，倾听被研究者的声音，并试图内在地理解被研究者生活于其中的世界。这种看法立足于一种特殊主义的研究视角，其主要目的在于"抵制普遍主义的滥用，尊重研究对象的内在逻辑和完整性，试图从内部去了解和理解被研究者的生活世界，为此，它尽量避免把自己的概念从外部强加于研究对象，尤其反对简单粗暴的肢解式解读"[3]。但同时必须注意的是，这里对所谓"普遍主义"的批判，是针对彼时（以及现在仍然部分存在的）过度利用西方概念解释体系对本土制度的分析和解构。[4]具体而言，日本学者草野靖认为，在研究中应当有意识地立足于"中国的农民、地主等主体日常使用的类别称呼以及他们在日常生产活动中获得的认识"来对契约关系进行分类并加以体系化的整理。[5]对所研究的事物的固有概念的梳理，是人们认识研究对象的观念的重要途径；因而，对研究对象外在显现方式

1　[日]滋贺秀三等：《明清时期的民事审判与民间契约》，王亚新等编译，第443页。
2　同上，第442页。
3　同上，第444页。
4　参见同上，第442—456页。
5　参见同上，第301—302页。

的感知，同时也就是对事物本身的探究。如果说“事物像他们存在一般显现，也像他们显现一般存在”的话，那么，“事物显现的方式就是事物存在的一部分”。[1]这或许也可以成为对所谓“现象学方法”的一种诠释。当然，在对固有概念的梳理之外，研究者还需要将这些固有概念联系起来，进而形成更具解释性的体系。由“概念”而“体系”的建构，基本可以概括本章研究的基本方法，也可以是在关于中国传统契约的研究中应努力尝试的方向。

具体而言，本章试图在文斗人的生活图景中，梳理和解释文斗中人制度中的固有概念，并将这些概念以其内在理路联系起来，进而对文斗中人制度的体系架构进行“系统性地说明”。此外，在梳理和解释的同时，努力寻找中人制度在整个文斗民间习惯和社会生活中的位置，以期得到一种更富解释性的答案。

二、“立契有凭”下的文斗中人体系

（一）文斗中人的类别

1. 中人的功能或中人的分类

中人研究的首要问题是对中人概念的厘清，而这又建立在对中人称谓的探究之上。诸多学者对这一问题进行了讨论，对

1　See Robert Sokolowski, *Introduction to Phenomenology* (Cambridge: Cambridge University Press, 2000), 16.

中人称谓的起源和自西周以来历代对中人的不同称谓进行了梳理和考证。[1] 在明清时期，作为“契约的第三方参加者”[2] 的称谓有：见人、见中人、凭中人、同中人、中证人、中见人、保人、中保人、居间、中间人、见立契人、见立合同人、中人等，而其中又以“中人”最为常见。[3] 从对民间社会所使用的固有概念的尊重来看，以上的这些称谓之间必然存在着或大或小的差别，其内涵还有待厘清。笼统地将此类群体称之为“中人”[4]，只是为叙述的方便而统而言之，其下必然包含着由以上不同固有概念所界定的不同群体，而这一点恰恰是容易被忽略的。

既往中人研究经常讨论的一个问题是“中人的功能（作用）”。虽然对中人的具体功能分类可能还存在一定争论，但较为人们所接受的论断是认为“中人在清代契约中发挥着介绍、见证、保证

1 此方面的研究可参见李祝环：《中国传统民事契约中的中人现象》，《法学研究》1997 年第 6 期，第 138—143 页。该文的第一节即为“中人称谓的演变”。

2 关于一个以此角度展开的中人研究，参见 Karla Foerste, “Eine Methode der Streitvermeidung: Die »dritte Partei« bei Begründung und Durchsetzung von im traditionellen China,” *Rabels Zeitschrift für ausländisches und internationales Privatrecht* 64, no. 1 (2000): 123–142。

3 参见李祝环：《中国传统民事契约中的中人现象》，《法学研究》1997 年第 6 期，第 140 页。另参见郭睿君：《徽州契约文书所见“中人”称谓》，《淮北师范大学学报（哲学社会科学版）》2017 年第 1 期。

4 有学者在研究时就对“中人”一词作为一个“分析性概念”进行了很好的界定。参见梁治平：《清代习惯法：社会与国家》，第 120 页。

和调处的功能”[1]。这四项功能基本涵盖和描述了中人作为一个“契约的第三方参加者”的统称概念在契约中所发挥的作用。不难发现，这四项功能（或作用）在文斗中人的实践中均有所体现。但是，引人疑问的是，究竟是同一中人群体具备不同的功能（或职责），抑或根本就是不同的中人群体在发挥着不同的作用？

具体到文斗中人制度的实践中，本章倾向于认为，在契约中承担着不同功能的，应当可以被理解为不同的中人群体。他们之间或许有重叠和混同，但其主体（或曰“核心事例”[2]）是有所区别的，甚至其在契约文书中原有的“称谓”也是不同的。因此，在构建文斗中人制度的体系时，将那些在契约中有着不同主要功能的不同人群区分为不同的中人类别，相较于将其视为中人的不同功能，可能会是一个更符合生活事实的叙述方式。

2.“契约在场的中人”和“契约缺场的中人”的二分

如果依前述的“介绍、见证、保证和调处”四大功能来理解中人对契约的参与的话，那么不难发现，中人对契约的参与似乎是全过程的，即从契约订立之初的撮合介绍，到契约订立过程中的见证、保证，一直到契约订立后，在可能发生纠纷时的调处，都可以看到中人的存在。而针对文斗中人的一个观察是，在契约关系成立

1　李桃、陈胜强：《中人在清代私契中功能之基因分析》，《河南社会科学》2008 年第 5 期。

2　See H. L. A. Hart, *The Concept of Law*, 3rd ed. (Oxford: Oxford University Press, 2012), 123.

后的纠纷解决中，原先参与订立契约的中人往往并不负有调处[1]其可能出现的纠纷的职责。根据学者的研究，在部分清代内地契约中会标明，如果发生纠纷，则“尽在中人一面承管”[2]，或者至少是“日后倘有亲族人等出为争论，由中人及卖主一面承管，不与买主相干”[3]。在契约双方产生纠纷之后，参与订立契约的中人往往需要承担调处的责任，或者至少是需要与卖主（以土地买卖契约为例）一同承担关于所卖土地的对外调处义务。所以，“一旦交易发生，中人最重要的作用就是在出现纠纷时进行调解”；故而学者认为，中人“既是商业交易的促成者，也是潜在的调停者”。[4]在文斗寨的中人实践中，契约中多会标明“如有不清，居（俱）卖主在上前理落”[5]。这似乎暗示，在契约成立之后负责调处可能发生的纠纷的中人人群，和参加到契约关系中，以发挥介绍、见证和保证之作用的中人人群，是不同的。如此，基于这种划分标准，在文斗中人制度中可以理解为存在一种“契约在场的中人”和“契

1 之所以使用“调处”一词而非“调解”一词，可参见陈胜强、王佳红：《中人在清代土地绝卖契约中的功能——兼与现代相关概念的比较研究》，《法律文化研究》2010 年第 1 期。

2 张传玺：《中国历代契约会编考释》，北京大学出版社 1995 年版，第 1930 页。

3 前南京国民政府司法行政部编：《民事习惯调查报告录》，胡旭晟、夏新华、李交发点校，中国政法大学出版社 2005 年版，第 331 页。

4 参见黄宗智：《清代的法律、社会和文化：民法的表达与实践》，上海书店出版社 2001 年版，第 54—55 页。

5 陈金全、杜万华主编：《贵州文斗寨苗族契约法律文书汇编——姜元泽家藏契约文书》，人民出版社 2008 年版，第 202 页。这里的“不清”，多指来历不清、界址不清或者权属上存在亲族异议等。

约缺场的中人”的二分。

“契约在场的中人”，是指那些直接参与到契约关系中的中人，他们直接促成了契约关系的成立，甚至是其成立的必备要件。而“契约缺场的中人”，则是指在契约成立后产生纠纷时进行纠纷调处的中人。“契约缺场的中人”并不是其所调处的契约关系的参加者，因而也不是立契时的在场者，他们是作为一个契约的缺场者对契约纠纷进行调处的。“契约在场的中人”和“契约缺场的中人”的区别不在于时间上他们是在立契前出现（说合）、立契时出现（见证、保证）还是立契后出现（调处），而在于他们自身是否卷入（involved）契约关系之中。

3.“契约在场的中人”和“契约缺场的中人”的外延

基于“契约在场的中人”和“契约缺场的中人”的二分来理解文斗中人制度，还需要进一步厘清二者的外延。需要说明的是，除了一些特殊用法，文斗寨的各类中人都在很大程度上混同于“中人”这一大的称谓之下，并进一步混同于“凭”这个概念之中。故而，为了区别各类不同的中人群体，有必要为他们各自确定一个特定称谓。为了叙述方便，以下先对文斗中人的各个分类做一些基本的解释。

在本章中，文斗中人制度的“契约在场的中人”包括“牙中”“见中”和“保中”三种。其中，“牙中”作为一个固有概念，可以在一些清代契约中找见（虽然较为鲜见），在本章中以之称呼那些主要职责为介绍、撮合交易的中人。之所以称这类中人为“牙中”，是因为他们虽具备“牙人”的基本特点，但并非是完全职业化的居间人。“见中”，即“见证之中”或“在场中”，其本身是文斗契约文书中的固有概念，[1]又称“见人”“中见人”“见中人”“中证人”“见立契人”等。在本章中以“见中”称呼那些立契时在场见证、负有证明人职责的中人。“保中”，即“担保之中”，也是清代契约中的固有概念，又称“保人”“中保人”等，本章用以称呼那些在契约中负有担保责任的中人。

文斗中人制度中的“契约缺场的中人”包括“理中”和“劝中”两种。其中，“理中”是指“理讲之中”，而“劝中”则是指“解劝之中”。“劝中”是文斗契约文书中的固有概念，在许多文斗契约文书中均可找见。“理中”与“劝中”二者同为契约纠纷的调处人，但是采用的方式和所起的作用有所不同。

以上仅是关于文斗中人的几个类别的基本描述。随后的讨论中，会通过文斗契约文书所展现的具体生活图景，结合其在文斗中人体系中的位置，进一步阐释各分类下中人的具体情况。

（二）“立契有凭”

“立契有中”是在中国民间契约活动中长久存在的传统，也

---

1 文斗契约中出现过“见中”的概念，如一份山场座薄在复述契约内容时记载了“再（在）见中”，见张应强、王宗勋主编：《清水江文书（第三辑）》第8册，广西师范大学2011年版，第195页。

得到了国家法的支持。[1]在大部分的清代民间契约中，都可以觅得中人活动的踪迹，这一点在文斗契约文书中也不例外。在文斗寨，契约文本中关涉中人活动的描述用语一般是“凭中”，其应是“凭中人”[2]的简写。所谓“凭”者，大略是指依靠、借助、根据的意思。契约活动中需要依靠中人撮合交易，也需要依靠中人证明交易和担保交易，在纠纷产生以后还需要依靠中人调处纠纷。因此，契约之成立自然需要“凭中”。但如果从一个更宽广的视野来看，契约活动中可以凭借和依靠的，除了相对狭义理解中的“中人”，还有很多其他种类的人群。因此，必须依靠狭义上的中人的，仅仅是一些特定的情形而已。进而，对文斗契约文书的详细考察可以发现，在有的契约中可能不会出现“中人”，但会有“凭”的出现。此时，所“凭”之人可以是亲戚、族人、族长、邻居、好友、保长、寨老等，不一而足。比如，一份光绪二十年（1894年）六月十九日的分家“阄书”的开头，即提到了一系列的所“凭”之人：

凭　家长：瑞卿叔□相兄、贵卿叔齐相兄

凭　亲长：范本秀、范本正、姜秉智、姜锦蔚、范镜湖、姜显国、姜吉春

凭　族长：姜开瑜、姜开文、姜景春、姜永昌

1　参见陈胜强：《中人对清代土地绝卖契约的影响及其借鉴意义》，《法学评论》2010年第3期，第155页。

2　文斗契约中也可以见到“凭中人”的说法，如见张应强、王宗勋主编：《清水江文书（第三辑）》第7册，第228页。

> 自丙戌年七月分火之后，本房之人，有分居有未分居。至辛卯年四[1]月，始将丙戌年以前数代所创之田园、塘基、油山分为五股。长房占壹、肆阄，贰（本）[2]房占叁、伍阄，叁房占第贰阄。本房之人依然照样居住至今。本房请凭亲族，谨将本房所占三、伍阄之田，照三、伍阄在 家先堂凭阴阳序捡，贞公子孙捡得第三阄，苹公子孙捡得第伍阄，所有田园、塘基、油山各阄开列于后。[3]

从文字上判断，这份阄书中并没有称为“中”或“中人”的群体参与到具体的分家活动中来。虽然没有“中”，但这份文书依然有“凭”。所“凭”之人包括“家长”“亲长”和“族长”三类。根据这份文书的叙述，分家捡阄之时是“请凭亲族”才进行抓阄的。此中原因，有可能是如果不是本亲族之内的人员，作为第三方的“中人”并不适宜过多介入家族内部的分家活动。这些都说明了在文斗寨的社会生活中，相对狭义的“中人”所参与的只是其中一部分契约活动。虽然这一部分相当重要，“中人”的参与范围也十分广泛，但狭义的“中人”的参与依然应当是被置于“凭”的概念之下的。

据此，文斗寨契约活动的基本传统可以大致总结为“立契有凭”。实际上，这同“立契有中”的传统并不矛盾——“立契有凭”只是一个比“立契有中”更上位的概念或者更宏观的体系。其实，

1　原件“四”字右旁写有“三”字。

2　原件“本”字写在“贰”字右旁。

3　张应强、王宗勋主编：《清水江文书（第三辑）》第9册，第386—387页。原件中若干有明显删除符号的字不录，径录改正后的字。

“立契有凭”彰显了在中国传统的交易活动乃至其他许多公共社会活动中的一个现象，即要求始终存在一个在场的第三人。这个“永远在场的第三人”一方面宣示着各项社会活动公开化的趋势，另一方面也意味着大众对契约双方私下达成合意的排斥。众多民间社会活动都要求至少存在三方，无论是交易、婚姻、分家析产或者纠纷解决；而这种传统在文斗苗寨中则体现为“立契有凭”的形式。因而，文斗中人体系的构建是可以归纳在“立契有凭”这个大的框架之下的。结合上一节中对文斗中人概念的梳理和分类，可以用以下图表来说明“立契有凭”之下的文斗中人体系：

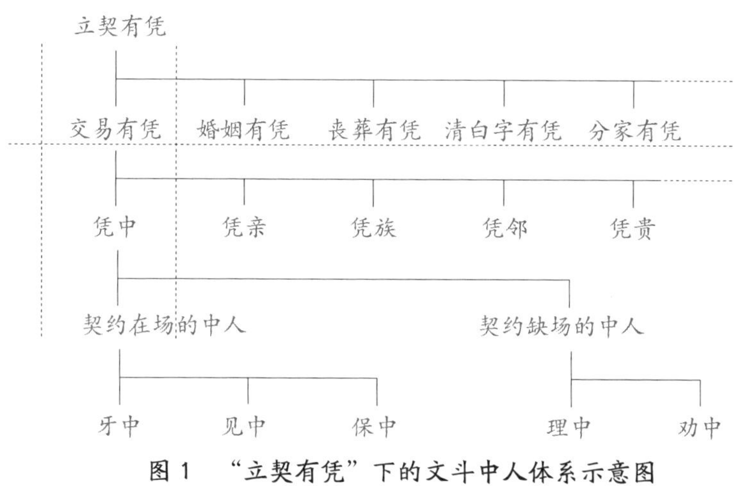

图 1　“立契有凭”下的文斗中人体系示意图

从图 1 中可以看到，在“立契有凭”这个大传统之下，不仅交易活动有“凭”，凡“事”皆有所“凭”。如婚姻有凭，在一份“总腾抄写（年庚书）”中有这样的字句：“此女已许与文斗寨姜△△第△△[1]子为妻，早已凭媒说合，放炮定亲。”[2]即说明婚姻也是“凭媒说合”。又如丧葬有凭，在丧葬文书或者阴地合同中，会有“凭地师”的字样，[3]这也是“凭”的一部分。另外，无论是立“清白字”、立“讨字”、立“投字”还是分家、分银合同中，都各自有“凭”；这些方面例证众多，无须一一列举。

具体到田土、山地、杉木等的交易中，所“凭”之人也不一定是“中”，而可以有亲、族、邻、贵（如保长、总理[4]、绅首等）等诸多选择。当然，“凭中”是其中最主要也是数量最多的一部分。图中“凭中”下的横虚线以下的部分才是本章主要探讨的领域。依据以上的二分，“凭中”可以分为“契约在场的中人”和“契约缺场的中人”。图中两条竖虚线间的“牙中”是中人制度最为核心的区域，也是最体现中人本质要求的一类中人。自牙中而外，越是属于偏离中人核心区域的中人类别的，就越是和其他人群相混同。

---

1 “△”，应为“厶”字草写。据清儒赵翼考释，“厶”即古“某”字。参见〔清〕赵翼：《陔余丛考》，河北人民出版社 1990 年版，第 350—351 页。

2 张应强、王宗勋主编：《清水江文书（第三辑）》第 10 册，第 105 页。

3 参见张应强、王宗勋主编：《清水江文书（第一辑）》第 1 册，第 475 页。以及［澳］唐立、杨有赓、［日］武内房司主编：《贵州苗族林业契约文书汇编（1736—1950 年）》第三卷，东京外国语大学国立亚非语言文化研究所 2003 年版，D- 〇〇五五。

4 这里的总理指的是文斗地方团练“三营”的总理。这些人在文斗普通百姓那里，不可谓不“贵”。如有“凭 文斗总理姜国相”。见［澳］唐立、杨有赓、［日］武内房司主编：《贵州苗族林业契约文书汇编（1736—1950 年）》第三卷，E-〇〇四八。

虽然以上以示意图的方式对“立契有凭”之下的文斗中人体系做了分析和整理，但是在这个体系中，图中各支之间是存在着大量混同的。尤其是“凭亲”“凭族”“凭贵”等和“理中”“劝中”的混同，“凭亲”“凭族”“凭邻”和“见中”的混同等。这些在以下的具体论述中都会再次提到。

三、契约在场的中人

契约在场的中人包括“牙中”“见中”和“保中”三种。这些类别的中人直接促成或者参与了契约的成立。而在他们各自的构成人群之中，是否成为“牙中”更取决于其技术优势，“见中”的构成在于“在场”与否，而“保中”或许更偏向于其在资财方面的地位。

（一）牙中

1. 牙中的作用

牙中在交易中起着介绍撮合的作用，这种作用本是中人的应有之义，体现到契约文本中，就是文斗契约中经常可以见到的“请中问到某某名下承买为业”的叙述。交易的关键在于对接供给和需求两方。可以想见，若某人希望出卖田土，又一时不知道谁愿意且有能力买入，此时最好的选择就是问到牙中处，请牙中撮合买卖双方，完成交易。这同今日生活中常见的中介人员的作用并无二致。清末民国的著名乡土小说家鲁彦（1901—1944 年），在其 1937 年出版的小说集《河边》中收录有一篇题名为《中人》的小说。其中提到，“你要卖产业，中人最要紧”，并且中人需要“情形最熟悉，也不怕人家刁皮的”。[1] 交易的时候，双方各自请一个中人，“请中人和中人去做买卖”。[2] 作为一种旁证，这些文学描述中的情形，在服务本身故事的情节之外，大致可以作为牙中在生活场景中撮合交易的具体展现。

或许可以认为，现在所见的大部分涉及交易的契约中所未特别注明的“凭中”，其实都可以在一定程度上归类为“牙中”。在有的契约中，也将其更为直接地记载为“说合中人”[3]，表明了其促成交易的本质特征。在有的契约文本中，也具体地展现了请中说合的情形，如下引“陈见文、陈见芳卖阴地契”：

> 立契出卖阴地人陈见文、陈见芳。今因家下要钱用度无□备，自愿父子兄弟商议，今将地名帽哨鸾□阴地一形，后凭孙姓田冲，前凭孙姓□沟，左凭孙姓田坳颈，右凭大田冲。四至分明。为界内卖横贰丈，顺贰丈伍尺，阴阳在内。请中说合，出卖与嘉（加）池姜培刚名下承买为业。三面言定卖价铜钱叁仟陆伯（佰）捌拾文整，就日交呈，不少分文。自卖至后，任凭买主开坎进葬，卖主不得异言，恐有不清，俱在卖主理落。今欲有凭，立此卖契永远发达一纸为据。

---

1 参见鲁彦：《河边》，上海良友复兴图书印刷公司 1936 年版，第 145 页。

2 同上，第 155 页。

3 张应强、王宗勋主编：《清水江文书（第一辑）》第 13 册，第 91 页。

凭中人 姜凤仪

代书人 孙占魁

卖阴地人 陈见文、陈见芳

光绪二年三月初八日 立[1]

在这份契约中，卖主需要出卖一块土地，经过“父子兄弟商议”之后，找到牙中处，“请中说合”而出卖给买主。牙中在其间所起的就是介绍交易和撮合交易的作用。另一方面，牙中的另一个重要作用就是“三面言定卖价”。在文斗寨的许多交易契约中，均可以看到“凭中议定价银若干”或者“凭中三面议定价银若干”的字句，这些表达说明了牙中在议价这一环节中所发挥的作用。在有的契约中，议价的过程被描述为：“凭中喊定价银二十五两八钱”[2]；还有的契约直接在契尾表明“喊中某某”[3]，牙中在议价过程中所扮演的角色之重要可见一斑。

2. 牙中的构成

文斗寨“牙中”的人员构成主要有两个部分。一是如传统中

1　张应强、王宗勋主编：《清水江文书（第一辑）》第 11 册，第 222 页。

2　［澳］唐立、杨有赓、［日］武内房司主编：《贵州苗族林业契约文书汇编（1736—1950 年）》第一卷，东京外国语大学国立亚非语言文化研究所 2001 年版，A-〇一三三。

3　张应强、王宗勋主编：《清水江文书（第三辑）》第 8 册，第 150 页。虽然这是一份民国时期的契约，但或许也足资参考。

人研究所认为的那样，是寨子里较有“面子”或威望的人。[1]他们或保有相当的财产，或具备一定的权威，或资历深厚，或至少在交易双方那里较有影响力（比如是交易一方或双方的亲戚族人长辈），等等。例如“母旧（舅）”或者“旧（舅）父”[2]这样的称呼就经常出现在契约末尾所署的“凭中”之后，以表明中人的身份。这一类人群的存在自然无须多言，他们在“立契有凭”之下不单单承担着牙中的职责，而是更广泛地参与到了诸多社会生活之中。

另一个重要的部分就是专业的[3]牙中。梁治平认为：“成功的交易一半靠中人的说辞和技巧，一半则基于其‘面子’。”[4]“面子”方面的不足往往是由社会地位所导致的，而在技术方面的优势，则可以很大程度上弥补一个中人在“面子”上的不足。甚至，技术优势本身也可以给中人带来“面子”。而在传统的中人研究中，主要依靠技术优势而存在的中人群体一直被否认或者弱化，其认

1　关于中人构成的相关学术梳理，参见郭睿君：《清代徽州契约文书所见“中人”身份探讨》，《档案学通讯》2017 年第 4 期。

2　陈金全、杜万华主编：《贵州文斗寨苗族契约法律文书汇编——姜元泽家藏契约文书》，第 55、248 页。

3　之所以不称之为“职业的”（虽然此二词在英文中似乎不易区别），是因为这部分人很多都有着自己原本的职业。他们可能只能算是“半职业”的牙中。但是他们又大量而集中地以牙中的身份参与到交易和契约中来，并且更多地依赖自己的技术优势，故而称其为“专业的”牙中。当然，关于其职业化或专业化倾向的讨论还有待进一步深入。在下文关于契约成本的讨论中还会涉及这一点。

4　关于这一段话的引用无疑是极多的，但是大多数引用都在重点关注“面子”的问题，而忽略了技术优势与“面子”所占有的同等地位。参见梁治平：《清代习惯法：社会与国家》，中国政法大学出版社 1996 年版，第 125 页。

为牙中甚至中人的主要构成只有（或者主要是）上述第一类人群。但在文斗寨中，通过对一些契约文书的分析，可以大致推出专业牙中的实际存在。

此种论断可以通过对以下个例的分析得到印证。在文斗契约文书中，可以经常见到一位署名"姜邦彦"的人，他一般是以中人或者代笔的身份出现在契约文书中。但是，作为一个在契约文书中出现频率如此之高，如此广泛地参与到彼时交易活动之中的文斗人，却很难在其他资料中觅得关于他具体身份的信息。无论是在文斗寨留存下来的各式各类的家谱中，还是众多的"分家合同"[1]中，笔者暂时都无从觅得"姜邦彦"的详细资料。甚至在文斗寨众多的买卖典当契约中，也很难看到"姜邦彦"作为交易之一方而出现。通过这些考察，可以大致得出的一个分析是，姜邦彦作为一名牙中，他很有可能并不是一个在文斗寨有较高的社会地位、相当的权威或者雄厚的财产的人。其理据是，具备相当权威或社会地位的人，必然会以一定的特殊身份参与到当时的社会生活中去，而以文斗寨中这样大量而相对完整的契约文书留存来看，此种参与会有很大的概率由各类文本呈现出来。在另一个方面，可以想见，如果某人拥有雄厚的家产，那么他（她）就应有极大的概率频繁地作为交易之一方出现在买卖、典当、佃租田土山林的契约之中。然而，就经眼之材料而言，上述这些假想均未得到验证。

1　分家合同往往是判断一个人在家族中位置的极好途径，而是否在分家合同中出现，本身也代表着其本身和所在家族所具备的"实力"。

进而，可以对姜邦彦作为中人和代笔出现的契约文书做一个统计，统计表如下：

表1 文斗寨姜邦彦凭中、代笔统计表[1]

文书编号	文书类型	中笔[2]	日期	文书编号	文书类型	中笔	日期
D1-141	卖木契	笔	嘉庆二十四年二月初七日	C3-7-082	卖山契	中	道光十七年五月初十日
D1-193	卖木契	笔	嘉庆二十五年五月初二日	D1-338	卖田契	中	道光十八年二月十七日
A-A-0148	卖木契	笔	道光三年十月廿五日	D1-344	卖木契	笔	道光十八年六月十五日
C3-9-248	卖山契	中笔	道光三年十一月廿一日	A-A-0187	卖木契	中笔	道光十八年六月十七日
D1-233-1	卖田契	中	道光四年六月廿九日	A-B-0119	卖木契	中	道光十八年十一月初一日
D1-233-2	借当契	笔	道光四年十月廿四日	D1-347	卖木契	中	道光十八年十二月十四日
D1-239-1	卖木契	中笔	道光六年三月五日	C1-12-089	佃契	笔	道光十九年二月十六日
C1-372	卖木契	中笔	道光六年八月廿一日	C3-7-212	卖木契	中	道光十九年三月廿一日

1 本书各表中清水江文书的编号规则如下。A代表〔澳〕唐立、杨有赓、〔日〕武内房司主编：《贵州苗族林业契约文书汇编》（第一、二、三卷），东京外国语大学国立亚非语言文化研究所2001年、2002年、2003年版；C1为张应强、王宗勋主编：《清水江文书》（第一辑），广西师范大学出版社2007年版；C3为张应强、王宗勋主编：《清水江文书》（第二辑），广西师范大学出版社2009年版；D1表示陈金全、杜万华主编：《贵州文斗寨苗族契约法律文书汇编——姜元泽家藏契约文书》，人民出版社2008年版；D2表示陈金全、梁聪主编：《贵州文斗寨苗族契约法律文书汇编——姜启贵等家藏契约文书》，人民出版社2015年版。横杠后的编码为册数（如有）及页码；此外，部分编号中最后一道短横后的数字代表该页码的第一份文书或第二份文书。

2 “中笔”一栏表示姜邦彦在该契约中是作为“中人”还是“代笔”，“中笔”表示既为中人又为代笔。

续表

文书编号	文书类型	中笔	日期	文书编号	文书类型	中笔	日期
C3-7-278	换地基契	中	道光七年十一月十三日	C1-12-091	卖木契	中笔	道光十九年五月十七日
D1-264	卖木契	笔	道光十年七月初八日	C1-13-008	卖木契	中	道光十九年十月十五日
A-F-0002	卖山契	中笔	道光十年九月廿二日	C3-7-291	佃契	中笔	道光十九年十月二十日
D1-267	借当契	笔	道光十年十月初五日	D1-356	卖木契	中	道光二十年四月初四日
D1-261	卖田契	笔	道光十年十二月初四日	D1-363-2	卖山契	笔	道光廿一年十一月十七日
C3-7-282	卖木契	笔	道光十一年二月廿六日	A-B-0127	卖木契	中	道光廿一年十二月十五日
C3-7-208	卖木契	笔	道光十一年七月某日	C1-13-012	卖山契	中	道光廿一年十二月初十日
C3-7-392	卖木契	中	道光十二年二月廿九日	D1-382	卖木契	中	道光廿三年十二月初二日
A-B-0100	卖木契	中	道光十二年三月初一日	D1-383	卖木契	中	道光廿三年十二月初二日
D1-288	卖地基契	中笔	道光十二年八月十六日	C3-7-406	卖木契	笔	道光廿四年正月十八日
D1-304	佃契	笔	道光十三年九月廿一日	C1-12-282	卖木契	中	道光廿四年四月初一日
D1-309	佃契	中	道光十四年三月廿五日	D1-397	卖田契	中	道光廿四年八月初三日
A-B-0108	卖木契	中	道光十五年二月十六日	C3-9-208	卖栽手股	笔	道光廿四年十二月初一日
A-B-0109	卖木契	中	道光十五年十一月廿二日	C3-7-171	卖木契	中	道光廿五年六月廿九日
D1-326	卖田契	中	道光十六年二月十七日	C1-13-114	卖栽手股	中	道光廿九年三月廿四日
D1-327	卖木契	中	道光十六年三月十五日	D1-432-1	佃契	笔	咸丰八年二月初八日
C3-8-070	卖木契	中	道光十六年三月十六日	C3-7-327	佃契	笔	咸丰九年二月十二日
C1-13-110	卖菜园契	笔	道光十六年五月十七日	D1-434	佃契	笔	咸丰九年十月初九日
C1-12-082	卖山契	中	道光十六年六月十八日	D1-440	讨契	笔	同治元年二月十九日

上表展示了笔者所搜集到的54份有姜邦彦参与的契约。通过上表可以发现，姜邦彦作为中人或代笔的时间跨度自嘉庆二十四年（1819年）二月初七日至同治元年（1862年）二月十九日，共约43年。这是一个足够漫长的职业生涯，几近于现在清华大学常谓的“为祖国健康工作五十年”的目标。一个简单的算术题，如果以六十五岁“退休”计算，其开始“参加工作”的时间正是二十二岁。据此，一个自然产生的疑问是，无论是在寨子里拥有一定的权威还是有较高的社会地位，在一般的认知中，均需要相当的年龄作为保障。在清代村寨社会中，似乎无法想象一个过于年轻的人可以承担这样一个较为重要的社会角色。而姜邦彦长达43年的“中笔生涯”又宣示了他在其职业生涯的初期足够年轻，以至于他大概不可能具备那些时间才能带来的权威和地位。但毋庸置疑的是，无论如何，牙中都必须为交易双方信孚，拥有如此多中人经历的姜邦彦也必定有其特别之处。这就促使研究者去探寻权威和社会地位之外的东西对于中人的意义。

关于姜邦彦的职业，依据最终寻获的一份“姜邦彦卖栽手股契”，似乎恰好可以印证之前的猜想：

> 立断卖栽手杉木姜邦彦。为因要银使用，无处得出。自己先年佃到地主之地名白岩洞，界至：我所栽之木上凭怀智之栽手，右凭怀智栽手，下截左凭怀智之栽手，右凭路，今请中出卖与姜钟英、侄世俊名下修理管业。当面议定价银一两五钱，亲收回应用。今欲有凭，立此卖栽手杉木为据。

外批：栽手占二股，地主占三股。

凭中　姜钟芳

道光二十八年十二月初一日　卖主姜邦彦　立[1]

在这份契约中，姜邦彦作为卖主出卖了其所有的"栽手股"。而这份"栽手股"是来自"自己先年佃到地主之地名白岩洞"，这就证明了姜邦彦曾经的"栽手"身份。"栽手"作为向山主佃种山地栽树的人，类似于向地主佃种土地耕种的佃农。但是，一个"栽手"或曰"佃户"，却成为一个相当成功的"牙中"，似乎并不完全符合人们对于中人身份的想象。[2]从上面的统计表中还可以发现，姜邦彦所参与的契约大部分都是"卖山契"或者"卖木契"。据此，结合姜邦彦的栽手身份，或许可以这样推想，姜邦彦因为自己栽手的身份进而对林木栽种经营有着业务上的精熟，也对同领域的人群相对了解熟识，再加上他具备难得的读写能力（能代笔），以上这三个方面结合起来，造就了姜邦彦在相关领域出任"牙中"的技术上的优势，使其得以成为一名在寨中颇受

1　［澳］唐立、杨有赓、［日］武内房司主编：《贵州苗族林业契约文书汇编（1736—1950年）》第二卷，东京外国语大学国立亚非语言文化研究所2002年版，B-一〇四八。

2　当然，必须说明的是，有一部分文斗人同时既是山主，又是佃户："这一部分人一般为中等人家，颇有些山林，自己独力经营不过来，便招请外人。但他们也垂涎于林地间的那笔可观收入，不想让'肥水'全部流入他人之田。于是往往与招来的佃户一起经营山场。有的则是将自己较边远、条件较差的山场佃出与人，而自己又去佃租他人条件较好一些的山场。"参见王宗勋：《文斗——看得见历史的村寨》，第42页。

欢迎的中人。

虽然，更多文斗专业牙中的存在还没能得到契约文书的支持。但作为一个稍嫌大胆的推断，似乎可以认为，清代文斗中人制度在牙中人员的构成上，除了传统的有地位或社会身份优势的牙中，还存在着，或者说可能更主要的部分是那些拥有技术优势的专业牙中。

（二）见中

“见中”，即“在见中”或“在场中”，[1] 在有的内地契约文书中会列有“在场”这样的名目，在其下专门记载立契时在场见证的人员。顾名思义，见中就是在场见证的中人，其主要作用在于见证契约之成立，并因其在场而使契约的成立得以公示周知。见中的“在场”这一特征，决定了见中其实并不需要如前述牙中一样的专门资质，在大多数情况下似乎也不会经过特别的选择。在可以想见的情境中，只要某人在立契之时恰好在场，就有可能被立契者邀来做见证人。在“三言二拍”中的“转运汉巧遇洞庭红波斯胡指破鼍龙壳”这一故事中，提到了拟写一份“合同议单”的场景：“（合同）一样两纸，后边写了年月日，下写张乘运为头，一连把在坐客人十来个写去。”[2] 这些写进契约的一连“在坐客人

1 在有的契约中注明了“在场”字样，如“凭中人在场姜得宇”，参见张应强、王宗勋主编：《清水江文书（第一辑）》第12册，第236页。但这份契约注明的“在场”并不完全意味着其只履行见中的职责。

2 〔明〕凌蒙初：《初刻拍案惊奇》，张明高校注，中华书局2009年版，第11页。

十来个”，应该就是作为见证人而存在的。这些客人之于这一份契约最为重要的特质，应该就是他们恰好“在场”。进而，这也就决定了见中这一类中人的职责相对更小，而人员构成却相对更为复杂。

有学者在研究中发现，中人的身份除了基层组织中的领袖人物、亲族成员外，还有妇女、佃仆等相对特殊的身份，虽然这些人“始终无法成为中人的主流”。[1]比如说，妇女中人出现的原因只是“在实际生活中，中人的某些特性，诸如个人威信、个人身份、人际关系”等因素和其“所具有的道德、身份和经济因素相结合，从而将她们推到中人的位置上”。[2]又比如佃仆中人在做中时，由于佃仆的身份会影响到这一人群发挥中人的作用，比如“仆佃是不具备中人所拥有的调解人身份的，他不可能凭借自己的力量使纠纷双方达成某种妥协”，所以在这种情况下，这种中人的作用“更多是中介或见证”。[3]

但是，还存在的一种可能是，这些中人的“特殊身份”并不是因为某一种“结合”，而是因为这些中人其实承担的是“见中”的职责。换言之，他们并不是传统意义上最为核心的中人人群，而只是临时充当了见证人的角色，所以在契约的记载中被“推到中人的位置上”。相较之下，见中显然不需要具备其他中人所必

1　参见吴欣：《明清时期的“中人”及其法律作用与意义——以明清徽州地方契约为例》，《南京大学法律评论》2004 年第 1 期。

2　同上。

3　同上。

备的技术或者威信等要素，那种将他们“推到中人的位置上”的力量，不是某种其他层面的契合，而可能只是他们恰好“在场”而已。在文斗契约中也可以发现这样一些身份显得“特殊”的中人，比如“凭中：断（段）瓦匠”[1]“凭中：夥（伙）计东略”[2]等。当然，在契约中记载“瓦匠”或者“伙计”身份的情况毕竟是少数，但是依然能说明见中的身份因有“在场”的要求而具有的复杂性。

自然，除了各种身份特殊的见中，最能符合“在场”之要求的人群首先应当是邻居和亲族。如果说亲族还因其身份而具有某种特定化意味的话，那么邻居在立契过程中或许是最无须特意选择的极佳在场见证人。透过一份邻居做中的契约，“姜老云立发补字”，可以大致了解“见中”做中的情形：

立发补字人姜老云，为因妻子死，无其所靠，自愿将到所有之山场皇木岔，五股均分，老云占一股；皆比五股均分，占一股；对门坡二十股，又占一股；东牛常田坎下十股均分，占一股。一共四处俱补与 堂别姜老求名下，出过本银四钱五分整。埋葬当日，众位相议，不得翻悔异言。恐后无凭，立此补字存照。

外批：所有卧强之山五股均分，十九家得买文佐一股，分为十九股，老云占一股，付与姜远寿。

凭众邻舍 姜通海、［姜］镇海、［姜］老乔、［姜］显中

1 断瓦匠，疑为段瓦匠。［澳］唐立、杨有赓、［日］武内房司主编：《贵州苗族林业契约文书汇编（1736—1950年）》第一卷，A－〇二二九。

2 ［澳］唐立、杨有赓、［日］武内房司主编：《贵州苗族林业契约文书汇编（1736—1950年）》第三卷，D－〇〇三一。

姜启仪 笔

道光元年六月十七日[1]

从上引契约中可以看出，这份契约是在其妻子的“埋葬当日”，经过“众位相议”的过程而订立的。可以想见的是，在埋葬其妻子时，必然有亲邻在场，姜老云也在这种情况下，以到场的人做中，订立了上引契约。而这些邻居，除了众声商议之外，无疑是作为一种见中，而起着见证和公示契约的作用。

亲族中人由于其身份特殊而和其他种类的中人在很大程度上混合了，因而很难从中剥离出其实为见中的情形。但是，还是可以从一些契约中看到亲友作为见中的例子，比如这份“陆宗培立领杉木契”：

立领杉山人巴州寨陆宗培，情因祖父先年遗有杉木山场在文渚[2]，地方兵燹，后有本族陆正宽于同治年间，将祖遗地名一处从皆榜，一处地名在□，一处地名冉楼假，一处地名从堆，一处地名杨公庙外边，一处地名黄养，一共六块，卖与文斗姜世模、［姜世］俊、［姜］登泮叔侄。因我遗有叔坟在于文斗，今登泮叔侄念前友谊，将该杉山场地名六处，字共三契，概凭亲友退回宗培领清，日后所遗□地，各自清理管业，不得向［姜世］模叔侄重清，恐口无凭，立领字是实。

---

1 ［澳］唐立、杨有赓、［日］武内房司主编：《贵州苗族林业契约文书汇编（1736—1950 年）》第一卷，A- 〇一四四。

2 文渚，即文斗。

内添□今二字。

凭 亲：龙见田、黄秀集

族：陆景光、陆志田

友：邓寅階、吴子佩

光绪拾捌年十二月十二日 请代笔秦国清 立[1]

在这份契约中，巴州寨的陆宗培原有祖上遗留下来的六块山场土地，因遭兵燹[2]，故而将此六块土地卖出。嗣后，“因我遗有叔坟在于文斗”，并念及之前友谊，文斗寨的姜登泮叔侄在众位亲友面前，将六处杉木山场的三份契约“凭亲友退回宗培领清”。原主陆宗培收领契约之后，立契为证。这里的“凭亲友”显系指在众位亲友的见证下将原契退回。契尾记载了此次立契的三类见中，即亲、族、友。这也表明了见中的两种作用，一方面是契约的证明人，另一方面，使契约成立的事实得以公示而使之众所周知。

（三）保中

中人与保人是本身可以截然分别的两类群体。但在文斗中人制度中，二者是否混同，或者说，负有担保、保证义务的中人是否存在，尚有待研究。有学者认为，“保人也是中人的一种”，“但

1 张应强、王宗勋主编：《清水江文书（第三辑）》第7册，第177页。

2 巴州寨及兵燹事，可参见廖耀南编：《太平天国革命时期侗族农民首领姜映芳起义资料》，载《民族研究参考资料》第十三集，贵州省民族研究所1982年版，第53—54页。

文斗契约中并没有保人这种身份。”[1]但从经眼的资料来看，虽然载明保中的契约文书极为少见，但现有的契约还是足以证明保中在文斗寨是存在的，如“姜之琏借银字”：

> 立借字人加池寨姜之琏，为因在司，缺少用费，无处得出，自愿上门借到 杨光□大爷名下。实接银贰拾两零四钱整，亲手领回应用。其□银自借之后，言定每两加贰行利，□在本年十二月初十内归清，不得为误。有为误，自愿将杉木乙（一）块，坐落地名羊豹作抵。又羊豹田三坵，约谷捌旦（担）作抵。今欲有凭，立此借限字为据。
>
> 内添二字，除一字。
>
> 凭中担保人 苗绥寨曾先生
>
> 岩湾寨范绍昭
>
> 加池寨姜光秀、［姜］世连
>
> 文斗下寨姜光□
>
> 主家罗天才、杨光林
>
> 道光二十年十一月初一日 姜之琏亲笔[2]

在上引借契中，不仅有中人而且还有保人；更进一步的，不仅有“物保”，而且还有“人保”，即，既有财产抵押，又有担

1　关于文斗的保中，梁聪认为：“就笔者手头的文斗契约而言，并没有发现可资证明文斗的中人负有连带责任的材料，这一问题有待将来对更多数量的契约进行研究。”见梁聪：《清代清水江下游村寨社会的契约规范与秩序——以文斗苗寨契约文书为中心的研究》，第 122 页。

2　张应强、王宗勋主编：《清水江文书（第一辑）》第 10 册，第 164 页。

保人的存在。契尾所署的“凭中担保人”，即可认为是所谓的“保中”，他们既要履行中人的职责，更负有担保的责任。在这次借贷中，姜之琏“为因在司，缺少用费”，故而寻求借款；出借一方则给自己的借款加上了重重保护：先是约定了利息“每两加贰行利”，又约定了还款期限为“本年十二月初十内归清”，然后将借款人的杉木一块、田三坵作抵押，最后更是请到了四个寨子的五位中人和两名“主家”作保。重重安排之下，其保护不可谓不严密。可以推见，这里的“凭中担保人”在姜之琏不能还款的情况下，是需要承担相应的担保责任的。

从以上例子可以看出，应当认为保中在文斗中人制度中占有一席之地。但不可否认的是，大部分文斗寨所存的契约文书中都难以觅得保中的身影，因而也可以推知保中在文斗寨的存在并不常见。除了像上引契约中这样对借款严密保护的情况，保中在大多数交易立契活动中相对鲜见。

四、契约缺场的中人

契约缺场的中人发挥作用的场域，是在契约成立后可能产生的纠纷之中。与一般认为的情况存在区别的是，在文斗寨，似乎并非由订立契约时所谓的“原中”来担任契约纠纷调处人的角色。当然，在纠纷解决时，“原中”也有其作用。此外，“理中”和“劝中”的划分，是基于二者进行调处时所依据的底层逻辑，前者的关键在于“技术”，而后者所依据的可能更多的是“面子”。而二者之中，文斗人“凭契讲理”的习俗无疑使“理中”成为相对主要的部分。虽然存在着大量的混同，但这一节的工作就是试图将“劝中”这个文斗寨本身就存在的固有概念相对区隔出来，并尝试厘清其内涵。

（一）“原中”

“原中”本身是契约在场的中人。在文斗寨，“原中”并不是一个独立的中人种类，而是指“原契之中”，即原来订立契约时的中人。“原中”出现在纠纷解决机制中并不是文斗寨的常态，这与内地的一些情况似乎存在区别。如前所述，有学者认为，在清代内地的中人制度中，契约订立时的中人本身就负有作为“调处人”的职责，“中人的调处功能可谓中人保证责任的延续”；[1]滋贺秀三甚至认为，因为“如果万一在利益分配上出现争执，最早出面进行调解的人也往往是中人”，所以“或者不如说，正是考虑或预期到万一出现争执的情况才事先请求中人参加缔结过程的”。[2]在此种情况下，那些负有调处职责的中人和“最早出面进行调解的”中人其实就是所谓的“原中”。但是，在文斗寨的中人制度下，“原中”只是偶见于纠纷之中，其原因可能有二：一则是因为有些发生纠纷的契约文书已经年深日久，距离其签订之

1　参见陈胜强、王佳红：《中人在清代土地绝卖契约中的功能——兼与现代相关概念的比较研究》，《法律文化研究》2010年第1期。

2　［日］滋贺秀三等：《明清时期的民事审判与民间契约》，王亚新等编译，第176页。

时的时间过长，故而“原中”很有可能早已不在或无法参与调处；其二，更重要的原因可能是，在技术层面上，“原中”所拥有的撮合交易的能力并不完全适合主要以裁断为目标的纠纷解决机制。下文将要提到的“理中”和“劝中”虽然是契约缺场的中人，并不曾参加契约的订立，但是可能更具有通过理讲、解劝，进而进行裁断的能力。

“原中”出现在文斗寨纠纷解决中的作用主要有两点。首先，“原中”是原契订立的证明人，即所谓“原中活质”[1]。这和契约文本本身的作用是一致的：理讲纠纷的时候，原契文本是可资查验的证据（书证），而“原中”则是可以询问的“活质”（证人证言）。比如在一份道光十六年（1836年）的“文斗寨姜光裕诉姜志远、姜吉兆诉状词稿”中提到：“此木卖获银七千四百四十两，除月利、夫价共赚银一千九百八十余两，中证姜映光、志安活质。”[2]这里在提到关于此次卖木交易的证明时，就提及了当时参与卖木的中人，认为他们是此次交易的“活质”。这也说明了“原中”作为原契交易证明人的作用。

其次，“原中”和理中、劝中一样，在纠纷中起着理讲解劝、居中裁断的作用。这时就产生了“原中”和“契约缺场的中人”的混同。如下引的这份咸丰七年（1857年）“张荣吉、荣朝卖田契”

---

1 这一点也基本是“见中”所需担负的职责。

2 ［澳］唐立、杨有赓、［日］武内房司主编：《贵州苗族林业契约文书汇编（1736—1950年）》第三卷，第107—108页。

的外批部分，其中详细记载和展现了契约纠纷中“原中”的出场，以及其后请中人理讲的生活图景：

> 此业至光绪八年，卖坎上之木，姜兴号阻。及请中理论，清伊买契，载田并荒坪共九坵，又清伊老契，下边冲田二坵，上边田一连五坵，大田左角荒田一坵，源头水荒田一坵，原中系发春、海珑、作梅。断云：尔九坵已足，所余荒坪是海闻、海治等的。不知大田左尚有田二坵，又荒坪一个。伊云：大田左角共是一坵。（因再）[1]加秉智、克清、德芳勘验，看是二坵。遂不看到左角荒坪。又云此源头水另得买一个。此冲荒坪四个，伊占源头水荒田一坵，岂不恰是我此契内三个。殊秉智、悠芳暗勾偏护，以为我此契无老契，又久不耕种管业，遂断伊占三个，我占沟坎脚右边一个。一断难移，我等无奈。又幸遇姜作开指：先伊业我与伊共，卖主指到下二个，除山脚一坉，我与伊不占，等语。中人与伊钳口。复云：既断即断，如或不遵，任汝二比鸣神……[2]

在这份文书中，展现了纠纷发生之后调处流程的三个层次：先是请“原中”理论，再请其他中人裁断，最后选择鸣神裁断。这里的“原中”是“发春、海珑、作梅”三人，“原中”三人最后做出的决断是：“尔九坵已足，所余荒坪是海闻、海治等的。”但是，此一裁断的缺失在于，“原中”不知道大田左边还有两坵田，于是只好进一步请了“秉智、克清、德芳”三名所谓的“契约缺

---

1 原契图版此二字有折痕不清，据整理者释文录。

2 ［澳］唐立、杨有赓、［日］武内房司主编：《贵州苗族林业契约文书汇编（1736—1950年）》第三卷，D-〇〇三〇。

场的中人”去勘验田土，再次做出裁断：“伊占三个，我占沟坎脚右边一个。”但是，后来纠纷的一方认为中人偏袒，“暗勾偏护”，并不认同其裁断，最终双方只好去鸣神裁断。这份文书说明，“原中”作为原先交易的实际参与者，并没有因此得到什么特殊的地位。在他们的裁断不能得到纠纷双方信服的时候，纠纷双方仍然会继续约请另外的并未参与契约的中人进行裁断。这也进一步印证了契约缺场的中人并不会因为他们没有参加契约的订立而丧失对契约事实进行解释和裁决的地位。

（二）理中

与前述的几个概念不同，“理中”并不是文斗契约文书中的固有概念。但这并不意味着文斗寨不存在作为一个中人类别的“理中”。相反，理中在文斗寨的纠纷解决中大量出现。而在文斗契约文书中，这类独特的中人被含混地同样称之为“中人”，为了显示区别，本章中将“理讲之中”的描述概括成“理中”的概念。

理中的关键在于“理”。不同于一般追求双方妥协的民间调处人，理中的首要职责是厘清纠纷双方争议的事实。一般在因事实不清而产生纠纷之后，纠纷双方（或者一方）就会寻求理中查清事实，做出决断。例如这份“清白断卖山场杉木字”：

> 立清白断卖山场杉木字文斗寨姜保富。因先年得买平鳌寨老兰、老主兄弟二人之上，地名凸格，今有股数不清，请中理讲，此山分为十六股，保福名下占一股，蒙中排解补清，卖与平鳌寨任德名下承买为业。凭中议价银四两五钱正，保富亲手收清。日

后此山不得异言，立清白字是实。

凭中　周才、姜琦、延华、绍伦
代笔　绍牙

嘉庆十五年十月十六日[1]

上引文书中，姜保富请中理讲的原因是“股数不清”。在该文书中其实并没有呈现出有明显的争议或纠纷；但是只要存在事实不清，就可请理中理清事实。[2]在另一份文斗寨契约文书中提到：“为因先年所卖山场，地名东故汪，地土不清，今凭理论，地归文杰管业。”[3]也是在事实不清的情况下由理中理清，并作出决断的。

在一些文斗寨词状中，有关于请中理讲的具体描述：

一议：我团中每因婚户、田土、银钱、细故，动辄兴词告状，以致荡产倾家。言念及此，深为扼腕！自议之后，毋论大小事件，两边事主诣本地公所，各设便宴一席、一起一落，请首人齐集，各将争论事件实情一一说明，不得展辩喧哗、强词夺理。众首人兼得其情，当面据理劝解，以免牵缠拖累、播弄刁唆之弊。如两造各坚执一词，势难了息，即投营上团首。再将一切情节详细告

1　［澳］唐立、杨有赓、［日］武内房司主编：《贵州苗族林业契约文书汇编（1736—1950年）》第三卷，F- 〇〇三一。

2　此处可以类比的是关于“确权之诉”的概念及《民法典》第二百三十四条之规定：“因物权的归属、内容发生争议的，利害关系人可以请求确认权利。”

3　［澳］唐立、杨有赓、［日］武内房司主编：《贵州苗族林业契约文书汇编（1736—1950年）》第三卷，F- 〇〇三二。

诉众等查问明确，体察情形，妥为议决。倘有负固不服、逞刁扰公，立即联名禀官重究。但我团首不得徇情左袒、偏执臆见，以昭公道而服人心。[1]

理中查清事实的依据和方式，除听取两造的说辞之外，很多时候还需要查阅契约或者勘察山地。文斗寨向有重视契约的传统，理清事实一般都需要对照两比的新旧契约，如前引“张荣吉、荣朝卖田契”中提到：“及请中理论，清伊买契……又清伊老契……”[2]在清理新旧契约之后，双方即得以“凭契讲理”。[3]

文斗寨很多纠纷的产生都是因为田土界址不清，此时就需要理中勘察山地的具体四至进而做出判断。从一些文书中可以看到纠纷双方对契约和实地勘察的重视。比如，一份山林纠纷诉讼的信件中提到：“橘子有瓣，核桃有间，各契朗然。况我等于道光九年砍一届，有分单、买契可据。同治十年砍一届，有胡家栽手契可据。后由开挖种栽，其人现在。栽股之契非诬，躬逢目睹，有何异论。至本年卖砍，胡姜登程弟兄陡然将文浩得买启华之契，指鹿为马，号木殴客。二比经中查契勘山，许其各管各业，两下

1　陈金全、侯晓娟：《论清代黔东南苗寨的纠纷解决——以文斗苗寨词状为对象的研究》，《湘潭大学学报（哲学社会科学版）》2010 年第 1 期。

2　[澳]唐立、杨有赓、[日]武内房司主编:《贵州苗族林业契约文书汇编(1736—1950 年)》第三卷，D- ○○三○。

3　参见张应强、胡腾文：《锦屏》，第 123、141 页。

具遵。”[1]在同一次纠纷的另一封信件中也提到了理中勘山：“四月初六日，中人勘归，许云各管各业，两下皆遵。”以上都说明了理中是在经过“查契勘山”之后才最终查清事实的。又如这份“山林断卖契”的外批部分：

> 冈晚之山，姜朝相弟兄先卖与姜伟，后重卖与岩湾寨范献琳。献琳复卖与姜重英。于道光十四年九月内卖与陈老五砍伐。二比争论，蒙中劝解，依契断此股山地与姜济太管业。凭中所批，日后照股管业，不得争论。
>
> 凭　本清、萧六爷、朱镐
>
> 钟华　批[2]

上引契约中提到，二比争论之后，理中“依契断此股山地与姜济太管业”，说明了查验契约在请中理讲的过程中起着重要作用。而最终理中将山地“断”与一方管业，则解释了理中活动先“理”后“断”的基本流程。有契约中有“请中理论，蒙中楚断”的字句，这两句话完整地描述了理中活动的基本过程。[3]

以上的阐析都在尝试揭示理中的基本特征，即凭借证据进行分析从而得出结论。这种基本特征着意强调了理中更偏重技术的

1　[澳]唐立、杨有赓、[日]武内房司主编:《贵州苗族林业契约文书汇编(1736—1950年)》(第三卷)，F-〇〇三七。

2　[澳]唐立、杨有赓、[日]武内房司主编:《贵州苗族林业契约文书汇编(1736—1950年)》第一卷，A-〇〇九八。

3　参见同上，A-〇二〇五。

基本要求，而并非完全倚重一般所认为的权力、威势、财力等。这显然并不是说理中是完全的技术人员，但不可否认的是，他们必须在判定事实的技术上较其他人更有优势，而这种技术层面的优势也同时降低了人们对他们社会地位的要求。有学者认为，请中理讲的中人来源于诵唱的“理师”，而“理师诵唱中的纠纷裁定者只能是理师，他们在村寨中未必享有政治、经济特权，但由于其熟知传统的习惯法规范和习俗禁忌，且能言善辩、处事公允，遂成为传统苗民社会中专门解决纠纷的裁判者”[1]。这也从历史来源的角度，印证了相对于社会地位，理中的选择更倾向某种技术层面的优势。

（三）劝中

“劝中”是文斗中人制度中独特的概念。虽然关于文斗寨的纠纷解决机制已经有了许多讨论，但“劝中”作为一种独特的中人类别并没有得到足够的重视。“劝中”和“理中”一样，都是职责在于解决契约纠纷的一种中人角色。如果想要说明在文斗寨中人纠纷解决机制中存在“劝中”和“理中”的二分，则有必要厘清“劝中”作为一种概念或者作为一种制度的基本内涵。

在文斗契约文书中，“劝中”和其他中人有着清晰的界限，二者在概念上并没有混同。如在“姜东贤等鸣神文书”中提到：“今

1　刘振宇：《清代黔东南苗族社会变迁与民间纠纷解决——以文斗寨解纷文书为研究对象》，《江苏警官学院学报》2011 年第 3 期。

我二比情愿宰牲鸣神，我等实请到中人姜宗友、［姜］文光以并劝中姜怀义，言定明晨初六日，各带堂亲遗体齐至冲讲木处宰牲鸣神。”[1] 这里就将“中人”和“劝中”两种类别的中人截然分开；其说明至少从核心事例上来看，二者是不同的中人类别。

不同于“理讲之中”，劝中的基本含义是“解劝之中”。如这份“姜□□兄弟与姜开明父子立分山场清白合同”：

> 立清白合同字人本寨姜□□兄弟与姜开明父子，二比得买辛龙、辛贵兄弟之山场杉木壹块，地名冉□山，此山界限上凭文子忠山，下凭士周山，左凭冲，右凭文献山为界。二比争夺，蒙中解劝，将地祖叁股之山场杉木分做贰家，□□兄弟占壹股半，开明父子占壹股半。二比自愿立清白合同字样贰纸，每家各收存壹纸，以免后患，是实为据。外批：此自界老木贰股栽手是世洪新占。
>
> 立清白合同字是实（共书在合同二纸上，各纸有字半边）
>
> 劝中　龙现彩、姜世安
>
> 代笔　姜世和
>
> 道光拾三年正月十六日　立[2]

在上引文书中，姜某某兄弟与姜开明父子二比因争夺所买山场而起争端，经过劝中的解劝，双方达成协议，平分山场。在文书所记载的裁断过程中，并没有体现出关于证据或理据的分析，

1　［澳］唐立、杨有赓、［日］武内房司主编：《贵州苗族林业契约文书汇编（1736—1950年）》第三卷，F- 〇〇三三。

2　张应强、王宗勋主编：《清水江文书（第一辑）》第1册，第40页。

其结果更接近于一种双方妥协的产物。区别于理中对证据和事实的严格要求，劝中更像是一位“调解员”而不是“法官”。这一点在下引的这份“范兴秀等分山合约”中有更好的体现：

> 立分合约字人张化寨范兴秀、［范］兴爵等四家等与加池寨姜之豪、姜开让叔侄二人，为因范姓先年得买文斗中房姜观略之山，地名加什塘，其山界限与之豪邻近，有岔岭一幅。二比混争，不得分明。于是同至文斗寨请中理论，蒙众亲友劝解，将此木山地让与姜姓蓄禁，各照界至管业，姜姓凭岭望大河为界，范姓亦凭岭望乌抵为界。凭众公议，二比日后不得翻悔，如有此情，众人照公执论，并无偏私。特立合约二纸，各执一纸，以为日后炳据。
>
> 内涂一字，改一字。
>
> 凭中　卖主姜老□
>
> 劝中　文斗寨姜显祖、［姜］□□、［姜］朝干、［姜］开相
>
> 加池寨姜世连、［姜］光秀
>
> 代笔　杨枝一
>
> 道光八年十二月十三日　立[1]

在这份文书中，双方的争议也是因为所买山地中的一幅界限不明而起，故而“二比混争”。经过劝中的解劝，范姓将这一幅山地让与姜姓，纠纷得以解决。同样的，这次纠纷的解决也不是源自对契约文书的梳理辩证或者对山场界限的实地勘察。一方将争议山地直接让与另一方的处理结果，也体现了双方并不是在追

1　张应强、王宗勋主编：《清水江文书（第一辑）》第4册，第45页。

求客观的、绝对的事实，而是在劝中亲友的解劝之下，达成了某种妥协或平衡——而这或许才是劝中作为“解劝之中”的作用所在。

另一份“合同字”文书，则更为明确地指明了“解劝之中”与“理讲之中”在裁决理据上的重大区别：

立分合同字人姜熙成、［姜］世俊二家，得买地名党楼之山，界限上凭小盘路，下凭田，左凭田角，右凭古路为界，四至分明。其山二比争论股数多少，蒙中劝解，莫依以前契具股数。今将分为四股：

姜世俊、［姜］世作弟兄名下占弍股半，姜熙成、［姜］超梅叔侄占壹股半。日后二比照依合约股数管业分派，不得异争。恐后无凭，立此全心合约存照。

凭中 大兴、任五喜

姜世俊弟兄存一纸 姜恩成笔

光绪十七年十月初八日　立[1]

在上引文书中，姜熙成、姜世俊两家人曾合买一块“党楼之山”，但是双方对于各自所占的“股数多少”存在争议，于是“二比争论”。在中人介入之后，中人给出了一个看起来似乎比较新奇的解决方案。中人完全不考虑之前的契约记载，而直接给出了全新的分配方式：姜世俊一方占二股半，另一方姜熙成家则占一股半。至于一方占二股半而另一方占一股半，这一裁决的理据是什么，

1　［澳］唐立、杨有赓、［日］武内房司主编：《贵州苗族林业契约文书汇编（1736—1950年）》第三卷，E-〇〇三八。

在此份文书的记载中则完全没有提及。上述裁决仅有的“合法性”依据，似乎仅仅是一句“蒙中劝解”，即因为服膺于中人的劝解，所以达成了上述分配方案，并且“日后二比照依合约股数管业分派，不得异争”。甚至，契约文本中还专门提到，“莫依以前契具股数”，直接表明中人在裁决的过程中并不考虑以往的契约规定。一般而言，“理讲之中”的处理方法，似乎应当梳理既往的契约约定，勘察地界，并依据厘清的证据得出裁决的结论。而“解劝之中”仅需一句“蒙中劝解”，即可以在看起来全无逻辑“理据”的情况下（虽然相信在实际生活中这一故事要远较文书记载的更为鲜活）做出裁断，并进而成为争议双方的“全心合约”。这一案例鲜明地体现了二者在裁决逻辑上的区别。

简言之，如果说理中的标签是“理”的话，那么劝中的标签就可以是所谓的“面子”。其实，劝中的存在可能原本就是基于面子的要求。如在一份姜氏族谱的《宗嗣序》中提到：“一勒我族内有争论杉木、田地、银两等件，必欲听顺族长排解，不许外人入内咬拨，如有犯者，全捐如谱。”[1]这种在纠纷产生之后必须“听顺族长排解”的要求，除了保证家族和睦外，本身也在很大程度上维护了本族的面子。而在调处方式上，理中更多凭借的是理，即通过查验证据判断纠纷的哪一方更在理；而劝中则更多凭借的是调处人的面子，有的文书中直接反映了这种区别，如在纠纷文

1　潘志成、吴大华编著：《土地关系及其他事务文书》，第124页。

书中写明“且又看你二中之面”的话语。[1] 调处成功与否很大程度上要看调处人的“面子”，调处的结果也将是经过面子平衡过的结果，这或许才是“劝中”的应有之义。

五、结论及其他

“凭中议定”是传统契约文书中颇为常见的表述，也较好地表达了中人在契约订立和运作之中的关键地位。在契约内容的确定和契约秩序的维系中，中人都发挥着重要的作用。通过以上的论述，可以了解到文斗中人制度本身和其在文斗寨历史生活图景中的展现。进一步，可以发现，在“立契有凭”的大传统之下，文斗中人作为“凭”的一种，在整个文斗寨的民间习惯中都有着重要的位置。无论是“契约在场的中人”还是“契约缺场的中人”，每一个中人群体都从不同的角度介入和影响着文斗寨的契约生活。

作为一种民间习惯或民间法则，广泛参与社会生活的文斗中人的确起着稳定各类秩序的作用，但似乎并不宜将中人制度描绘为民间法律的代表或者民间秩序的保障。其原因在于，中人制度并非外在于契约活动或社会秩序的维护者，而需要在契约之内被理解，其应是以参与者的角色成为中国社会民间法或者民间习惯

1　参见［澳］唐立、杨有赓、［日］武内房司主编：《贵州苗族林业契约文书汇编（1736—1950年）》第三卷，F-〇〇四〇。该文书虽是民国五年（1916年）的文书，但亦可佐证。

中的必要环节。显然，中人制度并非外在于契约社会存在，而是作为此种社会秩序的重要参与者而存在，其对民间社会秩序的维护恰恰体现在它对民间社会秩序活动的参与。

同时，应当注意到的是“中人”的技术性特点。面子、权威或者社会地位，这些是今人最容易联想到的中人特征。但是，最起码在文斗寨的材料中，无论是“牙中”还是“理中”，技术优势或许才是其存在的重要理据。某种程度上，中人身份的获得可以不是取决于其职责之外的因素，而是由最符合其技术要求的人构成了相当部分的中人群体。需要认识到的是，技术应当是相对独立的，它可以使一个群体仅在最小的范围内受到外界的影响；而正是这种独立性，构成了文斗村寨社会中相对稳定和理性的部分。

第二章

依口代笔：契约的书写

“中人”和“代笔”是中国传统契约订立和运行过程中的两个关键角色。上一章集中讨论了其中的中人制度，而契约活动中的另一关键——与中人制度相辅相成的代笔制度，则是本章所着重讨论的。契约的“代笔”或书写，不仅是契约文书形成的核心环节，也是尚告缺乏的契约文书物质性研究的重点。[1]从关于代笔的研究出发，以清水江文斗寨为例证，可以探寻清代村寨法律书写实践的基本情况。本章在对契约书写的内容和形式进行二分的基础上，试图剖析契约书写时在上述两个方面的依据，进而分别考察契约书写的现场与表达，尝试揭示清水江契约文书在其不同形态中的发展衍变。对代笔活动在具体书写情境中的展示，不仅可以基本说明代笔制度的核心内容，也可以揭示村寨契约文书本身的发展路径。

一、问题的提出：代笔与法律书写实践

（一）契纸的法律书写

明清契约文书的不断发现极大地丰富了学者的研究资料，但

1　关于契约文书研究的物质性进路，参见瞿见：《清水江契约缀合及辨伪三则——兼论契约文书研究的物质性进路》，《西南民族大学学报（人文社会科学版）》2022年第2期。

常使人习焉不察的是，这些文书的产生并不是当然的。契约文书中所反映的契约关系均具体地被书写于契纸之上，这一“书写”的过程意味着，相较于刊刻本而言，这些契纸应属于一种写本文献。而这种写本文献的性质又决定了其上所记载的文字大多是原生态而富有个人色彩的，因而其也就能更多地反映普通百姓的生活面貌。[1]换言之，每一件文书的产生，都有其独特的书写情境。就本章而言，这些书写的情境可以依据所制作文书的不同大致分为两类：“契约文书”和“非契约文书”。[2]即相较于大量的账簿、书信、禀稿、族谱、风水单等文书种类的书写，本章所试图考察的对象主要为契约书写，并尝试将以其为主的书写实践归纳为一种清代村寨的“法律书写实践”。

所谓的村寨法律书写实践，是指在村寨社会中进行的得以以之成立或确立某一法律关系的文书制作。[3]具体而言，所谓的村寨法律书写系指特定化的契约文书制作，如买卖、佃租、清白认错等契约文书。

---

1 参见张涌泉：《敦煌写本文献学》，甘肃教育出版社 2013 年版，第 13 页。

2 实际上，通常所谓的作为写本文献的各类“文书”中所使用的“文书”是一个较为宽泛的概念，诸如清水江文书、徽州文书、敦煌文书，等等。在这一概念下进行进一步分类的努力也很多。在清水江文书中，如参见罗云丹、陈洪波、邓锦凤：《清水江文书分类法探讨》，《凯里学院学报》2015 年第 2 期。

3 W. N. 霍菲尔德将一般认为的将所有法律关系归并为“权利”和“义务”的做法进行了细化，并将其适用于“严格的基本法律关系”，这也是何以此处表明要作宽泛理解的原因。参见 Wesley Newcomb Hohfeld, “Some Fundamental Legal Conceptions as Applied in Judicial Reasoning,” *The Yale Law Journal* 23, no. 1 (1913): 28–30。

上述的界定需要做一些解释。首先，要对这里的“法律”作较为宽泛的理解，即所谓的法律关系指涉的是某种涉及当事人间权利与义务的关系。当然，时人同样也在使用“法律”一词，其含义似乎更接近于国家律法的层面。但从另一个角度来看，律法所规制的也是各方之间的权利义务关系。如贵州按察使方显在其奏折中所言，“新开苗疆，从古化外，不知法律”，“令地方官极力化诲，俟五年之后，各苗渐知法律”，[1]这就是一个例证。其次，所谓法律关系的“成立”，最为典型的可以对应买卖、租佃的文书；而所谓法律关系的“确立”，指文书制作的主要目的是清楚或正式地确认某一权利义务关系的变动，如“清白认错字”等纠纷解决文书，目的在于确认当事各方纠纷解决的结果。文书的制作与法律关系的“成立”或“确立”之间的关系也很明确。如习惯调查中显示，“赠予虽不以书据为要式行为，而以不动产为赠予之

1 中国第一历史档案馆编：《雍正朝汉文朱批奏折汇编》第22册，江苏古籍出版社1989年版，第717页。

目的物者，则往往书立字据，以资遵守”[1]，说明了契约文书的订立对于实质法律关系之成立或确立的意义。最后，之所以将法律书写区别于其他文书的书写，是因为法律书写涉及切实、具体的利益与权属，其文本所涉及的社会关系不同于其他文书。所以相较而言，此类文书的书写在涉及法律关系变动的层面会更为审慎。

作用于法律书写场景的因素无疑有很多，甚至包括书写的更为广阔的历史时空背景；但无论如何，最终下笔书写，将历史与生活场景的信息组织、转化、凝结而落实于契纸之上，并借之传递予此时之读者的，无疑是文书制作者群体。每一件契约文书都

1　法政学社编：《中国民事习惯大全》，台北文星书店 1962 年版，第 30 页。需要说明的是，《中国民事习惯大全》所收录的是“民国十二年以前国内各省县地方习惯，实地调查的记录”。据学者考察，清末及民国均有大规模的民商事习惯调查，清末调查始于光绪年间，随时局动荡，其调查资料后辗转交付，对于民国初年编修的《中国民事习惯大全》是否有所影响、影响多大均不得确知。但至少彼时“去古非远”，其所载录的民事习惯或亦可作为清季中国民间习惯的重要参考。下文也将使用这一资料作为内地习惯的重要参照。参见吴相湘：《中国民事习惯大全（影印本）前言》，载《中国民事习惯大全》，第 2 页；胡旭晟：《20 世纪前期中国之民商事习惯调查及其意义（代序）》，载《民事习惯调查报告录》上册，第 1—13 页。另外，《民事习惯调查报告录》与《中国民事习惯大全》的内容虽然编排不同，但是多有重复，关于二者的详细对比，参见“《中国民事习惯大全》与《民事习惯调查报告录》记录对照简表”，参见苗鸣宇：《民事习惯与民法典的互动——近代民事习惯调查研究》，中国人民公安大学出版社 2008 年版，第 205—224 页。

必然有其制作者，一般认为，制作者的署名也是其成立的要件。[1]契约文书的制作大致可以分为“亲笔”和“代笔”两种情况。[2]关于“卖契之执笔人”的习惯调查表明：“田宅买卖契约，或由出卖人亲自执笔，或由第三者代为执笔，均属常例。”[3]但是，村寨中的多数人并不具备相应的读写能力，大部分的契约文书均经由代笔人之手书写制作而成。[4]故而，代笔人参与的法律书写实践即成为这一场景中最为主要的情形。[5]当然，需要约略提及的是，本章将“代写民间契字”的法律书写实践，着重区别于“（官）代书”与“讼师”的书写实践。后二者主要系替人誊写告、诉状或“代写词状”，所更多考虑的是“官”，而不完全是“民间”的私主体间的行为。[6]若以现代的律师业务相类比，二者之间的区别类似

1　如有学者提到，“田契的构成除买卖双方的签押外，还需有中见人、书写人等中间见证人的签押，以示公正合法。有了上述人员的书面认同、签押，合乎法律程序，契约文书始能成立”。并且，“书写人，或称书契人、代笔人、代笔，负责书写契约，一般由书写端正清楚者担任”。参见陈学文：《土地契约文书与明清社会、经济、文化的研究》，《史学月刊》2005年第12期。

2　需要着重强调的是，表面上，“代笔”与“亲笔”之间的界限十分明确，但是在具体的情境中依然呈现出纷繁复杂的景象，此不赘述。

3　“湖南全省习惯”，见法政学社编：《中国民事习惯大全》，第28页。

4　就笔者对本章所关注的文斗寨契约文书的初步统计显示，在已刊布的字约中涉及代笔因素的字约占到全部字约的85%以上，相比之下完全亲笔完成的字约则不到两成。

5　此类代笔人参与的法律书写实践亦被描述为“代写民间契字”。参见吴俊莹：《台湾代书的历史考察》，台湾政治大学历史学系2010年版，第157页。

6　关于“（官）代书”与“讼师”，参见吴吉远：《清代的代书与讼师》，《文史杂志》1994年第3期；尤陈俊：《清代讼师贪利形象的多重建构》，《法学研究》2015年第5期。

于诉讼律师与非诉律师、诉讼业务与非诉业务之间。《中华人民共和国律师法》第二十八条第（六）项规定，律师可以“接受委托，提供非诉讼法律服务”；第三十条规定：“律师担任诉讼法律事务代理人或者非诉讼法律事务代理人的，应当在受委托的权限内，维护委托人的合法权益。”当然这一类比并不完全妥帖，仅以之明确双方的区别。[1]

对于契约活动而言，代笔人是一个特殊的中间群体。通过契约文书的遗存，研究者得以通过代笔人的书写实践而连接历史的现场。如果无法详细体察文书制作者本身的运作机制，那么对文书及其所反映的场景的解读就很有可能会出现偏差。而某种程度上，在文本传递的过程中，这一最终的，且对于文书本身而言或许最为关键的环节，却常常为人所忽略。关于代笔或这一书写实践本身的讨论尚告缺乏，唯于阐述相关问题时偶有论及。[2]“书写”，

---

1 关于律师非诉业务的范围，参见任继鸿主编：《律师实务与职业伦理》，中国政法大学出版社 2014 年版，第 173—177 页。

2 涉及“代笔”及相关书写实践的讨论，参见赵思渊：《19 世纪徽州乡村的土地市场、信用机制与关系网络》，《近代史研究》2015 年第 4 期；冯学伟：《明清契约的结构、功能及意义》，法律出版社 2015 年版，第 28—29 页；梁聪：《清代清水江下游村寨社会的契约规范与秩序——以文斗苗寨契约文书为中心的研究》，第 112 页；另外，参见吴俊莹：《台湾代书的历史考察》，第 57—62 页。该书首章讨论清代台湾代书样貌，但主要内容是讨论“（官）代书”的问题，仅在该章第四节专门讨论台湾的契字代笔人，但其后半节又主要讨论荷兰殖民时期及台湾地区少数民族社会中各种语文与汉文在契约上的文字交互，就代笔本身着墨不多。

被认为是早期现代中国法律文化的核心，[1]这也就要求研究者在关注法律文书内容的同时，亦关注其书写实践之本身。

对清代村寨法律书写实践的探查需要更为具体的时空背景，尤其是对村寨社会的具体框限有助于对代笔制度的运行环境产生较为清晰的认识。正因“世界偏僻角落所发生的事情可以说明有关社会生活组织的中心问题”[2]，故而本章仍选择以个案研究的方式展开讨论。清水江流域的文斗寨在较为狭小的区域内遗存了相对大量的契约文书，为以下的讨论提供了绝好的个案样本。

（二）法律书写的内容与形式

在这一具体的时空中，代笔人所参与的法律书写实践具有多重面向，但字约的制作无疑是代笔制度中最为重要也最根本的环节。[3]然而，在“契约文书本身形成固定的文书格式之后”，一方

1 See Robert E. Hegel and Katherine Carlitz, eds., *Writing and Law in Late Imperial China: Crime, Conflict, and Judgment* (Seattle: University of Washington Press, 2007), ix.

2 Robert C. Ellickson, *Order without Law: How Neighbors Settle Disputes* (Cambridge and London: Harvard University Press, 1991), 1.

3 在一定程度上，如果基于物质性的考察视角，将现在所谓的契约文书称之为“字约”而非“契约”，可能更为合理。盖因在文斗寨的法律书写实践中，“字”“约”二字实际上被大量使用，如在山场座簿中提及“字约付与柱家存”，即是二者合用的例子。参见潘志成、吴大华、梁聪编著：《林业经营文书》，第92页。更为最重要的是，在清代文斗寨记载有名称的字约中，称“字”与“约”的占比极高，所以“字约”的合称，基本可以代表时人指称这些文书时所使用的概念。但是显然，“契约”是更为人们所接受而被普遍使用的用法。故而，本书主要在本章中选择以“字约”的表达代替“契约”，而在其他章节的大部分情况下仍然“从俗”，以“契约”指代相关文书。

面难以在字约中“反映契约订立的场景，包括双方商议的过程、口头的约定甚至氛围等等”[1]；另一方面，反映字约制作过程本身的材料也寥寥无几。直接在字约中提及代笔活动本身的，最多仅仅是署名时加注的“依口代笔”四个字。[2]虽然“依口代笔”的含义常被视为“似乎意味着特别强调契字内容与代笔人本身无关，只是依照当事人约定书写”[3]，但其起码透露出“当事人关于契字内容的约定”在代笔过程中的重要位置。如果仔细揣摩字约发生的场景，就可能会发现，“依口代笔”并非仅指依据当事人的叙述进行记录的过程，而其实是指一种针对字约现场的特定化表达。

契约关系的成立是一个漫长的过程，字约的形成是契约关系成立的标志和记载。但是，“从每一件契约的产生过程来说，契约文书只是契约订立和使用过程中的一个环节的作品”，在此之外，还有“订立前协商的细节（包括订立者之间的社会历史关系和可能存在的纠纷、诉讼）和订立后契约文书的使用状态”[4]。在这一

1　杜正贞：《从诉讼档案回到契约活动的现场——以晚清民初的龙泉司法档案为例》，《浙江社会科学》2014 年第 1 期。

2　在文斗字约中，署“依口代笔”或“依口代书”等类似情形的有近五十件字约，在各个时期的各类字约中均有出现，如陈金全、杜万华主编：《贵州文斗寨苗族契约法律文书汇编——姜元泽家藏契约文书》，第 3、9、45、126、178、204、207、275、345、463 页。

3　郑宏基：《从契字看台湾法律史上有关土地买卖的法律规范》，台湾大学法律学研究所硕士论文，1998 年。转引自吴俊莹：《台湾代书的历史考察》，第 58 页。

4　杜正贞：《从诉讼档案回到契约活动的现场——以晚清民初的龙泉司法档案为例》，《浙江社会科学》2014 年第 1 期。

诸方纠缠的漫长过程中，代笔看起来仅在字约订立前后才出场完成字约的制作。而在字约的制作过程中，代笔人所依据的是什么？字约书写的特殊性在于，其一方面是各异的，每一件文书所针对的都是某一特定的法律关系；另外一方面，其形式又是同一的，每一件文书的格式（契式）与书写方式都是类似的。如果采用内容与形式的二分的话，那么在这两个层面上，代笔人据以书写字约内容的是什么？代笔人所依据的契式在村寨社会中是如何形成和传播的？

据此，以下将从法律书写的内容和形式两个方面，通过对文书文本的具体分析，分别考察字约的现场及其表达，并试图进一步展示村寨社会中契约文书在契约关系成立与存在的漫长时期中不同形态的文本衍变。

二、字约的现场："依口"与"依稿"

（一）"依口"与字约的现场

在既往对代笔人的描述中，似乎都在着意强调这一角色仅限于文字记录的专门性，其作用相对比较单一、明确。[1] 如冈松参太郎在其关于台湾地区法律习惯的临时报告中提及，"在福尔摩萨，

---

1 参见刘高勇、屈奇：《论清代田宅契约订立中的第三方群体：功能及其意义》，《西部法学评论》2011 年第 3 期。

代笔人，亦称秉笔，一般是从有学问的人群里面选出来的，他为那些基本不识字且必须依赖他人书写文件的人完成这一工作。代笔人仅仅证明契约的存在，与其后所产生的纠纷及关于文件内容正确与否的争议并不相干。”[1]又如，临时台湾土地调查局的报告中也有类似的说法：“代笔人仅仅证明契约的真实，对其他事项不负任何责任。以前只有在卖主不识字的情况下才由他人代笔。”[2]也有学者强调，在传统民事契约中，同领钱人、量地人等一样，所谓的书券人、写券人在契约签订过程中主要是参与执笔代书等同样“专门性的工作”，“故其作用及连带责任也应被限制在参与的具体范围之内”。[3]在清水江文书的相关研究中，也有人认为“‘代笔’则一般没有这些责任，他就只负责‘代笔’，因而有的文书往往还特别注明‘依口代笔’四字”[4]。要之，代笔在契约活动中的参与，似乎被描述为仅局限于对契约活动进行文字记录的专门性工作，并因之仅对物质或证据意义上的文书本身的真实性负责，除此之外不承担其他责任，所以对契约关系本身并无实质参与。如果依据以上分析，今人几乎可以将“代笔人”的角色等同于存

---

1 Santaro Okamatsu, *Provisional Report on Investigations of Laws and Customs in the Island of Formosa*(1900; repr., Taipei: Ch'eng Wen Publishing Company, 1971), 36. 亦见临时台湾旧惯调查会编：《台湾私法》第一卷上，台北南天书局 1995 年版，第 181 页。

2 临时台湾土地调查局编：《台湾土地惯行一斑》第三册，台湾日日新报社 1905 年版，第 156 页。

3 李祝环：《中国传统民事契约中的中人现象》，《法学研究》1997 年第 6 期。

4 高聪、谭洪沛主编：《贵州清水江流域明清土司契约文书·九南篇》，民族出版社 2013 年版，第 103 页。

在于过去时代的“打印机”，其作用仅在于将未成文的契约内容加以成文化并落在纸上，因而自然是一种“专门性的工作”。

字约的代笔人常以“依口代笔”为自我描述，这一描述方式确实足以使人们将代笔人的工作想象为一种“听写式”的书写。而作为名称相近的制度，类似的说法也见于官代书“做状”[1]的场合，“如系依口代写，即注明‘代书作稿’字样”[2]。《大清律例》规定：“内外刑名衙门，务择里民中之诚实识字者，考取代书。凡有呈状，皆令其照本人情词据实誊写。”[3]这说明，官代书做状所依据的是当事人的“情词”。《大清律例》的进一步说明是，“凡有控告事件者，其呈词俱责令自作。不能自作者，准其口诉，令书吏及官代书据其口诉之词，从实书写；如有增减情节者，将代书之人，照例治罪”。[4]故而，在官代书“做状”时，所谓的“依口”基本上是指依据控告者的“口诉”“情词”，其书写基本上属于一种“听写”的书写方式，并且还着意强调，务须依据“口诉”，“从实书写”，不得“增减情节”。

如果仅依此类比来理解字约书写中的“依口代笔”的话，可

1 如在乾隆朝后的徽州格眼状上，有“做状”专栏，要求注明状词来源，其中即有“依口代书”的情况。参见郑小春：《清朝代书制度与基层司法》，《史学月刊》2010年第6期。这二者之间是否有相应的前后影响关系不得而知，但至少应有所关联。

2 〔清〕裕谦：《再论各代书牌》，《牧令书·卷十八·刑名中》，载《官箴书集成》第7册，黄山书社1997年版，第398页。

3 《大清律例》卷三十《刑律·诉讼·教唆词讼》“条例”。

4 同上。

以发现二者间明显的差别：官代书所面对的当事人仅为“控告事件者”一方，而代笔人面临的是契约关系中的两造。换言之，在“做状”的场景中仅有官代书与控告者两方，因而官代书所接收的信息应当是统一的；而在字约的现场中，代笔与契约双方都同时在场，代笔人可能更需要综合处理两方乃至多方输出的信息。那么此种情况下字约的代笔人该据何书写呢？此时可以发现，关于字约现场的考察则很有必要。

所谓“字约的现场”，是指字约落定在契纸上之前的商议场景。有学者曾依据相关田契总结过土地买卖的商议程序：“先由卖主申明自愿出让（卖）土地的原由……央请中介人代理卖主洽谈，中介人找到买主，代表卖方商谈出让事项，双方谈妥，达成买卖意向，请代笔人（书手）写好出卖田契，然后买卖双方在中见人（证人）监理下当面实施交割（出让）手续。”[1]而这一商议场景在文斗字约上的记载却十分简略，大略有三个步骤：“当日（凭中/三面/二比）议定”“亲手收回应用”“恐口无凭，立字存照”，[2]也即商议确定、价银交付、字约制作三个环节。仅就此记载来看，代笔人似乎并非仅在最后一个环节才出场，在各方关于字约内容

1　陈学文：《清代土地所有权转移的法制化：清道光三十年山西徐沟县王耀田契（私契、官契、契尾）的考释及其他》，《中国社会经济史研究》2006年第4期。

2　这类的说法在字约中广泛地存在，只不过具体用语相互之间略有不同。如“当日三面议定价银拾贰两五钱正，亲手收用，其艮交清，分厘不欠……恐后人难信，现立断卖山场杉木约永远存照”。见陈金全、梁聪主编：《贵州文斗寨苗族契约法律文书汇编——姜启贵等家藏契约文书》，人民出版社2015年版，第18页。

的“议定”过程中似乎也有代笔人的参与。

关于具体商议场景中代笔人的记载偶见于诉讼档案之中。在台湾《淡新档案》的一桩案件中，中人“杨快”在口供中提及：“小的与杨成族亲，要卖田之时，两造到店议价，着为中保，杨芹池代笔写契。”[1]在这一案例中，当事各方到杨快店中参与议价，并指定一人“代笔写契”。这一情形符合民间写契所谓的“四人”到齐的要求，即“当事双方和‘中人’‘代笔’”。[2]这还说明，“代笔写契”的场景中仍伴随有各方的商议，而非仅为文书制作的环节。

另外，有学者通过比较“草议”或“议单”与正契的异同，发现“议得”“三方议得”这类字样的确切含义，“并不是契约文书的活套文字，也非订立正契时的商议过程，而是指买卖双方在签订正契前的‘议价’过程”。[3]而很可能在大多数的情况下，同上引例证一样，“两造议价”的环节与“代笔写契”的环节无论是在时间还是空间上都处于同一场景之中。最起码在这些情况中，“商议”“议定”与“代笔写契”的过程是统一连贯的，代笔也就无可避免地参与了字约现场的诸多环节。

在当事各方与代笔人共同参与的字约现场中，代笔人并不可

1　吴密察主编：《淡新档案（十八）·民事编·田房类：抗租、霸收、霸占》，台湾大学图书馆2006年版，第43页。句读略改。此处的代笔“杨芹池”属于“中笔”的情况。

2　周耀明编著：《汉族民间交际风俗》，广西教育出版社1994年版，第139页。

3　参见范金民：《“草议”与“议单”：清代江南田宅买卖文书的订立》，《历史研究》2015年第3期。

能如“官代书”一样，仅依据立契人一方的口述制作字约。[1]所谓的“依口代笔”，其实毋宁是“依议代笔”。字约现场诸参与人分别的作用，可以用“凭仲人居间议价，代笔人依议写契，在竟人看明画押”来描述。[2]在一份代书人的访问记录中，也提及了“依议写契”的具体场景：“一般人分家时，多是找地方老大（头人）来主持，代书则是在旁写书类。”[3]此处的代笔人仍是商议场景的参与者，虽然中人或者头人在主持商议之时，代笔“则是在旁写书类”。在文斗字约中也注明有类似的情形。如在一件“分关字”中载明了商议环节，“众等谪（商）议，自愿明分为二小股”，在代笔处也注明“众等议代笔姜云彩”[4]；又如在一件“四房同心合意字”中，也详细记载了商议的情况，并写明“依众口姜廷瑾笔”[5]，这些都表明代笔人所依据的乃是众人的商议场景及其议定的结果。

更为直接的，在文斗寨的田野调查访谈中，受访者在回答“民间契约文书中凭中和代笔的角色由什么人充当”时，以一份文书为例：“这份文书中‘依口’就是指的有两层意思，第一根据买卖双方的口述而写契约文书，第二在订立契约文书时大家在场吃

1 字约制作的当事者一般为“立契人”，在最常见的买卖交易中，“立契人就是卖主”。参见阿风：《明清时代妇女的地位与权力：以明清契约文书、诉讼档案为中心》，社会科学文献出版社 2009 年版，第 89 页。

2 “福建顺昌县习惯”，见法政学社编：《中国民事习惯大全》，第 40 页。

3 林玉茹、王泰升、曾品沧等：《代书笔、商人风——百岁人瑞孙江淮先生访问记录》，台北远流出版公司 2008 年版，第 61 页。

4 张应强、王宗勋主编：《清水江文书（第一辑）》第 12 册，第 307 页。

5 同上，第 330 页。

饭的所有人都是个见证，以后发生纠纷他们也是凭证之一。”[1]这起码说明，一般意义上的“依口代笔”，并非仅依据立契人的口述书写字约，[2]而所谓“买卖双方的口述”，实际上就是双方商议的场景，这一范围甚至可以拓展到在场的其他人。故而，此中所依据之“口”，实际上可以被视为整个字约的现场，而“依口代笔”的过程，其实是一种对字约现场的表达。

简言之，代笔人所谓的“依口”，实际上依据的是各方的商议场景及之后“议定”的内容；但从另一个角度来看，似乎也只有代笔的参加，才能最终完成内容的“议定”。[3]代笔人实际参与了“议定”的过程。这一过程并非仅体现在字约的内容上，更体现在“口头”向“书面”的转化之中。代笔人参与的一大作用，即是将商议的场景与议定的内容最终落定于具体的契纸之上，从而形成确定有效的字约。

（二）“依稿代笔”的例外

除前述的“依口代书”外，清代官代书做状的方式还有“根

1　该访谈时间为2013年10月4日，受访者为文斗寨原村主任易遵发，见“附录二：田野调查报告”，何育美：《清代民国时期黔东南文斗寨的林业经济习俗研究》，广西师范大学硕士学位论文2014年，第57页。

2　其他如专门注明“依卖主口代笔”的情况，则或不属此例。参见张应强、王宗勋主编：《清水江文书（第一辑）》第12册，第113页。

3　如前述代书人访问中提到的，“签约前总是经过讨价还价，所以最后会以书面作成契约书”。契纸的作成才标志着立约的终结。见林玉茹、王泰升、曾品沧等：《代书笔、商人风——百岁人瑞孙江淮先生访问记录》，第61页。

据当事人提供的草稿代为誊写”[1]的情形，即所谓的“自来稿”[2]。在字约代笔中似乎也存在类似的情况。[3]在文斗寨的一件“山林卖契”的代笔处有标明：“依搞代笔光林”。[4]在邻寨平鳌的一件“卖杉木约”中，亦有“依稿代笔姜克荣”的字样。[5]

实际上，与官代书的两种做状方式相类，“依口”与“依稿”很有可能也是对应的两种字约代笔的方式。在黄岩调查报告中，一份用作卖房契约样本的“契约稿本”中出现了“依言、依稿代笔李仙梅”的字样。[6]其中，“依言、依稿”四字在“代笔李仙梅”之上双列并写，有可能表示在据此样本写契时，或为“依言代笔”，或为“依稿代笔”。因而，“依口”与“依稿”实际构成了字约现场的两种可能。

然而，“依稿代笔”的“稿”究竟所指为何，存在几种可能。首先，

1　郑小春：《清朝代书制度与基层司法》，《史学月刊》2010年第6期，第38页。

2　如“若系自来稿，即立传该代书入内署，严究词稿之所自来”。见〔清〕刘衡：《理讼十条》，《牧令书·卷十七·刑名上》，载《官箴书集成》第7册，黄山书社1997年版，第387页。

3　在徽州文书中，即有“依稿代笔”出现。如一件“笔据”中即有“依稿代笔胡烂如”。见《黟县欧阳户文书》，藏安徽大学徽学研究中心特藏室，包号120；转引自刘道胜：《明清徽州宗族文书研究》，安徽人民出版社2008年版，第132页。

4　该“山林卖契”图版中原文即作“搞”，应为“稿”之误，释文亦径改为“稿”。见［澳］唐立、杨有赓、［日］武内房司主编：《贵州苗族林业契约文书汇编》第一卷，A－○一九一。

5　［澳］唐立、杨有赓、［日］武内房司主编：《贵州苗族林业契约文书汇编》第二卷，B－○一九四。

6　参见田涛等：《黄岩诉讼档案及调查报告》下册，法律出版社2004年版，第35—36页。

清代部分地方曾存在“官发契稿”的情况，但是契稿的使用方法是“填写”，并非据以写契。如“宛平县契稿”：“凡民间置买房产成交后，该牙眼同填写官发契稿，催令依限纳税。如有私相买卖，不经官牙，希图漏税者，并中保人私拿官用，该牙查明禀报，以凭按例究办。须至契稿者。”[1]因此，“官发契稿”显非所指。其次，在清代民间田宅买卖中，存在于字约正式订立之前先拟定“草议”或“议单”一类文书的情形。研究者曾发现，“当双方有意约日立契成交时，卖主一般需先交‘草契’，或者由卖主（或中人，又称居间）写立‘草议’；买主则先付一部分定金，表示信用”。[2]但是，“草议”与“正契”在类型、书立主体、成契时间等地方均有不同。尤其是在二者的性质上，草议仅仅是“议”，即“各方议定了田宅交易的基本内容，是所‘议’事项的书面化”，而“正契”是“对所‘议’内容予以具体落实的书面化”。[3]实际上，二者之间的区别类似于“预约”与“本约”之间的区别，[4]分别处理的是两个不同的契约关系，“草议”或“议单”本身也成立为一种单独的正式文书。在文斗寨的文书中尚没有找见类似的文书。最后，

1　张传玺主编：《中国历代契约会编考释》，第1429页。

2　杨国桢：《明清土地契约文书研究》，人民出版社1988年版，第237页。

3　范金民：《“草议”与“议单”：清代江南田宅买卖文书的订立》，《历史研究》2015年第3期。

4　而有学者虽在“契约文书的时序性分类”下将其纳入“前契约文书”，却认为“买卖预约”，“实为一种违约处理协议”。参见冯学伟：《明清契约的结构、功能及意义》，第49—54页。

“依稿代笔”的“稿”亦有可能指字约签订前的“草稿”，代笔人最后据此草稿加以增删誊正，使之成为符合格式的正式字约。

据此，在文斗寨的文书中可以发现若干可能符合上述描述的文书。如下面的一组文书“姜某某卖木契”与“姜廷伟卖木并山契”：

立断卖地杉木姜△△，为因家下缺少费用，无出，自愿将到先年得买之地，坐落地名干榜山。上凭顶，下凭冲，左凭岭以下凭冲，右凭岭以下凭△△嫩木为界，四至分明。此山分为四十两，△△名下占三两七钱五分。今凭房族弟兄出断与姜映飞名下承买为业，当日凭三面议定价银肆两四两五钱正，亲手领回家用。其木任凭买主管，卖主不得异言。今欲有凭，立断约存照。[1]

立断卖地并杉木六房姜廷伟，为因家下缺少费用，无出，自愿将到先年得买之地，坐落地名金榜山，上凭顶，下凭冲，左凭岭以下截凭冲，右凭岭以下凭廷伟嫩木为界，四至分明。此山分为四十两，廷伟名下占三两柒钱五分，今凭房族弟兄出断卖与姜映飞名下承为业。当日凭三面议定价四两五钱正，亲手领回家用。其木任凭买主管，卖主不得异言。今欲有凭，立断约存照。

内添拾九字。

外批：其有老合同未拔，日后长大砍伐，地归映辉。

凭中 姜光明

代笔 姜光士

1 陈金全、杜万华主编：《贵州文斗寨苗族契约法律文书汇编——姜元泽家藏契约文书》，第203页。

嘉庆拾捌年十二月十一日　立[1]

对比上述两件文书，可以发现二者的基本内容与条款无甚区别，但在一些文字及表达上有所不同。首先，“姜某某卖木契”在三处以标注“△△”符号的形式，略去了内容信息。这三处均为不同地方出现的卖主之名，分别是：（1）“立断卖地并杉木六房姜廷伟”（“立断卖地杉木姜△△”）；（2）“凭廷伟嫩木为界”（“凭△△嫩木为界”）；（3）“廷伟名下占”（“△△名下占”）。其次，“姜某某卖木契”并没有“凭中”及“代笔”的相关信息，也没有署明日期。需要说明的是，依据图版，“姜某某卖木契”的右部有大片留白，应当不属于署名及日期信息缺损的情况。反观“姜廷伟卖木并山契”，则是一件各部分信息齐全的完整字约。再次，“姜廷伟卖木并山契”中多出“内添拾九字”的说明及一条“外批”。最后，二者在一些文字细节上的区别主要有：（1）在地名上，前者作“干榜山”，后者作“金榜山”，但在以汉语记音的情况下，一方面“干”“金”音近（据《韵会》，干，居寒切；金，居吟切，

1　陈金全、杜万华主编：《贵州文斗寨苗族契约法律文书汇编——姜元泽家藏契约文书》，第131页。需要说明的是，此二件文书的图版并不十分清晰，尤其是前一件图版较小，所以基本只能径依释文分析判断。

同声），[1] 另一方面，二者在后述的土地界至、股数分成等表述上均一致，故而所指应为同一处土地，后者有可能是对前者的更正。（2）在土地界至上，前者作“左凭岭以下凭冲”，后者作“左凭岭以下截凭冲”，多一“截”字，后者的表达更加具体。（3）在股数表达上，前者作“名下占三两七钱五分”，后者作“名下占三两柒钱五分”，后者易“七”为大写的“柒”，表达更为正式。（4）在价款表达上，前者作“肆两四两五钱正”，后者作“四两五钱正”，前者分大小写重复两遍的“肆两四两”，后者将衍字删去。（5）另外还有一些较小的区别，如前者作“出断与”，后者具体写明“出断卖与”，等等。总体上来说，两份文书应属于同一文本，而后一份文书无论在文字、表达、格式各个方面都较前者更为规范、具体，更符合正式字约的要求。

除此之外，文斗文书中还有另外一组类似的文书“范某某佃契”与“范炳芝佃种地合同栽杉木字”：

> 立<佃>[2]种地[分]合同栽杉木字人岩湾寨范△△，情因

1　另外，以字记音的书写方式在契约文书的书写中较为普遍。在清代的契字书写时，常出现“人名有变名，复名或音同之名的变异”，参见林文凯：《“业凭契管”？：清代台湾土地业主权与诉讼文化的分析》，《台湾史研究》2011 年第十八卷第二期。并且，池田温专门提到，类似的情况如“假借字”在敦煌文书中非常普遍，“这对于习惯于通过字形、字义来理解文章的人来说是很辛苦的”，“但是如果靠耳朵听到的音来写成字的话，那么这种现象就非常地容易理解了”。见［日］池田温：《敦煌文书的世界》，张铭心、郝轶君译，中华书局 2007 年版，第 12 页。

2　关于引文所使用的符号：<佃>，指加入字；［分］，指删去字；■，指涂去字。

登门佃到文斗姜世珍、俊、官三老家之山壹块，地名尾现，界趾：上凭范本发 < 山 >，下抵河，左凭［岭］< 冲 > 与洪为界，右凭马姓山与大冲为界。此山地主、栽手言定五股均分，地主占叁股，栽手占贰股。恐说无凭，立此佃种地合同，永远发达存照。

光绪拾玖年捌月二十日　立[1]

立佃种地合同栽杉木字人岩湾寨范炳芝，情因登门佃到文斗寨姜世俊、珍、官三老家之山壹块，地名尾现，界至：上凭范本发之山为界，下抵河，左凭冲［右凭］< 以洪 > 为界，右凭马姓之山以大冲为界。此山地主、栽手分为五股，地主占三股，栽手占式股。恐说无凭，立此佃种地合同，永远发达存照。

内添二字又徒二字。[2]

凭中、代笔　范锡龄

光绪拾玖年捌月二十日　立[3]

同上一组文书一样，这两份文书的基本内容条款并无二致，主要区别也是类似的：（1）“范某某佃契”略去佃种人之名而以“△△”代替。（2）“范某某佃契”在图版完整的情况下，虽然注明了日期，但是依然没有“凭中”“代笔”的信息。（3）“范炳芝佃种地合同栽杉木字”增加了注明添删情况的外批。另外，

1　陈金全、杜万华主编：《贵州文斗寨苗族契约法律文书汇编——姜元泽家藏契约文书》，第 476 页。

2　徒，应为“涂”之误。“内添二字又徒二字”，当指删去“右凭”二字，增加“以洪”二字。

3　张应强、王宗勋主编：《清水江文书（第一辑）》第 12 册，第 133 页。

在一些文字细节上同样也有区别，如：（1）前者中“界趾”在后者中改为“界至”。（2）“范本发山”与“马姓山”都在后一份文书中被更为正式地写作“范本发之山”与“马姓之山”。（3）前者中的“与某某为界”，均改为更为明确的“以某某为界”。（4）前者的“此山地主、栽手言定五股均分”在后者中被更为简洁地表述为“此山地主、栽手分为五股”，等等。

除上述区别外，这一组文书还有两点更为显著的区别：（1）从字迹上来说，“范某某佃契”更为潦草、随意，“范炳芝佃种地合同栽杉木字”的字迹则更加端正工整，二者差异明显。（2）“范某某佃契”中存在更多明显的涂改痕迹，这也为了解这一文书的形成过程提供了大量的信息。这些涂改中比较重要的有两处，第一处是开头关于字约名称的修改。该文书开头在未修改之前作“立种地分合同栽杉木字”，修改后为“立佃种地合同栽杉木字”，后者明显更为规范。[1]值得注意的是，在“范某某佃契”文末重新提及字约名称的时候，这个表述已经改为“立此佃种地合同”，说明前述修改并不是在整份文书的初稿完成之后才进行的，而是处于较为随意的“随写随改”的状态。第二处修改，是关于土地界址的修改。根据图版，在“范某某佃契”中，“左凭”二字之后在未修改之前似为“岭”字，后删去改为“冲”字。虽然由于

1　在目前所见的文斗字约中，尚未见仅书“种地”的字约名称，一般均为“佃种地”。如“立佃种地栽杉约”，参见［澳］唐立、杨有赓、［日］武内房司主编：《贵州苗族林业契约文书汇编》第二卷，C-〇〇五〇。

图版清晰程度的原因，“岭”字的辨识并不清楚，但的确存在修改界址信息的事实。在字约中，界址信息是最为关键的信息之一，大量的纠纷都源于界址不清。此处由“左凭岭”到“左凭冲”修改，很可能间接反映了在文书的制作过程中，有各方对界址进行确认的过程。类似的情况在一份名为“某某卖木契”的文书中也存在。[1] 在该文书中，共涉及两块山场，第一块山场界址“上、下、左、右”的表述都很完整，而第二块山场界址的“上、下”也很完整，而“左、右”的表述则为“左凭△△，右凭△△为界”。这可能反映了在订立这一文书的时候，相关人员尚未完全探清这两处界址的具体情况，所以姑且就以“△△”代替，以待后续探查清楚后补全。

依据上述列举的诸项区别，可以尝试考察以上文书是否属于“草稿”的范畴。关于草稿的性质和特征，在早期简牍文书的研究中即有相关讨论。“草稿”系相对于“正本”“抄本”等而言，是“简牍文书的原始稿件，是进行讨论、修改的基础文稿”。[2] 有学者总结了其三大特征：（1）字体较草率，涂抹、增补较多；（2）发文人名以“厶”或“君”字替代；（3）发文人名及日期空缺。[3] 也有学者进一步指出，草稿的特征在于“有删补痕迹，有替代符号，

1　参见陈金全、杜万华主编：《贵州文斗寨苗族契约法律文书汇编——姜元泽家藏契约文书》，第 542 页。

2　参见李均明、刘军：《简牍文书学》，广西教育出版社 1999 年版，第 164 页。

3　同上，第 165—166 页。

有时书写也较潦草”，并强调，后二者并非绝对标准。[1] 虽然上述特征所针对的对象主要为简牍文书，但依然阐明了“草稿”文书较为一般的性质。如试以此标准进行判断，则会发现上述两份文书是完全符合草稿的特点的：不仅具有字迹较为潦草，人名以替代符号替代，中笔等信息空缺等特征，更有明显的删补和修正的痕迹，基本符合学者对于“草稿”的界定。

据此，可以试图重建“依稿代笔”过程中，自“草稿”到“正本”的书写过程。第一，“草稿”的书写实际上也是一个商议的过程。首先，从文书中可以发现书写中所留下的大量“随写随改”的修改痕迹，反映了草稿的书写是与商议进程相伴进行的过程。其次，除了对具体条款内容（字约名称、界址等）进行修正外，对于尚未确定的项目（如交易价款）可以留空处理，[2] 等到订立正式字约之时再行确定。这也体现了“草稿”的书写属于尚未确定状态下的商议性质。至于当事人姓名的略去，在内地亦有相似的习惯，即“卖地先书无名约据”：

> “买卖田地，先书无名约据。约内之注明地价若干，丈尺不填，交于买主收留。后可以抵抗第三者之再买。无名约据所注之地价，多有不实。经中人说明，待地价交清，再经产行呈报税契时，

1 参见邢义田：《汉代简牍公文书的正本、副本、草稿和签署问题》，《“中央研究院历史语言研究所”集刊》2011 年第八十二本第四分，第 666 页。

2 如在一份“某某卖木契”中写明，“当面凭中议断定价银△两”，即并未明确约定价银数额。参见陈金全、杜万华主编：《贵州文斗寨苗族契约法律文书汇编——姜元泽家藏契约文书》，第 542 页。

始将买主姓名书出，并请地邻验明丈尺，注于约内。此无名约据，俗谓白约。”[1]

但是需要注意，这一习惯的主要目的是“抵抗第三者之再买”，并需要将“无名约据”交买主收留，本质上仍具备预约性质，与此处的“草稿”并不相同。虽然如此，但此习惯起码说明在字约的书写中，确曾存在先行书写略去当事人姓名的文书的情况。这种省略并非源于交易当事人的不确定，而是因为在签、押、印等效力手段均不普遍的文斗寨，通过“无名”的手段，足以造成一件字约的不完全，进而确保其无法产生相应效力，以免其混淆于其他正式的字约。

第二，“草稿”的誊正实际上是“议定”的过程。换言之，在“依稿代笔”的情况下，当事人所提供的草稿实际上是一种于纸面上相对固定的前期商议场景；其所记载的一部分商议结果的确已经书面化，但正如“草议可悔，可以修正”[2]一样，草稿所确立的商议结果并没有真正地“议定”。代笔在誊正的过程中，除了需要修订错讹、改正叙述外，仍面临着一个最终的商议环节，并需在此环节中，将尚未确定的内容确定于契纸之上。显然，只有订立正式的字约才标志商议结果的最后确立。

据此，“依稿代笔”中的“稿”实际上也可以被理解为代笔

1 “河南中牟县习惯”，见法政学社编：《中国民事习惯大全》，第64页。

2 范金民：《“草议”与“议单”：清代江南田宅买卖文书的订立》，《历史研究》2015年第3期。

所依之“口”的一部分。如果将完整的“商议”过程细分为前期的“商议”与后期的“议定”的话，那么“稿”的形成其实是前期“商议”的结果，而“依稿代笔”所指的则是后期“议定”的过程。无论是“依稿代笔”还是“依口代笔”，实际上都经历了前期的商议过程，只不过在“依稿代笔”时，前期商议的结果形成了书面化的“草稿”而已。而在最终“议定”的过程中，代笔发挥的作用都是类似的。而且，必须强调的是，以目前文斗寨留存的文书的情况来看，“依稿代笔”的字约尚属极少数；因而，既可以将其与“依口代笔”并列为村寨法律书写的两种方式，也可以将其视为“依口代笔”的某种例外。

三、法律书写的表达：契式的形成与传播

在字约内容的层面，无论是“依口”抑或“依稿”，代笔所依据的都是“议定”的结果，而将这一结果转化呈现于契纸之上，则需要特定的程式。在形式这一层面上，讨论的关键往往是“契式”（或曰“活套”）。此种“契式”可以被认为是一种契约内容的特定表达形式。有学者认为，“明清契约书立人（代书人）对交易类别与可采用契约形式之间已经有了充分的认识，自觉地将交易与范本进行对应使用”[1]。契式对于字约的制作十分重要，

1 王旭：《契纸千年：中国传统契约的形式与演变》，北京大学出版社2013年版，第229页。

有的代笔人专门有“一个契约的样本格式，上面已经预先写好了有关买卖的主要内容，只需在空白处填写当事人和标的物的名称即可”[1]。这也表明，代笔人并不仅仅是拥有读写能力，“更重要的是他们懂得‘规矩’，还有‘底稿’可用”[2]。又如，有代书人提到，“一般人要买卖土地时，会去找代书帮忙，毕竟自己会写、会办的人非常少。”[3]亦可见仅仅“会写”是无法完成代笔的全部工作的。故而，代笔人的法律书写能力，可以体现为抽象的契式知识，也可以具体化为记载契式的“底稿”。进而，可以提出的问题是，“契式”作为一种知识，是如何传播（和发展）的？

对于以文斗寨为例的边地，关于契式知识的传播考察，可以大略分为两个层次：第一，内地的契式知识是如何向边地传播的？第二，契式在边地的村寨社会内部，是如何流传乃至于演进的？关于这些问题的回答，是讨论契约是如何书写的这一问题的几个具体的落脚点。相应的，以下也将分别从上述这两个层次进行讨论。

（一）日用类书与契式知识的传播

一般认为，地契并没有法定的格式，[4]从清代的字约实践来看，

1　田涛等：《黄岩诉讼档案及调查报告》下册，第35—36页。

2　王旭：《契纸千年：中国传统契约的形式与演变》，第234页。

3　林玉茹、王泰升、曾品沧等：《代书笔、商人风——百岁人瑞孙江淮先生访问记录》，第61页。

4　参见李文治编：《中国近代农业史资料》第一辑，生活·读书·新知三联书店1957年版，第50页。

诸如不动产买卖等的字约一般都是由民间自行订立的。[1]据《钦定大清会典事例》，为防止税款流失，雍正五年（1727年）田文镜创议实行所谓“契纸、契根之法”，对民间的自行立契进行约束，其规定“凡民间置买田房产业，概不许用白纸写契”，而应用统一由官府刊布的契纸、契根。[2]但这一规定于乾隆元年（1736年）即被废除，存续时间极短。[3]在地方层面上，在上述例文废除之后似乎仍存在推行官方契式的努力。如乾隆二十五年（1760年）二月，福建巡抚“设立合同契式，晓谕遵照”，其规定“嗣后交易田产，

1　参见刘高勇：《清代买卖契约研究》，中国政法大学2008年博士学位论文，第25—26页。

2　“契纸、契根之法”具体为，“令布政司刊刻契纸，并契根，用印给发州县，该州县将契根裁存，契纸发各纸铺，听民间买用。俟立契过户纳税时，即令买主照契填入契根，各盖州县印信，将契纸给纳户收执。契根于解税时，一并解司核对。倘不肖州县，于契根上少填价值税银者，照侵欺钱粮例治罪。若将司颁契纸藏匿不发，或卖完不豫行申司颁给，及纵容书役纸铺昂价累民，并勒索加倍纳税，家人里书勒取小包，或布政司不即印给，以致州县缺少契纸，并纵容司胥苛索者，该督抚查参，分别议处。若民间故违，仍用白纸写契，将产业价值入官，照匿税律治罪。州县官有将白纸私契用印者，亦照侵欺钱粮例追究。如官民通同作弊，将奉旨后所买田产，倒填以前年月，仍用白纸写契用印者，一体治罪。至活契典业，亦照例俱用契纸”。见〔清〕昆冈等修：《钦定大清会典事例·刑部·户部课程》，卷七百六十三，光绪二十五年（1899年）重修本。

3　在上述例文下注明：“查布政使刊刻契纸给州县听民间买用之例，已于乾隆元年停止，例文删”。见〔清〕昆冈等修：《钦定大清会典事例·刑部·户部课程》，卷七百六十三，光绪二十五年（1899年）重修本。

务须遵照现颁上下合同契式”，目的是“以杜假捏，以息讼端”。[1] 但是，即使在这一地方的官方谕文和契式中，仍处处可见“应照闽俗向例”“听凭民间俗例开写”等语。[2] 所以，推进契式趋同最重要的力量往往并非官方规定，而是社会大众间的民俗习惯。[3] 同时，从文斗寨的字约来看，无论是国家法层面还是地方政府方面的变化，对相应时期“白纸写契”的法律书写实践而言，都没有产生什么明显的影响。[4]

但是，清水江文书中的字约有明显的、相对稳定的契式痕迹。普遍认为，明清时期清水江契约文书的形成存在一个自内地传播的“契约文书东来”的过程，[5] 契约文书的传播和推广使用，可能

1 台湾银行经济研究室编：《台湾私法物权编》第3册，台湾银行1963年版，第592—593页。另外，还有如光绪三十二年（1906年）歙县谕令中言及“凡民间典买田房产业，自本年四月起，遵照新章领用三连司印官版契纸”。见田涛、[美]宋格文、郑秦编著：《田藏契约文书粹编（第1册）》，中华书局2011年版，第6页。

2 参见台湾银行经济研究室编：《台湾私法物权编》第3册，第592—593页。

3 参见尤陈俊：《法律知识的文字传播：明清日用类书与社会日常生活》，上海人民出版社2013年版，第59页。

4 实际上，“契约文书中的代笔人或代书人，替人写契字时，依据的是民间不成文、特定地域的民间习惯，官府对土地买卖的成文规定似乎不在考虑之列。”见吴俊莹：《台湾代书的历史考察》，第59页。

5 如参见徐晓光：《清水江流域林业经济法制的历史回溯》，贵州人民出版社2006年版，第157—163页；程泽时：《清水江文书之法意初探》，中国政法大学出版社2011年版，第18页；徐晓光、程泽时：《清水江文书研究争议问题评述》，《原生态民族文化学刊》2015年第1期；邓建鹏、邱凯：《从合意到强制：清至民国清水江纠纷文书研究》，《甘肃政法学院学报》2013年第1期。

源自明清时期“卫所军士与其他汉族移民的不断涌入”[1]。但具体到契式知识的传播，其传播路径必然不是普遍性的。村寨社会中具有读写能力并常为人代笔的是特定的群体，代笔人群体对内地契式知识的接受不应当仅是在日常交往中发生的，而应当存在特定的情境。

在《独山州志》中的一些记载揭示了汉人进入苗寨与法律知识传播之间的关系，[2]所谓“汉人擅入苗寨，久奉例禁，至教唆词讼”，而“近日苗民读书识字者颇多，更有与考进学者，是延师课子，例所不禁”[3]。更为直接的，“访有等不肖生员，糊口苗寨，其蒙童先教以词状及卖田文契字样”[4]。这表明苗民学习汉文化的开始就是以“词状及卖田文契字样”为指向的。作为佐证，类似的记载在民国年间刊布的一份关于“字契”的材料中也可以发现。记载者表示：“苗人不识文字，代笔者，多为汉人，此等汉人，大都无聊之极，不容于乡土，乃流落苗山，以敲诈为生活者，故苗人每被愚弄。”[5]可以说，在苗寨社会中“契式”与汉文化传播之间的关系是十分紧密的。

1　吴才茂：《明代以来清水江文书书写格式的变化与民众习惯的变迁》，《西南大学学报（社会科学版）》2016 年第 4 期。

2　独山州在今独山县，亦为苗疆腹地，距锦屏县直线距离约 190 千米。

3　〔清〕刘岱：《独山州事宜条陈议》，见〔清〕刘岱修，〔清〕艾茂、〔清〕谢庭薰纂：《独山州志·卷九·艺文上》（乾隆三十四年刻本），载《中国地方志集成·贵州府县志辑》，巴蜀书社 2006 年版，第 211—212 页。

4　同上。

5　刘锡蕃：《领表纪蛮·字契》，上海商务印书馆 1934 年版，第 104 页。

与之相印证的是一份外文的材料。曾长期在苗族地区生活的传教士塞缪尔·克拉克（Samuel R. Clarke）在其1911年出版的著作中，对苗民社会中汉文与契约之间的关系做了弥足珍贵的描述：

> 目前在苗寨中有教授汉文的学校。同现在一样，可能从很早以前开始，某些苗民就掌握了汉文的读写……几年前，我们在旁海[1]开办了一所学校，准备用罗马字母教学生书写他们自己的语言，但家长们并不同意，他们希望自己的孩子能够学习汉文读写。这种愿望不难理解。所有关涉他们的书写都需要使用汉文。任何汉文读写能力尚可的苗民可能都可以轻松地在邻里间以代为读写谋生。所有的公告、官方通知，所有法律案件中的诉状、答辩状均是用汉文书写的。当苗民头人收到地方法官的函件时，他需要找人念给他听，并帮他复文。他们所有的合同、抵押契据、卖契或租契都是用汉文书写的，在一百位苗民中，还没有一个人能够看懂他购买土地时所签订的卖契。[2]

在这一描述中，苗寨的家长们之所以希望自己的孩子学习汉文，主要是为了使其能够读写包括契约文书在内的各类文书，甚

---

1 旁海，位于今贵州黔东南凯里。

2 Samuel R. Clarke, *Among the Tribes in South-West China* (London: Morgan & Scott, 1911), 38–39. 该书的中文译本，参见［英］塞缪尔·克拉克：《在中国的西南部落中》，苏大龙译，姜永兴校注，贵州大学出版社2009年版。该译本最早的版本，应是［英］塞缪尔·克拉克：《在中国的西南部落中（翻译稿）》民族研究参考资料第二十五集，苏大龙译，姜永兴校注，贵州省民族研究所1985年版；随后该书在贵州大学出版社又有2009年及2014年两个版本，较1985年的版本，新的译本在文字上有所修订，但仍存在漏译。前引译文是笔者所翻译的。

至以此在苗寨中谋生（“任何汉文读写能力尚可的苗民可能都可以轻松地在邻里间以代为读写谋生”）。可以说，大体上，汉文在苗寨传播的过程，[1]同时也就是契式及相关知识的传播过程。

一般认为，明清以来的契式传播有赖于日用类书的不断刊行。[2]研究者发现，“契式产生以后多是夹杂在各种日用类书中进行传播流布的，但后期，至少从清代就已出现了单独刊印的契氏样文，体现了契式传播从‘杂居’到‘独居’的发展过程”；契式的两种传播方式因而可以总结为：其一是契式在日用类书中的传播，其二是契式书的单独刊行。[3]这两者所强调的，都是集中编纂刊行的契式所产生的影响。在清代文斗寨的契约文书中，尚没有发现类似关于契式的日用类书刊刻本，[4]但并不能说文斗文书没有受到日用类书的影响。

在文斗寨的一份“山场座簿”中，以“山场座簿之六七（时间不详）”的标题收有一份“请帖”。[5]该件文书为细长方形纸片，

1　关于汉文字在苗疆传播的过程，有学者将其描述为“文字入边”。参见王勤美、张应强：《文本书写与行动策略——以贵州苗人土司家谱〈龙氏迪光录〉为中心的探讨》，《北方民族大学学报（哲学社会科学版）》2016 年第 2 期。

2　参见王振忠：《收集、整理和研究徽州文书的几点思考》，《史学月刊》2005 年第 12 期。

3　参见冯学伟：《中国传统契式初探》，载《清华法治论衡》第二十四辑，2016 年版，第 464—469 页。

4　在文斗寨曾见一册抄本，封面题“写帖子式 红白喜用”，并有“姜周政记”字样，年代不详，或为类似的契式抄本。据题封判断，内容应为婚丧文书格式，其中亦有一页为“△女堂祭文”可证。见“姜廷庆家藏文书”，收集于文斗寨，文件编号：P1010001、P1010002。

5　张应强、王宗勋主编：《清水江文书（第三辑）》第 9 册，第 67 页。

大小较其前后的座簿文书均小，疑为夹存于座簿中的单独纸片。[1]该文书上有以端正小楷书写的请帖文字，又有较为潦草的关于山场界址的信息，疑为后书于请帖之上，或许因此才夹于“山场座簿”中存留下来。请帖部分的文字为：

　　翊午洯治菲觞恭候
文趾共叙
青谈希冀
　　　　愚 侍生 姜熙豪[2] 姪 吉芳仝拜
　　蚤临勿卻为爱

这是一份非常典型的、使用特定请帖用语的文书，这类格式及用语是各日用类书的重要内容；不难发现，此份请帖深受日用类书之影响。在清代刊行的题为李卓吾所编的《卓吾增补素翁杂字全书》中，有大量类似的“请帖式”。[3]对比发现，文斗寨的这

1　在该“山场座簿”的“七八”与“七九”两页亦显示夹有较小纸片一张，并将其双面均印出，或为类似情况。见张应强、王宗勋主编：《清水江文书（第三辑）》第9册，第78、79页。

2　查在文斗字约中，“姜熙豪”作为中、笔的主要活动期间集中在光绪十年（1884年）至光绪三十三年（1907年）。分别见张应强、王宗勋主编：《清水江文书（第一辑）》第13册，第41页；《清水江文书（第一辑）》第12册，第140页。另外，还有一件文书署为“（姜）熙豪笔”，时间似为“道光十四年（1834年）十二月十九日”，然字迹、版式草乱，无法确认。见张应强、王宗勋主编：《清水江文书（第三辑）》第10册，第3页。

3　下引“请帖式”参见〔明〕李贽编、〔明〕陈眉公选集、〔明〕王百谷注：《卓吾增补素翁杂字全书》，康熙八年（1669年）书林千赋堂刊本。

件请帖与此类“请帖式”无论在格式还是用词上，都极其相似。

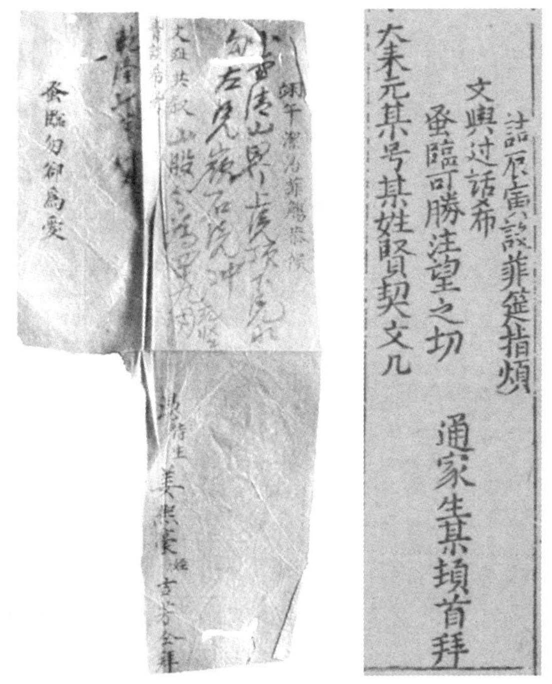

图 2　文斗寨“请帖”与日用类书中的“请帖式”

图 2 中，两幅图的对比清晰地体现了二者在格式与版式上的相近。以请帖的用词来说，如果以明清通行的《增补万宝全书》的分类来看，文斗寨的这份请帖几乎无一字无来历：“翊午”属于“即日”类；“潔治”属于“陈该类”；“菲觞”属于“酒食类”；“恭候”属于“扳请类”；“文趾”属于“步趾类”；“共叙”“青谈”属于“过叙类”；“希冀”属于“伏冀类”；“蚤

临勿卻”属于“惠然类”；“为爱”属于“荣幸类”；另外，“愚、侍生、姪、仝拜”等，都归于“书名称呼活套”之中。[1] 以上种种，足见这一请帖的用词受日用类书的影响之深。据此可以推见，日用类书实际上在文斗寨中应具有相当的影响力。据分析，不少“明清日用类书都刊载有‘契约体式’的内容，提供了撰写各式契约文书的诸多范本和活套。”[2] 因此，如果日用类书确实曾在文斗寨中深入传播的话，那么，普遍作为日用类书之一部分的契式知识，也应随之进入文斗寨的社会生活。

因而，通过对上述几方材料和个例的分析，可以大致判定，在契式知识向苗寨的传播中，一方面与汉文化本身的传入紧密联系；而另一方面，其具体的载体，则深受日用类书的影响。

（二）村寨中的契式：“摹仿”与“套用”

显然，对于文斗寨而言，日用类书中的契式知识可以作为一种知识来源；同时，契式在一定程度上也可以作为一种传播手段或载体。在契式知识的传播中，契式的使用方法尤为关键。作为契约文书范本的“契式”或“活套”的使用方法，一般被描述为一种“套用”，即在刊布流行的一般性格式文稿中填入当时当地所需要的具体信息，以完成契约的制作。这些“活套”有诸多种类，“有需要者只需要选对其中的某一类型，然后填入当事人姓名、

1　相关用语类别据〔清〕毛焕文增补：《增补万宝全书》卷五，乾隆丙寅年（1746 年）金阊书业堂刊本。

2　尤陈俊：《法律知识的文字传播：明清日用类书与社会日常生活》，第 59 — 69 页。

标的名称等具体信息，差不多就能做成一份可供使用的新文书”[1]。通过这种“套用”，来自内地日用类书的契式知识，得以进入清水江的村寨契约书写实践之中。

但是，这一基于契式之“套用”的解释方法可能存在一定程度的局限。如果作为边地的清水江流域的那些“具体”的契约文书，所“套用”的是内地的某一“抽象”的契式的话，那么这些文书在文本意义上应当处于相互为“异文”（variation）的状态。亦即，所有具体的契约均是某种抽象契式的“变体”，二者之间发展关系应是由抽象而具体地变化，但具体的契约本身之间，并不会存在文本意义上的关联和演进。这是因为，作为“子文本”的具体契约之间是相互隔离的，在书写每一份契约的时候都是在参考某一作为“母文本”的契式。但是，有学者发现，实际的情况是，契约文书格式在清水江流域的发展中被不断地加入了“地域性、民族性的书写内容”[2]，这似乎暗示着契式在边地存在着一种“演进”（evolution）的趋势。亦即，契式知识在传入之后，存在一个在边地自行发展的过程。

因而，契约之间的“异文”关系与“演进”趋势之间存在着解释上的矛盾：“演进”意味着具体的契约之间存在关系，而基于“套用”之逻辑的“异文”则说明具体的契约之间应当相对独立。

1　尤陈俊：《法律知识的文字传播：明清日用类书与社会日常生活》，第 52—53 页。

2　吴才茂：《明代以来清水江文书书写格式的变化与民众习惯的变迁》，《西南大学学报（社会科学版）》2016 年第 4 期。

此即带来新的疑问：如果说，契式知识是伴随着汉文化的传入而被引入的话，那么在相关日用类书的影响下，契式在村寨社会中是否还有其他的不同于“套用”的使用或传播方式？如果在相关日用类书实际并不普及的情况下，其他的传播方式是否有可能更为重要？

文斗文书中虽然没有发现契式刊刻本，但是存在若干类似契式的抄件。如下面的“断卖童媳嫁婚字”：

> 立断卖童媳嫁婚字人，△处△姓△名，兹因先年凭媒订到△△处△姓名之女为媳，过门抚养多载，尚未与儿圆婚。欲思异日利期完成，谁料儿、媳二造，六命弗合，刑尅有碍，奈因高峰种菜，两下无缘。况吾子之亡，鸳鸯折散，万难得已，自己方纔出口另嫁，四处开放。只得凂人登门访查，问到平略街△△名下作合结配为婚。当日凭中媒证，言定聘礼足银若干。其银二比原限择定于△月△吉日良辰，卖主自愿将媳送出沿途，俱立卖婚契据，可以银人两交，二比不得异言。交婚之后，不许猖狂人等拦阻去路、妄为等语。倘后别人内中彫娑潘、姜二姓，远近族房、亲友，及团甲、地方首士、粪杂人等前往路途，籍此妄为诈搕等情，俱归我卖主尚前一面承耽，不关潘姓之事。恐有人心不古，今欲有凭，书立卖婚断字一纸，交付杨姓之手，永远荣华为据。惟贺凤结丝箩，佳偶天成，可喜二造，螽斯颰颰，瓜结绵绵，世代桂子兰芝，富贵悠久长庆矣。
>
> △△中证媒翁

或亲笔或请书[1]

整理者分析认为，这一件文书中涉及时间、姓名、价款等的部分均以“△”代替，“貌似一份契约文书样式”；但由于其中仍有“潘、姜二姓”“不关潘姓之事”“交付杨姓之手”等内容，所以“推测这是一件真实发生的卖童养媳事例，或许是因双方当事人虽然识字，但并无拟写文书的能力，于是请他人代为拟定的一个草稿”。[2]

以“△”隐去真实信息为特征的文书大略有三种可能。从时间上来说，首先，如果该文书是在正本形成之前完成的，一般应为“草稿”，草稿的特征及例证已于前文论及。其次，如果该文书是在正本形成之后完成的，其一为“山场座簿”或“抄白”中的记录，[3]其作用在于记录交易内容以备查，实际上等同于一种“副本”；其二则或为“契式”，其作用在于作为书契范本指导后续

1 陈金全、杜万华主编：《贵州文斗寨苗族契约法律文书汇编——姜元泽家藏契约文书》，第 543 页。同一文书及释文另见潘志成、吴大华编著：《土地关系及其他事务文书》，第 93 页。二者释文略有差别。本章所引释文依原图版稍有变动。

2 参见潘志成、吴大华编著：《土地关系及其他事物文书》，贵州民族出版社 2011 年版，第 93 页。也有学者直接认为上述文书“显然是摘自日用杂书的契约文书样式”。见梁聪：《清代清水江下游村寨社会的契约规范与秩序——以文斗苗寨契约文书为中心的研究》，第 112 页。

3 所谓“山场座簿”，依其记载内容的不同，实际上包含各种略有不同的文献材料，但为叙述的方便，统一使用在《清水江文书》的整理中所使用的“山场座簿”的名称。而所谓“抄白”，是指“文书的抄本或副本”。参见岳国钧主编：《元明清文学方言俗语辞典》，贵州人民出版社 1998 年版，第 725 页。

类似文书的书写。

“山场座簿”是一种特殊的副本。文斗寨的有些家族建有山林田土的座簿，“主要登记山林和田土的买卖租佃及收益分成比例的情况，有的则是各种契约的汇编”。[1] 有学者专门提到在发现的契约文书中，“有的是原件，有的录存于契抄簿、有的散见于族谱、家乘之中”[2]。相对于原件，山场座簿中的记载相对简略，主要为攫取原件中的关键信息进行记录。所幸部分记载于山场座簿中的契约文书的原件同样留存了下来，故而得以比较二者之间的区别，如下列“姜今关立卖杉木山场契”及其在山场座簿中的记录：

> 立卖杉木山场契人姜今关，为空乏无银用度，情愿将到杉木山场一块，土名眼下宜，界限左、右凭冲，上凭岭，下凭田，四至分明。凭中出卖与姜士朝名下承买为业。当日凭中言定价银弍拾陆两一钱整，当日交足，分文未欠。此山木并地，任凭买主永远修理管业，我卖主并无系分。倘有外人争论，俱我卖主理落，不干买主之事。恐人心难凭，立此卖契存照。
>
> 卖主 姜今关
>
> 凭渡中 姜岩生
>
> 代书 姜廷干

1　参见王宗勋：《文斗——看得见历史的村寨》，第 27 页。

2　杨国桢、陈支平：《从山契看明代福建山地的私有化》，载《明清福建社会与乡村经济》，厦门大学出版社 1987 年版，第 144 页。

乾隆伍十八年十月拾叁日　立[1]

乾隆五十八[2]年十月十三日买得上寨姜金关之山场眼下宜一块，界上凭岭，下凭田，左、右凭冲。

中 姜岩生
笔 廷干[3]

对比二者可以发现，山场座簿中准确、简短地记载了原件中的关键信息，如出卖人、地名、界至、中人和代笔人等。但同时，二者的记载方式稍有差异，如“姜今关”写为同音的“姜金关”。其他差异则是为了凸显简洁，如“姜廷干”省略姓氏，凭中代书略为“中、笔”等。有的座簿记录中还出现了如“中名多未录”[4]的情况。山场座簿在一定程度上也是契约关系存在的重要证据。如一份“分合同字”中提到，“因世清父子尚未寻出契据，只执佃字簿为凭，说是世清父子私业，是以世臣之长子登儒执此簿据”。[5]说明在缺少原件的情况下，山场座簿也具有一定的证明效力。但显然，上引的“断卖童媳嫁婚字”并不属于此类情况。

“抄白”一般是物质形态上主要为单张的副本，其最为典型

1　张应强、王宗勋主编：《清水江文书（第三辑）》第9册，第335页。

2　在文书中，数字“五十八”以苏州码子的方式写作“〥〡〣”。

3　张应强、王宗勋主编：《清水江文书（第三辑）》第9册，第322页。

4　同上，第159页。

5　罗洪洋搜集整理：《贵州锦屏林契精选（附〈学馆〉）》，载《民间法》第三卷，山东人民出版社2004年版，第560页。该“分合同字”立于民国三年（1914年），以为佐证。

的例子可以参见乾隆年间的一件“姜文孝、姜文玉断卖山场契”，该件文书的最左端直接注明了“抄白”二字。[1]相对于一般倾向简略记述的山场座簿，该抄白文书中的各类信息基本齐全，除了在界址上写作“上凭姜△之山”，仅此一处信息有所隐略。在“山场座簿”中，也存有少数完全照抄原件的“抄白”以留底备查。同样隐略部分信息的情况，在许多禀稿或词稿中也可以看见。至于这一做法的目的，有学者进一步说明，“清水江文书中，有不少禀稿或词稿，甚至契约抄件是隐去姓名的，而用‘△△’代替。因为它们不是可以作为凭质，也不是正式出具的，只是单方保存的，以备查考之用”。[2]具体言之，对于并不关键的信息，抄白可以隐略不录；但是如果将关键信息省去，则失去了抄白作为副本的价值。因而，隐略大量信息的上引文书显然并不属于“抄白”一类。

关于上引文书的性质，最为使人困惑的其实是为什么该文书在隐略大部分信息的情况下，还保存了部分貌似真实事件的信息？这也是困扰人们将其认定为契式的关键问题。但实际上，在广泛的文书实践中，此类情况并非鲜见。在敦煌文书中即有类似的例子，如被认为是“样文”的“龙德四年（923）敦煌郡百姓张厶甲雇阴厶甲契”[3]。此类“样文”似乎是自实际使用的契约文书改写而来，故而保留了原契约文书的一些特定细节，而另外一些名称则替换

1　参见张应强、王宗勋主编：《清水江文书（第一辑）》第12册，第5页。

2　程泽时：《“姚百万”诬告谋反案与交易公平》，《原生态民族文化学刊》2012年第2期。

3　“S.1897龙德四年（923）敦煌郡百姓张厶甲雇阴厶甲契”，见敦煌研究院编：《敦煌遗书总目索引新编》，中华书局2000年版，第57页。书中载录了文书全文。

为“某甲”一类的文辞。同样的，在早期的简牍中也有类似的情况，[1]在格式文书中同样保留了部分真实的特定细节。[2]

实际上，这涉及契式文书的形成过程。回到上引文书本身，根据文书内容的特定情节判断（如“平略街”“潘姜二姓”等），其原件应当是一件真实文书。而依“惟贺夙结丝箩，佳偶天成”“螽斯瓞瓞，瓜结绵绵，世代桂子兰芝”等语判断，又应为活套之使用，[3]而非针对特定事件的用词。据此可以推见，这一文书原先是依据某一契式活套写就的真实文书，而后又由人隐略其中大部分真实信息，形成一份新的契式流传使用。

除了上述原因，这一判断的关键例证主要有以下几点：第一，契约关系的关键信息均被略去，如系草稿，则无论其价款、时间、当事人均不清楚，除了叙述与套词，此一文书并未约定任何有效信息，完全没有体现出草稿作为初步商议结果的价值。恰恰相反，关于叙述方式与套词的确定，正是“契式”的核心目的。第二，

1　如“18.神爵二年某月某日朔某日”条，见张俊民：《敦煌悬泉汉简所见“適”与“適”令》，《兰州学刊》2009年第11期。

2　如在几件“功劳案”文书中，对照可发现部分信息为真实信息，部分信息则被隐去。张俊民：《敦煌悬泉置探方T0309出土简牍概述》，载《长沙三国吴简暨百年来简帛发现与研究国际学术研讨会论文集》，中华书局2005年版，第396—399页。当然，也有学者认为文书中类似的特定信息的性质属于举例。参见邢义田：《从简牍看汉代的行政文书范本——“式”》，载《治国安邦：法制、行政与军事》，中华书局2011年版，第461、466页。

3　有学者亦注意到在如涉及分家析产的契约中，存在“螽斯衍庆，瓜瓞绵绵”一类用语的情况。参见张明、戴泽军、丁正屏：《清水江文书的历史真实性考证》，《贵州大学学报（社会科学版）》2016年第1期。

略去信息的方式与草稿不同。草稿上之所以略去信息，是为了与正式生效的文书相区别，一般仅略去“名”而存“姓”，双方实际上均知晓所指为何人。但上述文书中的表述为“立断卖童媳嫁婚字人△处△姓△”“先年凭媒订到△△处△姓名之女为媳”，姓名均不载。而且“△△处△姓名”中的“△△”和“处”及“△”和“姓名”，显系并列，表明在空缺处应当分别填入地址与姓名。如此用法显然为契式的表达方式。如系草稿，则需指向具体事件，但上述文书中的所指过于不明确。第三，关于价款的表达方式为“言定聘礼足银若干”。同前例一样，相对于以“△”表示价款的不明确，“若干”的用语也更接近于契式。第四，最明显的特征是最后的“△△中证媒翁”与“或亲笔或请书”。这一说明其实带有指导性，意指使用这一契式时，可以依据当时具体情况填具“中证媒”的姓名，及标明亲笔或代笔。“或亲笔或请书”意味着这一文书的指向并未具体化，所以显然不应当属于一份指向具体契约关系的“草稿”。需要说明的是，这一文书上也有涂改的痕迹，但并非有涂改痕迹的都是“草稿”。另外，由于图版并不十分清晰，难以对涂改部分进行具体分析。大略上来看，涂改主要是在修改契式措辞，不同于上引的“草稿”文书的是，其对于属于关键信息的字约要素并无涂改。

最可以直接印证这一判断的，则是发现于文斗寨的上引文书的另一份不同版本：

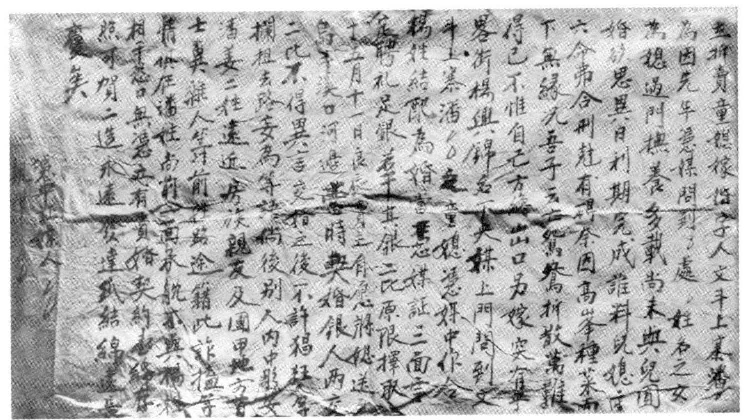

图 3　“折卖童媳嫁婚字”

立折卖童媳嫁婚字人，文斗上寨潘△△，为因先年凭媒问到△处△姓名之女为媳，过门抚养多载，尚未与儿圆婚。欲思异日利期完成，谁料儿、媳二造，六命弗合，刑尅有碍，奈因高峰种菜，两下无缘。况吾子之亡，鸳鸯折散，万难得已，不惟自己，方纔出口另嫁，突有平略街杨兴锦名下央媒上门，问到文斗上寨潘△△之童媳，凭媒中作合杨姓结配为婚。当凭媒证，三面言定聘礼足银若干，其银二比原限择取于五月十一日良辰，卖主自愿将媳送至乌斗溪口河边，当时契婚，银人两交，二比不得异言。交婚之后，不许猖狂人等拦阻去路、妄为等语。倘后别人内中彫娑潘、姜二姓，远近族房、亲友，及团甲、地方首士、粪杂人等前往路途，籍此诈揢等情，俱在潘姓尚前一面承耽，不与杨姓相干。恐口无凭，立有卖婚契约壹纸存照，可贺二造永远发达，瓜结绵远长庆矣。

凭中证媒人△△

亲笔△△[1]

这两份文书的区别，一方面体现在细节上，如文书名一为“断卖童媳嫁婚字”，一为“拆卖童媳嫁婚字”，以及个别字句的差异。但最为重要的一点是，虽然相较于草稿，“拆卖童媳嫁婚字”仍省略了大量关键信息，如“凭媒问到△处△姓名之女为媳”，但是较前者“断卖童媳嫁婚字”而言，其则更多地保留了真实信息。如，“△处△姓△名”，具体为“文斗上寨潘△△”；“问到平略街△△名下作合结配为婚”，具体为“突有平略街杨兴锦名下央媒上门，问到文斗上寨潘△△之童媳，凭媒中作合杨姓结配为婚”；“择定于△月△吉日良辰，卖主自愿将媳送出沿途”，具体为“择取于五月十一日良辰，卖主自愿将媳送至乌斗溪口河边”。这一方面足以确证上引契式确实系真实文书改造而成。另一方面，这两份契式文书对原真实文书的改造无疑是不同的，或许二者存在先后的关系（即前一份文书进一步省略了相关信息）。

但无论如何，一个关键的事实是，同一契式内容在同一村寨多次出现。这一事实本身就足以说明此类契式文书在村寨社会中的传播和使用。文字内容有所差异的同一契式文书的出现，完全符合前述关于村寨契式文书形成过程的描述，即，依据某一契式活套写就真实契约文书，而又隐略其中真实信息形成一份新的契式并参与流传和使用。

1 “姜元泽家藏文书”，收集于文斗寨，文件编号：P1010091。

要之，在清代村寨的契式传播中，日用类书的作用自然存在，但上述通过对真实文书进行特殊处理而形成的契式，或许是更为广泛存在的。如果说，日用类书中的契式是对实际使用中的文书的总结和提炼的话，那么上述契式则是对某一文书的直接摹仿。需说明的是，此种“摹仿”，并不是指在书写一份新的契约文书时，直接参照一份旧有的真实契约文书，而是指通过“摹仿”真实契约文书形成“契式”，并进一步通过此类“契式”而制作文书的过程。实际上，前一种直接摹仿的情形似乎并不经常发生，因为记载有真实信息且具有相应效力的契约文书，并不容易在无相关合理事由（如存在权属争议）的情况下被查知。这也是需要将真实契约文书制成隐匿了相应关键信息的“契式”而进行保存、流传和参照使用的原因。如前所述，每一份契约都有一定的隐秘性，涉及相关当事人的个人信息，不会轻易示人。所以，制作契式时，关键信息的隐略便显得非常重要。但另一方面，以历史上制作各类文书的经验来看，这一过程其实并非足够严谨，在信息隐略的环节中往往会有漏网之鱼，这也就不难解释为什么这一类契式文书中尚有真实信息的遗存了。

据此可以发现，在清代村寨的法律书写实践中，“摹仿”或许比“套用”发挥了更大的作用。从此角度来说，代笔人作为法律书写实践的主角，在不断使用契式的实践中，其实也反过来影响了契式的发展。[1]

四、结论

“字约的现场”与“契式”是研究契约如何书写这一大问题之中的两个重要主题。简言之，代笔活动的过程，即是通过特定的程式对字约的现场进行表达的过程。代笔人借此将当事各方在字约现场所呈现的商议过程与议定结果转化和固定于契纸之上，并最终确立各方之间的有效契约关系；而“契式”的关键意义在于其是一种契约内容的具体表达方式。通过以上的讨论，还可以归纳出村寨法律书写的文本在其形成与存续过程中诸多不同的形态：

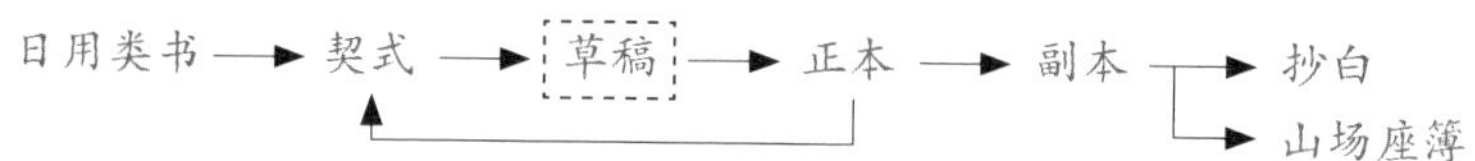

图 4　村寨法律书写中的文书形态

其中，虚线框中的“草稿”并非必要，每一件正本也并非一定会被记载于两种副本之中。这里着重强调的是“契式”的形成并非仅受到了日用类书的影响，更为广泛的是，正本之间的相互“摹仿”本身就凭借“契式”形成了一个闭合的文书生产流程。当然，

1　有学者将代笔人之存在归纳为影响中国传统契纸形制沿革的一大因素。参见王旭：《契纸千年：中国传统契约的形式与演变》，第 232 页。

在很多情况下，如对于同一代笔人而言，“契式”的产生并非这一“自创生”流程的必然要求。但对于研究者而言，“契式”更主要的是这一生产流程的具象化形式。这一闭合的回路，很大程度上解释了契约文书格式何以在清水江流域的发展中不断加入了所谓的“地域性、民族性的书写内容”，也揭示了契约文书自身发展的内在路径。

之所以用“依口代笔”来描述代笔活动的现场与表达，并非仅在使用其字面意义。字约的内容自然不可能仅包含立契人口述的内容，也无法想象字约的背后其实是立契人经过缜密组织过的语言。因而，所谓的“依口代笔”更像是一种隐喻式的宣示，意味着代笔人制作字约时，所依据的是契约关系中各方当事人经过口头商讨所达成的合意之统合。

在契约制作的过程中，书写者所起到的作用，是将可能是口头的、零散的、生活化的自然语言的合意，转化为相对标准化和足以预防纠纷的书面语言。这一过程，其实是通过将契约内容纳入契式的特定表达之中从而最终完成的。而在频密的村寨契约书写之中，一方面存在一种由“口头”向“书面”的转化，而另一方面，更须注意的，则是一种由“书面”向“书面”的衍化。契约在区域内的在地化演进，很可能即寓于此类转捩之中。

第三章

前后用费：契约的成本

“中人”和“代笔人”是契约活动中几乎最为重要的两类居间者。关于二者之相关制度的基本内容和运行方式，已在以上两章中讨论。通过对契约活动中两类关键居间者的集中讨论，也可以大致呈现出契约文化在清代村寨社会之中的展开。这一方面固然是因为二者参与契约活动的广泛程度，另一方面也是因为，“中”“笔”群体的构成与当地村寨社会的紧密联系。

在关注契约活动的诸多面向时，一个常常容易被忽视的事实是由“中”“笔”费用所代表的契约的成本——需要意识到，在传统民间社会中广泛存在的契约并非是免费的。交易意味着存在交易费用，借以促成交易的契约自然也是有成本的。当然，与常谓的“交易成本理论”（transaction cost theory）稍有区别，在本章中，契约的成本主要指以各种形式支付给契约的两类重要居间者的费用，包括支付给中人的“中人钱”和支付给代笔人的“笔银”。综合而言，本章所欲讨论的，是值得给予特别关注的关于契约订立的“前后用费”[1]。

从另一个角度来说，作为“中”“笔”报酬的“中人钱”和“笔银”也是描述做中、代笔的场景及中人和代笔人形象的关键环节。以文斗寨的材料为中心，益以多方资料作为佐证，可以大致梳理清

1　关于这一用词在文书中的来源，见［澳］唐立、杨有赓、［日］武内房司主编：《贵州苗族林业契约文书汇编（1736—1950年）》第三卷，E-〇〇七〇。

楚“中人钱”和“笔银”的制度面向。在“中人钱”方面，可以通过关于中人报酬的讨论，了解到中人在社会地位和“面子”以外的，相对技术性和商业性的一面。而在“笔银”方面，可以详细讨论笔银的记载、支付与否，笔银的具体数额，交易中双方关于代笔费用的负担，及笔银的支付方式等围绕“笔银”的多重问题。并且，通过“中人钱”与“笔银”二者间的比较，亦可以求证“中”“笔”二者在社会环境及契约文书书写中的对照关系。

以下，将首先分别讨论“中人钱”和“笔银”的一些基本问题，如交易费用的记载与支付，以及交易费用数额的基本范围和所占交易标的额的比例；其次，将尝试比较“笔银”与“中人钱”，分析二者之间的分量关系及其所体现的“中”“笔”之间在契约关系中的重要程度；再次，将讨论交易中包括“中人钱”和“笔银”的“中资”在交易方之间的负担分配；最后，则讨论“中资”的多重支付方式，并作出相关的结论性讨论。

一、中人钱

“中人钱”在文斗中人制度中发挥着重要的作用。这种作用体现在支付费用对于中人参与中人活动的驱动力上。大致上，中人之所以选择受邀做中的缘由，可以大致归结为物质利益和精神利益两种。研究者发现，“中人参加契约的成立，有相当一部分人的主要目的并不是为了获取‘中资’，而是为了在其社会环境中得到广泛的信誉与承认”[1]。这类中人可以归为精神利益层面的追求者。而对于那些更追求收益的技术优势型中人，“中人钱”的存在，则是在物质利益的层面帮助维持中人体系的运行。

在名称上，“中人钱”是在文斗契约文书中可以找到的固有概念。如“姜先宗典契”中的“外批”部分提到：“东道、中人钱共银一钱，日后赎田要补。”[2]在文斗寨契约文书中，“中人钱”又称“中银”[3]，支付中人钱也可以表述为“吃梱银”[4]，所描述的是中人做中之后所取得的相应报酬。值得一提的是，“梱[5]银”似乎并非仅指中人钱，下面论及代笔的“笔银”时也可以看到这一概念。

有学者认为，在一般交易中“中人钱”的具体数额“没有定数，当场酌情而定”[6]。但同时，人们在研究中也发现，“中人钱”的

1　李祝环：《中国传统民事契约中的中人现象》，《法学研究》1997年第6期。

2　陈金全、杜万华主编：《贵州文斗寨苗族契约法律文书汇编——姜元泽家藏契约文书》，第400页。

3　如“姜廷干卖田契”中：“凭中　族人姜相仪、含章受中银一两。”见陈金全、杜万华主编：《贵州文斗寨苗族契约法律文书汇编——姜元泽家藏契约文书》，第92页。

4　如“姜应保卖田契”中：“凭中　姜文彩吃梱银贰分。”见陈金全、杜万华主编：《贵州文斗寨苗族契约法律文书汇编——姜元泽家藏契约文书》，第10页。

5　关于“梱”字在语境中的具体含义尚不清楚。但有学者曾专门讨论过“捆”的含义，认为其意思应被解释为“路”。参见张明、韦天亮、姚小云：《清水江文书侗字释例》，《贵州大学学报（社会科学版）》2013年第4期；任继昉：《清水江文书“捆”“冉”释名》，载《“敦煌文书、徽州文书整理与研究百年经验总结”暨“清水江文书与乡土中国社会”学术研讨会论文集》，贵州大学等2021年版，第1—3页。

6　梁聪：《清代清水江下游村寨社会的契约规范与秩序——以文斗苗寨契约文书为中心的研究》，第122页。

数额一般是交易额的2%—3%左右。[1]在文斗寨的部分契约文书中注明了“中人钱”的数额，据此可以大致了解到文斗寨“中人钱”的数额的概况。下面是笔者统计的文斗寨“中人钱”表格：

表2　文斗寨“中人钱”统计表

（单位：两）

文书编号	文书类型	标的额	中人钱	中人钱比例	年代	备注[2]
D1-003	卖木契	9	0.05	0.56%	乾隆十三年	凭中3人
D1-005	卖田契	26	0.6	2.31%	乾隆二十四年	凭中3人
C1-12-232	卖塘契	8	0.2	2.50%	乾隆二十六年	凭中2人
D1-010	卖田契	32	0.4	1.25%	乾隆三十二年	凭中2人
D1-016	卖田契	6	0.1	1.67%	乾隆三十五年	凭中3人
A-0012	卖山契	2	0.02	1.00%	乾隆三十八年	—
D1-025	卖田契	7.3	0.1	1.37%	乾隆四十八年	—
D1-050	卖田契	9.6	0.04	0.42%	乾隆五十八年	—
D2-019	卖山契	0.58	0.02	3.45%	乾隆五十八年	—
A-A0047	卖山契	3.8	0.1	2.63%	乾隆五十八年	—

1　关于中人钱的比例，梁聪认为“在山场土地的买卖交易中，谢中费一般为成交价银的2%—3%左右”。见梁聪：《清代清水江下游村寨社会的契约规范与秩序——以文斗苗寨契约文书为中心的研究》，第122页。潘志成、吴大华编著的《土地关系及其他事务文书》中通过对“姜文华卖田文书”这一份契约的释读，“由此推算‘谢中’费大致在交易价款的2%—3%之间”。见潘志成、吴大华：《土地关系及其他事务文书》，第3页。

2　表中的“东”指“东道”。

续表

文书编号	文书类型	标的额	中人钱	中人钱比例	年代	备注
A-A0064	卖山契	4.2	0.1	2.38%	嘉庆五年	—
A-B0014	卖木契	6.2	0.6	0.97%	嘉庆六年	凭中4人
D1-092	卖田契	48.1	1	2.08%	嘉庆十三年	凭中2人
C1-13-101	卖木契	17[1]	0.2	1.18%	嘉庆十四年	凭中4人
C1-12-361	卖栽手契	29	0.4	1.38%	嘉庆二十二年	—
D1-400	典田契	5.5	0.1	1.82%	道光二十四年	东、中共得

从上表中可以发现，“中人钱”占交易额比例的发生区间为0.42%—3.45%，这个比例的平均值为1.69%；统计表中“中人钱”之和占标的额之和的比例，则为1.88%。虽然上表只是对文斗寨留存下来的一部分载明“中人钱”数额的契约进行的统计而成的，但通过其中的数据，可以推断“中人钱”的比例大概在1%—3%之间；而这个比例要远小于内地的“中人钱”比例。关于内地中人收取费用比例，依据民国时期材料的研究表明，在田房买卖契约中，“中资”的比例一般是2%—5%，在例外的情况下甚至可以

1 在此份契约中，提及标的额处写有“凭中合价十七两”字样。但是，在“价”与“十”二字之间，似乎后添有一“七”字。如此，则标的额应为“七十七两”，相较中人钱而言畸高。并且，该份契约存在多处改动，在格式上似非完善。此处在表中故录为“17”，并加注于此。

达到 10%。[1] 考虑到有的交易的交易额很小，并且有的交易中存在多名中人，文斗契约记载中以直接给付之价银的形式而存在的“中人钱”的实际比例，可能会比一般认为的要小。

另外，在存在多名中人的情况下，“中人钱”在中人内部的分配就成了一个问题。就此，在内地中人制度中，一般将中人分为“正中”或者“全中”和与之相对应的“偏中”“散中”等，而前者得到的“中人钱”一般较后者为多。[2] 但从上表所引的若干有多名中人的契约来看，文斗寨的“中人钱”在分配上一般是均分。如在“姜应保卖田契”中，两位中人均得“银二钱”。[3] 但是，也存在分配“中人钱”时各中人所得不一的情况。如“刘朝元卖杉木约”中所写，共有四名中人，其中“姜老四艮一钱”，其余三名中人“三人共一钱”。[4]

通过上表中的年代信息还可以发现，在相对早期的乾隆年间的文斗契约文书中，大多注明了“中人钱”的数额，而愈到稍晚时期，明确注明“中人钱”的契约则愈少。当然，这并不能说明到后期文斗寨的人们就不支付“中人钱”了。文斗寨中留存了一份光绪

1　参见陈胜强：《论清代土地绝卖契约中的中人现象》，载《民间法》第十卷，2011 年版，第 244 页。

2　同上，第 244 页。

3　参见陈金全、杜万华主编：《贵州文斗寨苗族契约法律文书汇编——姜元泽家藏契约文书》，第 50 页。

4　参见张应强、王宗勋主编：《清水江文书（第一辑）》第 13 册，第 101 页。

年间的“请中花销账单”[1]，其正可说明“中人钱”制度在文斗寨的长期存在。[2]

由于中人在契约活动中所发挥的重要作用，请中花销在很大程度上是必须的。在一份“分山分林分银合同”中，即有对请中花销的详细描写：

> 光绪二十八年二月初一日，卖汪度库山木与姜登云、石引客刘家朝斫伐，议定价银一十六两八钱四分。我等此山界限，上凭土垦抵着姜、杨二姓山，下抵路，左凭姜正荣等之山，右凭海治、为宏之山，四抵朗然。不料卖砍之后，突被姜登程弟兄等执张伪契：上登顶，下抵路之界限，混争我等之山。我等以祖业不可轻抛，请中文斗人姜德相、［姜］开贤、［姜］卓贤，本寨人姜盛魁、［姜］盛广、姜为烈、［姜］上锦等理论，恶等伪契无理可原，中等以理责，被断与我等管业。其前后用费，共去银一十二两五钱，实存银四两三钱三分……[3]

上引文书本是一份“分山分林分银合同”，其书写目的在于厘清每一股份的所有人在出卖林木之后各自应得的价银。但这份契约之所以先记载了一次涉及中人的纠纷解决经过，是因为要解

1 陈金全、杜万华主编：《贵州文斗寨苗族契约法律文书汇编——姜元泽家藏契约文书》，第 570 页。具体内容详见下文关于“中资”支付方式的讨论。

2 壮族习惯中，交易也是要付给中人以“中保钱”。参见高其才：《礼失野求：礼法的民间样态与传承》，孔学堂书局 2017 年版，第 207—208 页。

3 ［澳］唐立、杨有赓、［日］武内房司主编：《贵州苗族林业契约文书汇编（1736—1950 年）》第三卷，E- 〇〇七〇。

释本来可以分红的总价款何以经历了大幅度的缩水。在出卖林木与人砍伐之后，实得价银总计一十六两八钱四分，这部分应当按照股份分钱。但是，由于突然有人执契争论山场的归属（“姜登程弟兄等执张伪契……混争我等之山”），上述价银的归属瞬间陷入了不确定的状态。在记载者一方，因为“祖业不可轻抛”，所以只好请两寨至少七名中人上前理讲。虽然纠纷解决的结果得以“断与我等管业”，确认了山场的归属，但是其中因为请中而产生的“前后用费”共计“一十二两五钱”，以至于最后可以分银的数额只剩下“四两三钱三分”。此处所记载的作为中间费用的“前后用费”的比例超过七成，不可谓不高昂。当然，依据前述分类，此种中人属于“契约缺场的中人”，主要负责调处契约纠纷。但他们的调处也不是免费的，同那些促成契约成立的“契约在场的中人”一样，他们也需要收取相应的“中人钱”。在文斗寨，在请中人做中的过程中常常伴随着相当的请中花销，若无此笔花销，中人的活动自然会受到影响。进而可以认为，文斗寨“中人钱”的存在不仅维护着整个中人制度的存在和运行，更重要的是，专门的“中人钱”的支付，很可能是促使半职业化的专业型中人产生的重要动因。无论以何种形式，请中花销应是中人活动中必然的要求。

二、笔银

对于契约文书而言，代笔人是一个特殊的中间群体，大量作为学者研究材料的文书均出自其笔下。长期以来，肇因于村寨代笔之职业化程度的模糊不清衍生出了许多讨论。例如有学者认为，至少在纠纷解决的模式之中，“没有职业化的中人、代笔人”，因为他们同纠纷双方都来自同一村寨或者同一亲族。[1]但也有学者持相反的看法，如施坚雅在提及乡村的代笔时，将其与商人、手艺人、僧道、讼师、风水先生等一起称之为“职业性的专家”（occupational specialists）。[2]无论如何，如果将村寨中的代笔活动视为职业化的或者至少是半职业化的行为的话，[3]那么，相应的报酬是支持其职业化倾向的重要一环。有学者曾尝试通过个案记述探究城镇职业化代笔人的润笔费，[4]但对于村寨代笔人而言，相关的研究尚不充分。基于此，本节以清代黔东南文斗契约文书等材料为中心，尝试讨论清代村寨代笔中的“笔银”问题。

---

1 参见邓建鹏：《清至民国苗族林业纠纷的解决方式——以清水江“认错字”文书为例》，《湖北大学学报（哲学社会科学版）》2013 年第 4 期。

2 See G. William Skinner, “Introduction: Urban and Rural in Chinese Society,” in *The City in Late Imperial China*, ed. G. William Skinner (Taipei: SMC Publishing Inc., 1995), 265.

3 参见赵思渊：《19 世纪徽州乡村的土地市场、信用机制与关系网络》，《近代史研究》2015 年第 4 期。

4 参见黄宗智：《清代的法律、社会与文化：民法的表达与实践》，上海书店出版社 2001 年版，第 155 页。其所讨论的职业化代笔人（professional plaint-writers）与本章的“代笔”有很大的区别，这些代笔人主要居于较大的城镇或县府，并对其所提供的服务收取费用。该讨论所依据材料来自刚毅的《牧令须知》。

（一）笔银的记载与支付

在文斗契约中，代笔人的相应报酬被称为“笔银”，[1]因而本章也择取“笔银”一词来指称代笔费用。当然，除言明“笔银”之外，还有许多其他的记载方式：如直接在代笔人署名之下加注“受艮（银）若干”[2]“喫艮若干”[3]“梱艮若干”[4]，或直接写“银若干”[5]。虽然在文斗寨，直接涉及笔银记载的相关材料其实并不多见，但通过契约中的这些加注，便可以了解笔银的具体数额。进而，益以其他材料，关于笔银的一些问题可得以厘清。

契约中所留存的关于笔银的记载，清楚地指示出在交易文书完成后，即时支付、收取笔银的情况。但似乎以内地通例而言，

1 如“姜兴宇卖田契”中，末尾即署明“代笔姜廷佐笔银二分正”，见陈金全、杜万华主编：《贵州文斗寨苗族契约法律文书汇编——姜元泽家藏契约文书》，第11页。

2 ［澳］唐立、杨有赓、［日］武内房司主编：《贵州苗族林业契约文书汇编》第一卷，A- 〇〇〇六。

3 同上，A- 〇〇〇五。

4 张应强、王宗勋主编：《清水江文书（第一辑）》第13册，第101页。

5 陈金全、杜万华主编：《贵州文斗寨苗族契约法律文书汇编——姜元泽家藏契约文书》，第10页。

契约中一般不会直接注明代笔费用的相关情况，[1]而仅在契约的外批部分偶见提及。如在一份道光八年（1828年）的契约中，在外批部分注明“一批笔资银八分正再照”[2]。另外，在《徽州千年契约文书（清·民国编）》第十一卷中，收有《合同文约誊契簿》，系嘉庆年间抄誊而成，其中多有记载契约中资的情况，但由于其并非原初写就的契约本身，而是转手重抄而成，所以无法直接得知原初契约是否记载了笔银等中资的情况。[3]同样，在文斗契约中，对笔银情况的记载应当也并非常例。但是，这显然并不意味着在不记载笔银的契约交易中就无须支付笔银。

在下表中，列明了涉及笔银记载的文斗契约。在年代上，记载笔银情况的契约主要集中于乾嘉时期，稍晚的契约中的相关记载则很少。当然，仍同上述对“中人钱”的分析一样，这并不表示在稍晚时期的契约活动中就不存在支付笔银的情况。虽然“中人钱”的情况与“笔银”一样，在稍晚时期中也少见注明“中人钱”

---

1 就加注笔银的情况，笔者略检了同时期徽州、台湾等其他地区的清代契约文书。虽未逐一查证，但整体而言，在文书中直接署明笔银的情况亦非常见。参见［日］东洋文库明代史研究室编：《中国土地契约文书集（金—清）》，东洋文库1975年版；王钰欣、周绍泉主编：《徽州千年契约文书（清·民国编）》，花山文艺出版社1994年版；蔡志祥编：《许舒博士所藏商业及土地契约文书：乾泰隆文书（一）潮汕地区土地契约文书》，《東洋学文献センタ一叢刊》第六十五辑，1995年版；台湾史料集成编辑委员会编：《台湾总督府档案抄录契约文书》第一、二辑，台北“行政院文化建设委员会”2005、2006、2007年版。

2 ［日］东洋文库明代史研究室编：《中国土地契约文书集（金—清）》，第12页。

3 参见王钰欣、周绍泉主编：《徽州千年契约文书（清·民国编）》第十一卷，第189—379页。

情况的契约，但是仍有账单等文书的遗存，足以证明“中人钱”的长期存在，笔银亦复如是。如同内地虽然并不以记载笔银为常例，但在较晚时期的习惯调查中，仍然普遍存在支付笔银的情况。[1]

表3　清代文斗寨笔银统计

（单位：两）

文书编号	文书类型	标的额	代笔人[2]	笔银及比例		中人钱及比例		时间	备注
D1-003	卖杉木地约	9	姜启相	0.01	0.11%	0.05	0.56%	乾隆十三年	中人三名
D1-004	卖山（契约）	1.3	姜得中	0.05	3.85%	—	—	乾隆十六年	—
D2-004	卖山场（契约）	2.2	姜得中	0.05	2.27%	—	—	乾隆十六年	—
D1-010	断卖田约	32	姜周隆	0.2	0.63%	0.4	1.25%	乾隆三十二年	中人两名
D1-011	断卖田约	38	姜廷佐	0.2	0.53%	—	—	乾隆三十二年	—
D1-016	卖断田约	6	姜廷佐	0.1	1.67%	0.1	1.67%	乾隆三十五年	中人三名
D1-025	断约	7.3	陈士敏	0.1	1.37%	0.1	1.37%	乾隆四十三年	—
A-A0038	卖山场杉木约	6.8	姜起渭	0.03	0.44%	—	—	乾隆五十三年	—
D2-019	卖栗油山约	0.58	姜弼周	0.03	5.17%	0.02	3.45%	乾隆五十八年	—
A-A0047	卖山场杉木字	3.8	姜弼周	0.1	2.63%	0.1	2.63%	乾隆五十八年	—
A-B0014	断卖杉木约	6.2	王维城	0.06	0.97%	0.06	0.97%	嘉庆六年	中人四名

1　参见法政学社编：《中国民事习惯大全》第38—40页。

2　其中，A-A0008所署为“亲笔”，C1-12-360所署为“弟滕家兴亲笔”，而实系代笔；D1-400所署为“凭中代笔”。

续表

文书编号	文书类型	标的额	代笔人	笔银及比例		中人钱及比例		时间	备注
C1-13-101	卖杉木约	17	张有元	0.1[1]	0.59%	0.2	1.18%	嘉庆十四年	中人四名
C1-12-360	断卖杉木契	1.5	滕家兴	0.05	3.33%	—	—	嘉庆二十二年	弟亲笔
C1-12-361	断卖杉木栽手契	29	滕家兴	0.3	1.03%	0.4	1.38%	嘉庆二十二年	子
D1-400	典田契	5.5	姜开元	—	—	0.1	1.82%	道光二十四年	东道中人钱

有学者通过对若干文斗文书的分析后提出，代笔人的“报酬一般都不写明于契约上，但个别者亦有之”[2]。至于代笔人在何种情况下才会在契约中记载笔银，可能实际上并没有一定的规律。关于这一问题，文斗寨存留的两份相互关联的契约可能是一个极佳的例证。[3]在“乾隆五十八年八月初十日”这一天，[4]有两份代笔人均为“姜弼周”的契约订立。其中一份注明了笔银为“一钱”，

1　在此份契约的末尾，写有“代笔张有元捆银乙钱”，但在“乙”及“钱”之左写有“七”字，这可能意味着“一钱七分”，或仅为冗衍之字。但该契约中，中人有四名，其中三名“三人共乙钱”，另外一人单独有一钱。如果代笔一人独得“一钱七分”，似乎较中人钱畸高。且三处均为“乙钱”的可能性较大。故而表中录为“0.1”，并加注于此。

2　贵州省编辑组编：《侗族社会历史调查》，第14页。

3　两份契约分别参见［澳］唐立、杨有赓、［日］武内房司主编：《贵州苗族林业契约文书汇编》第一卷，A－〇〇四六、A－〇〇四七。

4　乾隆五十八年八月初十日，即公元1793年9月14日。值得一提的是，当天乾隆皇帝在北京正式接见了马戛尔尼的使团。参见 Li Chen, *Chinese Law in Imperial Eyes: Sovereignty, Justice, and Transcultural Politics* (New York: Columbia University Press, 2016), 78。

而另一份则仅署代笔人名，并没有注明笔银的情况。这两份契约在同一天、由同一个代笔人书写，且买主均为“姜朝瑾弟兄”，因而，依据这些一致的信息，基本可以认定两份契约是同时同地于同一场景中写就的。亦即，在合理化的推断中，这两份契约是在同一天、由同一代笔人、（很可能）在同一场地、在面对着同一买主（但不同卖主）的情况下，连续完成书写的。比较两份契约的标的额，收取笔银的契约标的额为“三两八钱”，而没注明笔银的契约标的额仅为“四钱”。如果认为这两份契约的书写是连续的话，第二份契约何以没有记载笔银则存有疑惑。因为需要解释的问题是，人们会假定，如果以交易额的比例计算的话，同一代笔人在同一场景下的收费标准应当是一致的。一个可能的解释是，后者或许是因为标的额较低而没有收取笔银。在这种情况下，代笔人没有记载笔银的情况则理所当然。但是，同一代笔人的另一份时间稍早的“乾隆五十八年五月三十日”的契约中，[1]在标的额也仅为“五钱八分整”的情况下，注明了笔银“三分”。如果记载与否与是否实际收取了笔银存在直接关联的话，这似乎表明，在这位代笔人那里，较小的标的额并不直接意味着无须收取笔银。同时，在“姜弼周”代笔的其他契约中，亦不曾发现记载笔银的情况。据此，一个或许稍嫌无稽的推论是，代笔人是否记载笔银可能是相对随意的。

1　参见陈金全、杜万华主编：《贵州文斗寨苗族契约法律文书汇编——姜启贵等家藏契约文书》，第 311 页。

除了在契约中的记载，在有的“账单”文书中也记载有“请代笔”及“笔银”的情况。如在下图所示的文书中，即留有“复请代书先生”“代书先生代写悔结和息禀去钱壹千文”等记载。[1]

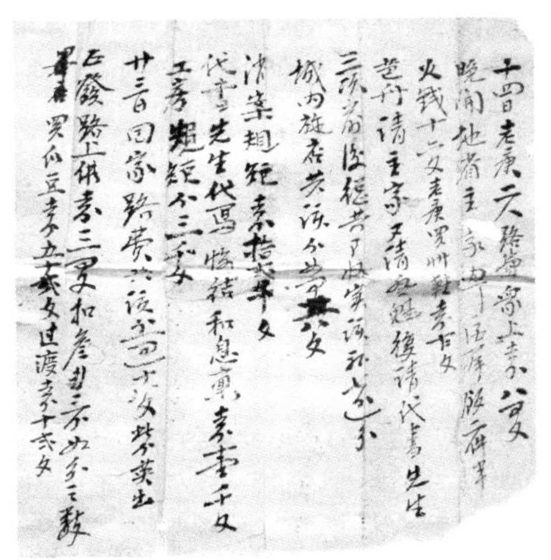

图 5　姜元泽家藏“请代书先生”文书

依据有限的资料，无法详细考察具体在何种情况下才需要向代笔人支付笔银。但在内地的风俗中，“若写的是买卖契约，请中人和代笔是须付一定数量的酬金的”，同时，“其他关系的契约则不给中人和代笔酬金，若遇到比较客气的农家，则给他们发个‘红包’，俗称‘利市包’”。[2] 与之相同，前表中记载笔银情

1　“姜元泽家藏文书”，收集于文斗寨，文件编号：P1010076。这一文书并没有年代信息，但以其使用的货币为铜钱（“文”）而言，似乎应为清代文书。

2　参见周耀明编著：《汉族民间交际风俗》，第 139—140 页。

况的契约，除一份典田契外，[1] 均为关于山场、杉木、田土的买卖交易。

此处至少可以得出的结论是，在契约活动中，尤其是在买卖交易中，支付笔银应当是常态。但是，这和支付笔银情况的记载并没有一一对应的联系。

（二）笔银数额

一般认为，笔银的具体数额原则上是根据契约的标的额，按照一定的比例来确定的。但是，笔银与标的额的比例在各地均存有差异。例如据当时的调查，台湾各地习俗中支付给代笔人的笔银比例迥别，自百元五十钱至百元八元不等，上下浮动比例可称巨大。[2] 根据内地的习惯调查，较为普遍的情况是支付标的额的“百分之二”给代笔人，如湖北竹谿县习惯，“百分之二为书契钱”。[3] 在前表中可见，笔银的数额最低仅为一分，最高三钱，其占标的额的比例自 0.11%—5.17% 不等，这一数字的平均值为 1.76%；相较而言，略低于内地“百分之二”的标准。

关于文斗寨笔银收取的具体标准，可以从代笔人“姜得中”

1　参见陈金全、杜万华主编：《贵州文斗寨苗族契约法律文书汇编——姜元泽家藏契约文书》，第 400 页。

2　详细的关于台湾笔银的习惯调查，参见临时台湾土地调查局编:《台湾土地惯行一斑》第三册，第 158—162 页。

3　参见法政学社编：《中国民事习惯大全》，第 38—39 页。

的两件契约中发现一个新的解释方法。[1]在同一代笔人的两份契约中，虽然交易标的额有所差别，分别为“一两三钱”和“二两二钱”，但是笔银均为“艮五分”，显然笔银的数额并不受标的额变动的影响。而且，这两件契约均在“乾隆十六年四月廿六日”这一天写就。基于此，似乎可以视其为存在某种收费模式的例证，即文斗寨的笔银数额可能并不一定是严格遵照特定比例计算而得的，在标的额差别不大时，代笔人收取的笔银可以相对固定。

表4 清代文斗寨笔银数额递进区间

（单位：两）

标的额区间	笔银数额	大致比例
＜1	≈0.03	＜3%
1—5	≈0.05	≈1%—5%
5—20	≈0.1/0.15	≈0.5%—3%
20—30	≈0.2/0.3	≈0.67%—1.5%

综合表3整体来看，约略可以将其收费标准归纳为表4所示的递进区间：大致而言，在标的额较小时（小于一两），笔银在五分以下（如三分左右）；在标的额为一两到五两时，笔银为五分左右；标的额为三两到近二十两时，笔银一般为一钱左右；在

1 参见陈金全、杜万华主编：《贵州文斗寨苗族契约法律文书汇编——姜元泽家藏契约文书》，第4页；陈金全、杜万华主编：《贵州文斗寨苗族契约法律文书汇编——姜启贵等家藏契约文书》，第4页。

标的额较大、在二三十两时，笔银则增加到两或三钱。当然，存在一定的例外，[1]但其基本呈现了一个基于标的额的有序递进的趋势。据此计算，笔银和标的额的比例在0.5%—5%之间浮动。由固定或浮动的比例来确定笔银的收费模式，和以上所呈现的基于递进区间的阶梯收费模式，此二者之间的区别在于，后者对于同一区间内的不同标的额，所收取的笔银是同一或者相近的。

对于原先并未纳入考察的清水江流域的其他相邻村寨的契约，如果试以其中记载笔银的契约来检验表4的递进区间，会发现二者是基本符合的。这些村寨与文斗寨间有着极为紧密的民事、商事联结，因之它们自然也具有相似的习惯和传统。举例如在平鳌寨契约中，在标的额为二十四两时，笔银为三钱；[2]在标的额为三两八钱时，笔银为五分；[3]在标的额为二两时，笔银为五分；[4]在标的额为五钱五分时，笔银为三分，[5]等等。又如，在加池寨契约中，在标的额为十两时，笔银为一钱；[6]在标的额为八两时，笔银为一

1　在表3中，不落入表4所归纳的递进区间的契约共计4件，编码分别为D1-003, A-A0038, A-A0047及A-B0014。

2　［澳］唐立、杨有赓、［日］武内房司主编：《贵州苗族林业契约文书汇编》第一卷，A-〇〇〇一。

3　同上，A-〇〇〇二。

4　张应强、王宗勋主编：《清水江文书（第二辑）》第1册，第1页。

5　同上，第2页。

6　张应强、王宗勋主编：《清水江文书（第一辑）》第3册，第5页。

钱；[1] 在标的额为二十二两时，笔银为二钱，[2] 等等。

另外，一个需要进一步考虑的因素是清代当地寨民的数学计算能力。[3] 如果以某一比例计算笔银，则显然需要一个乘除法运算的过程，这在偏远的苗寨似乎并不容易普及。而如果是上述以递进区间分别计算笔银的方式，则不涉及任何数学运算，显然在操作上要更为便捷。

当然，并非清水江畔所有契约中的笔银记载都必然落入表 4 所示的区间之中，但是这一划分起码提供了一个大致的笔银标准。并且更为重要的，这说明在文斗寨及其周边村寨中，笔银的收取并非如内地一样按照标的额的一定比例收取，而所依据的是一定的递进区间。并且，相较于固定比例的模式，递进区间似乎也更易于在实践中进行计算。

三、笔银与中人钱的对比

在清代的契约交易中，笔银与中人钱均属于居间的“中资”。“中资”的概念当指居间人的报酬，包括中人钱及笔银等，并非仅是中人的报酬。代笔人与中人虽有区别，但如果以交易活动第

1 张应强、王宗勋主编：《清水江文书（第一辑）》第 7 册，第 6 页。

2 张应强、王宗勋主编：《清水江文书（第一辑）》第 8 册，第 2 页。

3 关于清水江文书中的数字计算问题，可参见南玫玫：《清水江文书所见伐木分银问题的探讨》，载《锦屏文书与法文化研究》，中国政法大学出版社 2017 年版，第 221—230 页。

三方的交易中间人的宽泛概念来理解“中”的话，代笔亦属于广义上的“中”。

笔银与中人钱二者之间也存在一定的比例关系。在习惯调查中，笔银一般不单列，而是与中人钱一起包含于中资之中。大体来说，中笔之间的比例一般为“中三笔二”，但在不同的地区也略有区别。举例如在湖北，关于“中资”比例的习惯规则如下：

> 郧县习惯：“郧县乡间，亦依卖价五分计算，作为中三笔（即书契人）二分派。”
>
> 广济县：“房屋以契价百分之八，中五笔三；田地以契价百分之五，中三笔二。”
>
> 竹山县：“依契价百分之五，中三笔二。”
>
> 巴东县：“中五笔一。”[1]

另外，陕西南郑县（今南郑区）习惯为：

> “民间置买田宅，议定价值时，须按价值多寡，提出百分之五，以三分酬谢中人，以二分给予代书卖契人。”[2]

虽然中笔比例各异，但总体而言，中人钱的比例均较笔银为高。在一份基于《中国民事习惯调查报告录》及《中国民事习惯大全》制作的“常见的第三方参与人的报酬额度”的统计表中，列举了41处不同地区（自黑龙江至福建各地）的习惯规则，并无任何一

1　法政学社编：《中国民事习惯大全》，第38—39页。

2　同上，第40页。

例代笔所得高于中人所得的情况。[1] 这也符合对中人在交易中之重要程度的一般认识。

如前文所述，在文斗寨注明中人钱的文书中，中人钱占标的额比例的区间为 0.42%—3.45%，这一数字的平均值为 1.69%，略低于笔银的平均占比（1.76%）。但是需要注意的是，在绝大部分的契约中代笔人仅有一位，[2] 却很有可能存在多名中人。如前所论及，中人钱可以由各位中人均得，也有可能所得不一；但若以中人人均所得占标的额的比例计算，则其平均值将降至 1.16%。

一般认为，直接参与交易的中人似乎较代笔人更为重要。如果居间人所得报酬的占比能在一定程度上反映其人在交易中的地位或曰重要性的话，那么以上所显示的较中人钱更高的笔银比例，不仅不符合一般的内地习惯，也与人们对中人和代笔人在契约活动中地位的一般认识有所出入。[3]

当然，此处统计的样本量毕竟较少。但若仔细检视，仅就其中同时记载笔银和中人钱的九件契约而言，笔银多于中人钱的有一件，二者相等的有四件，笔银少于中人钱的有四件，但其中三

1 参见刘高勇：《清代买卖契约研究》，中国政法大学 2008 年博士学位论文，第 96—98 页。

2 关于一个较为特殊的例外情况，参见［澳］唐立、杨有赓、［日］武内房司主编：《贵州苗族林业契约文书汇编（1736—1950 年）》第三卷，E- 〇〇三八。

3 关于中人的情况，参见李祝环：《中国传统民事契约中的中人现象》，《法学研究》1997 年第 6 期；王帅一：《明清时代的“中人”与契约秩序》，《政法论坛》2016 年第 2 期。

件系有多名中人。更为准确的，若以人均所得计，笔银较多的有四件，相等的有三件，而中人人均所得更多的仅有两件。在这两件契约中，其中一件的代笔人与交易当事人有关，即代笔人系交易当事人之子；另外一件中，笔银和中人钱的数额都非常低，仅为一分和五分（三名中人共得）。[1]归总言之，在特定时空限定中，似乎笔银较中人钱持平甚至更高，相对较为常见。

又如，在邻寨平鳌寨的一件契约中，[2]两名中人共得“银二钱”，而代笔人一人“受银三钱”，是人均中人钱的三倍。但值得注意的是，这一数额并非畸高，而是较为合理的数额；该件契约的标的额为二十两，三钱的笔银亦符合前述文斗寨笔银的数额递进区间，即标的额在二三十两时，笔银为两到三钱。

故而，仅据以上分析，总体上相对于内地来说，文斗寨的笔银较中人钱在交易中的占比和数额相对略高或至少比较接近，所体现出的对代笔的重视程度似乎比内地更高。

1　但是，依据图版分析，最后一件契约中，笔银的数额有可能是“一钱”，而非释文所言的“一分”。可惜图版较为模糊不清，无法确证，故表3中仍依释文登录。两件契约，依次参见张应强、王宗勋主编：《清水江文书（第一辑）》第12册，第361页；陈金全、杜万华主编：《贵州文斗寨苗族契约法律文书汇编——姜元泽家藏契约文书》，第3页。

2　该件契约虽属平鳌寨，但交易卖主系文斗寨人，与文斗寨不无关涉。见［澳］唐立、杨有赓、［日］武内房司主编：《贵州苗族林业契约文书汇编》第一卷，A-○○○一。

四、交易费用的负担与支付方式

（一）“中资”的负担

在一次典型的买卖交易中所涉及的至少应有买、卖两方。那么，所需的交易费用（在本章中即指包括中人钱和笔银的“中资”）应当由谁承担呢？或者说，交易费用的负担在交易双方之间应当如何分配呢？[1]

关于笔银及中人钱的负担，在内地买卖契约中，买卖双方的负担比例大略是“买三卖二”。[2]这一比例似乎在某种程度上得到了官方的确认。在一份光绪年间官契的“写契投税章程”中载明：“牙纪行用与中人、代笔等费，准按契价给百分中之五分，买者出三分，卖者出二分。”[3]虽然如此，地区之间的差异仍然存在。如在安徽及福建，相关习惯为：

> 安徽广德、舒城等县习惯：“民间买卖田房，其中资为田房价值百分之五，由买主一方面给付。中人得三分，董事地保得二

1 值得注意的是，这一问题在犹太教的律法《哈拉卡》（*Halakhah*）中也有讨论：如在离婚文书中，应由丈夫支付相应费用；在债务文书中，应由债务人支付代笔费用；在买卖文书中，应由买家支付代笔费用；在订婚和结婚文书中，应由丈夫支付代笔费用；在租佃文书中，应由佃户支付代笔费用；在仲裁文书中，或其他法庭文书中，诉争双方均需要支付代笔费用。参见 Jacob Neusner, *The Halakhah: An Encyclopaedia of the Law of Judaism*, vol. 3 (Leiden: Brill, 2000), 151–152。

2 参见法政学社编：《中国民事习惯大全》，第 38—39 页。

3 张传玺主编：《中国历代契约会编考释》，第 1467 页。

分，代笔人亦有酬谢，多寡不等。”

舒城县习惯：“中人代笔人应得之资金，按契价计算。中人得百分之五，由买主分给，代笔书契人得百分之二，归卖主支付。”[1]

福建顺昌县习惯：“顺邑买卖房屋山田……其报酬费，值百抽五，归买主负担，谓之中书见礼银。”[2]

而在文斗契约文书中，并没有涉及双方负担比例的直接体现。笔银很有可能由请代笔的一方负担，在“两请代笔”[3]的情况下则应为双方共同负担。

更为具体的，前述讨论仅限于“中资”在不同交易主体间的分配，但并未指明仅就笔银而言，其负担规则为何。在某些特定情况之中，笔银似乎并未被纳入“中资”内。如前引述的“代笔人亦有酬谢，多寡不等”，即似乎意味着代笔人的费用并不属于“中资”之一部分。一个可能的解释是，并不是所有的交易均会出现笔银。因为除了代笔的情形，在“亲笔”时则不会存在笔银的问题。在这一情况下，关于“谁应支付费用”的讨论正可以基于“谁无须支付费用”的探查而展开。

如前所述，在内地的田宅买卖中，中资的负担与分配的通例似为“买三卖二”与“中三笔二”。且因为契约的书写本为立契人（卖

1　法政学社编：《中国民事习惯大全》，第40页。

2　同上。

3　如参见［澳］唐立、杨有赓、［日］武内房司主编：《贵州苗族林业契约文书汇编》第一卷，A-〇〇〇二及第二卷，C-〇〇一四。

主）之责，[1] 则上述通例似可折算为，买主负担中人费用（三分），而卖主负担代笔费用（二分）。显然，卖主如自书契约，则无须支付二分笔银，亦即自己可以节省交易的中间费用，换言之，“若契由卖主自书，则此二分即归卖主”。[2]

但需要说明的是，在文斗契约文书的书写中，存在一种被称为“亲代笔”的情形，即契约中的卖主为多人，而代笔人是其中一人。易言之，在此时，对于自己而言，契约的书写者属于“亲笔”；而对于其他卖主而言，契约的书写者自然属于“代笔”，故而称之为“亲代笔”。[3] 在这种特殊情况下，笔银的收取似乎有所区别。

例如一份“山林断卖契”[4] 中，卖主有姜云彩、姜弘文等多人，署名处则注明“亲笔姜弘文艮一钱五分”，且同时注明的中人钱系“二钱”。据表3，一般而言，在仅有一位中人的情况下，中人、代笔的报酬相近。可以推见，在此件契约中，很可能代笔人原本也要收取同中人钱一样的笔银“二钱”，但由于代笔人本人也是

---

1 关于卖主“请代笔”的情形，可参见如“请代笔人朱达源”，见陈金全、杜万华主编：《贵州文斗寨苗族契约法律文书汇编——姜启贵等家藏契约文书》，第345页；又如“请代笔范之伟”，见［澳］唐立、杨有赓、［日］武内房司主编：《贵州苗族林业契约文书汇编》第二卷，B-〇一七九。

2 法政学社编：《中国民事习惯大全》，第40页。

3 如一份“断卖山场杉木约”中，卖主为“加池寨姜世琏、世元二人”，而代表处则写明“亲代笔姜世元”。参见陈金全、杜万华主编：《贵州文斗寨苗族契约法律文书汇编——姜启贵等家藏契约文书》，第312页。

4 ［澳］唐立、杨有赓、［日］武内房司主编：《贵州苗族林业契约文书汇编》第一卷，A-〇〇〇八。

卖主之一，故而最终收取的笔银则较该得略低。

另一份“滕万明等断卖杉木栽手契”[1]中也有类似的情况。在这一交易中，存在四位卖主。该件契约的中人钱为“四钱”，笔银为“三钱”。代笔人署名为“子滕家兴”，这意味着其人当系卖主之一之子。这或许是笔银相较于中人钱而言少一钱的原因：作为卖主的父亲无须向其子支付笔银，或者可以以较低的价银支付。故而，此处所取笔银亦略低。此种现象可以理解为，代笔人仅收取了为其他卖主代笔的费用，而为自己“代笔”（其实即为“亲笔”）的部分则已自扣除了。

以上的例证，首先再次说明了文斗寨的笔银数额与中人钱相近。其次，正因为笔银可以因代笔人与卖主间的特定关系（父子或本为同一人）而获减免，似即可说明在交易中卖主一方为需要负担笔银之一方。

（二）“中资”的支付方式

当然，如前所述，中人和代笔的报酬并不仅限于价银的支付，交易完成后具有一定公示意味的“吃中”宴席也是其中的一部分，或者成立为一种支付方式。[2]有学者提到，“从某种意义上说，举

1　张应强、王宗勋主编：《清水江文书（第一辑）》第12册，第361页。

2　关于契约活动中举办宴席的传统，参见任志强:《传统社会契约的签订仪式探微》,《黄山学院学报》2010年第12卷第2期。另外，关于中人的报酬，有学者提出主要有“银两、宴请和物品三种类型”。参见郭睿君、李琳琦:《清代徽州契约文书所见“中人”报酬》，《中国经济史研究》2016年第6期。

办宴席本身就具有一种仪式的味道，出席宴席的人可以说都具有‘证人’的作用，这对买主获得交易的安全感显然具有重要的意义”[1]。在有的地方，订立合同也通常伴随着宣示性的盛大宴席或演出。[2]

有学者在文斗寨的调查中发现，其时至今日仍保持“吃中”的习俗；与中人一样，代笔人同样是交易的中间人，应当同样参与其中。[3]而在内地亦有“吃割食”的习惯：

> 陕西南郑、栒邑、醴泉等县习惯：“即凡买卖田宅于书契交价之日由买主备席，邀集卖主中人代笔人暨亲邻，到场聚饮之谓。”[4]

关于这些花销的具体记载，可以在前文中提及的一份光绪年间的“请中花销账单”中看到，其中详细载明了数次宴席及购办物什的账目：

> 光绪二十五年十月十六日晚，请中上寨开贤、际春、下寨贤清、永和。付买猪肉四斤，去钱贰钱五十六文。又付买豆腐六件，去钱叁十六文。又付买盐四两，去钱十二文，付买……又付买米

1　刘高勇：《清代买卖契约研究》，中国政法大学2008年博士学位论文，第95页。

2　See Madeleine Zelin, “A Critique of Rights of Property in Prewar China,” in *Contract and Property in Early Modern China,* ed. Madeleine Zelin, Jonathan K. Ocko, and Robert Gardella (Stanford: Stanford University Press, 2004), 25.

3　参见梁聪：《清代清水江下游村寨社会的契约规范与秩序——以文斗苗寨契约文书为中心的研究》，第115页。

4　法政学社编：《中国民事习惯大全》，第34页。

八件，去钱□□□四文。又付买丝烟、清油，一共去钱卅文。又付洋烟贰钱，去钱一百廿文七。共开去钱六两七十六文……[1]

这份账单详尽地记载了在光绪二十五年（1899年）十月十六日、十七日、二十七日和十一月初六日至少四次请中的花销（上引只列举出第一天的请中花销），而且花费数额颇大，四天共花销二十余两，其中项目包括如猪肉、牛肉、米、酒、烟叶、豆腐、油、盐等，所费不菲。显然，除直接支付的中人钱外，请中时举办的酒席和各类物品置办，也是支付中人钱的很重要的一种方式。另外，在有的文书中直接载明“其银一手交足，连酒席一并在内”[2]，显示宴席花销也是交易费用的一个重要组成部分。[3]

最后，关于交易中的中人钱和笔银，值得注意的一个现象是在内地习惯中，存在一人假署两名，兼得中人钱和笔银的情况。如江西赣南各县习惯：

惟作书件之代笔，每又为说合之中人。故有一人而具二名，

1　陈金全、杜万华主编：《贵州文斗寨苗族契约法律文书汇编——姜元泽家藏契约文书》，第570页。

2　罗洪洋搜集整理：《贵州锦屏林契精选（附〈学馆〉）》，载《民间法》第三卷，第510页。该份文书来自锦屏，但并不确定其是否搜集自文斗寨。

3　在2013年10月4日的田野调查访谈中，受访者在回答“中人或代笔人一般收费吗？”的问题时说：“一般都只是服务性，吃餐饭即可。如果是外地老板来文斗买山，走之后，若出事还是由本地人理落，所以老板出钱请提笔人和中人。”这至少可以说明，在当代的习惯遗存中，代笔人的收费并不固定以货币支付，而在一定比例上会以吃中宴席的形式出现。见“附录二：田野调查报告”，何育美：《清代民国时期黔东南文斗寨的林业经济习俗研究》，广西师范大学硕士学位论文2014年，第57页。

> 如作书件之名为赵甲，而作中人之名则为赵乙。其所以具二名者，盖以中人之名义，得中人费，以代笔之名义，得代笔费也。[1]

在文斗契约文书中尚未发现此种情况。在“姜先宗典契”中，其外批部分注明“东道中人钱共银一钱，日后赎田要补”[2]，但在该件契约中，中人姜开元同时兼有代笔人身份，但依据外批的注明，其仅收取一份中人钱，其所得似乎也没有因为身兼代笔而更多。

上述关于“日后赎田要补”的记载，还提示了关于支付笔银的时间节点的问题。即一般而言，交易费用似乎应在交易完成之时即时支付，否则就应在契约中专门加以注明，用以提醒需要负担交易费用者将来支付。又或者，在这一典契之中，正因为“典”的特性在于并非“绝卖”，“赎田”（抑或“绝卖”）之时其实才是此一交易真正完成的时间点，故而约定于其时再支付先前的交易费用也不无道理。

需要说明的是，在一般制度层面的何时支付笔银具有相当的意义。虽然在实践中的时间点可能存在重合，但是在理念上，在契约文书完成之后支付笔银，和在交易完成之后支付笔银，二者是迥然不同的。前者的意义在于证据层面或者物质层面，而后者在于法律层面或者本质层面。其真实意涵在于，代笔人的活动是

---

1 法政学社编：《中国民事习惯大全》，第 26 页。

2 此处意味中资当时并未直接支付，且系东道与中人所共得。另外，因为此处的中人身兼中、笔，故而也将其纳入笔银考察范围。惟契约中指明该项金额系“中人钱”，其中或有笔银之部分，但表 3 中仍依其名所指，而不按笔银处理。参见陈金全、杜万华主编:《贵州文斗寨苗族契约法律文书汇编——姜元泽家藏契约文书》,第 400 页。

仅局限于文书制作，抑或是已经进入契约缔结的实质进程之中。

五、余论

基于文斗寨的材料，关于契约活动中的“中人钱”和“笔银”的若干问题，已得分析如上。概言之，以上主要讨论了作为交易费用的“中资”是否支付、支付多寡、何人支付、如何以及何时支付等问题，并在其中探究了“笔银”与“中人钱”的差异。

契约“前后用费”的问题看起来似乎琐细，但是借由这一琐细问题自逻辑层面的多方位剖析，其完整的制度形态得以展示，建基其上的进一步分析方才可能。比如，通过以文斗寨为例证的清水江流域的习惯制度与内地习惯之间的对比，似乎呈现出在边疆地区，代笔人之重要性或曰地位，相较内地而言远更尊崇的印象。“中人”与“代笔人”，作为契约关系居间之关键角色，双峰并举的形象更为突出。无论是对于契约居间者的职业化描述，还是对于契约书写者之重要性的强调，“前后用费”问题的厘定在其中所可发挥的作用均可称重大。

第四章

价到赎回：典契及其运作

在中国传统契约的众多种类中，“典契”无疑是最受瞩目的契约类别之一。“典契”之所以显得特殊，是因为相较于买卖、租佃、借贷等在一般意义上普遍存在的契约类型，其背后所反映的典制架构，是颇具中国传统特色的制度设计。在一定程度上，它很难在当代其他法律体系中找到完全一致的对应物，但其本身又是在传统中国被广泛使用的制度安排。这些极具传统与现代、东方与西方的“断裂感”的制度事实，使得关于“典”的研究极具学术魅力和价值。

一、典制研究的内在面向

（一）“典”与文斗典制

无论是作为一种契约还是制度，“典”之研究无疑都具有多维度的视角。就民法领域而言，关于“典”的研究随着当年我国《物权法》《民法典》的构想而兴起。这些研究重点关注了两个问题：（1）典权存废问题；（2）典权的性质问题。具体而言，前者直接与我国的《物权法》及后续的《民法典》是否要规定典权制度联系起来。[1]这一方面研究的出发点在于讨论我国民法法典化时代到来时是否要纳入典权制度，并由此衍生出一系列研究成果，包括对传统典制的考察和梳理，以及其与境外相关制度的比较研究。[2]关于后者的讨论，则主要集中在典权究竟是属于用益物权还是担保物权这一经典的争议上，[3]其根本出发点在于寻找典权在当代民法体系中的位置，并伴随着对"典"这一中国的传统制度在现代实证法意义上的理论界定的思考。这在很大程度上是一种更偏于纯粹理论的考量。但归结上述两个方面的讨论，以民法学作为出发点的关于典权的大部分研究，其实都指向某种立法准备。

在立法论的层面之外，"典"作为一种在具体时空中"生发"

1　关于典权存废讨论的相关论文可参见张新宝：《典权废除论》，《法学杂志》2005年第5期；徐洁：《典权存废之我见》，《法学》2007年第4期；王剑锋：《也论典权制度的存废——兼评法工委的物权法征求意见稿相关条款》，《山东省经济管理干部学院学报》2003年第6期；江海波：《中国古代土地"活卖"关系之考释——兼论〈中华人民共和国民法典〉对"典权"制度的取舍》，《武汉理工大学学报（社会科学版）》2004年第6期等。

2　如对韩国的"传贳权"的考察，参见崔吉子：《韩国民法上的传贳权制度与中国典权制度之比较》，《法学》2005年第12期。

3　关于典权性质讨论的论文可参见米健：《典权制度的比较研究——以德国担保用益和法、意不动产质为比较考察对象》，《政法论坛》2001年第4期；陈小君：《我国他物权体系的构建》，《法商研究》2002年第5期；许德平：《典权与不动产质权之比较研究》，《法学论坛》1999年第3期；王明锁：《我国传统典权制度的演变及其在未来民商立法中的改造》，《河南省政法管理干部学院学报》2002年第1期等。

出来的制度设计，与其时空背景难以割离。换言之，除了“立法”的研究角度，还应有更为具体的“历史”的研究角度。故而，对某个具体时空的典之制度的探寻，或许因之也更符合典制本身的意味。这种广阔的背景在典制研究上可以提供一种更深入的视角。文斗寨所留存的契约中存在着相当数量的典契文书，关于这些典契文书的研究不仅属于清水江文书研究的重要部分，对于一般层面上的典契研究也颇具典型意义上的价值。

文斗寨在特定的历史背景下形成了既与一般制度紧密联系，又独具特色的“典”的制度。本章从传统典制的内在面向出发，依据清中后期文斗典契文书，试图初步厘清文斗典制的基本内容。一个基本认知是，文斗典制的基本程式同内地的传统典制处在同一历史框架下，自问亲、凭中、议价，到正式立契，直至回赎或者绝卖、找贴，都与内地典制并无二致。但是，在文斗典制的细部上，却呈现出丰富的本土化色彩，这一特点在移典、典业转卖、不离业的典、共业出典和佃业出典这几种特殊情形中展现尤多。本章尝试通过对文斗典制内在理路的分析，来理解文斗典制中的诸多特殊之处。

（二）典制的内在面向

英国著名法理学家 H. L. A. 哈特在其名著《法律的概念》中，提出了规则的“内在面向”（internal aspect of rules）和“外在面向”（external aspect of rules）的概念，二者的区别在于观察的视角。

所谓“内在面向”，主要意指人们对待规则的态度，其状态是指规则的参与者接受规则，并以其作为衡量自己和他人行为的标准；而“外在面向”，则是以规则之观察者的视角，观察规则在所在社群中的规律性，并仅仅以该规律性所描绘出来的面向。[1]哈特通过这种区分，批评了那种单单注重规则的外在面向的理论，因为这种外在的观点无法合理解释以内在面向看待规则的社群成员所认识的规则。[2]

具体到典制上来，典制本身是生发于中国土地上的规则系统；而在通常意义上的典权制度，则更多地已经过成文法话语的重述，尤其是经历了西方法学术语的重构。[3]而在这种重述的过程中，其必然会和（难以探知但可能存在的）实际情况产生一定程度的，甚至可能是极大的偏差。比如，所谓的“典权”这一概念，意在

1　［英］H. L. A. 哈特：《法律的概念》，许家馨、李冠宜译，台北商周出版2000年版，第XXII页。

2　关于“内在视角”（internal point of view）的讨论，参见Robert Cooter, “The Intrinsic Value of Obeying a Law: Economic Analysis of the Internal Viewpoint,” *Fordham Law Review* 75, no. 3 (2006): 1275–1286。

3　20世纪初英国政府在香港新界地区的土地改革中，完成了西方法学术语对中国传统土地制度的一次重述。英国人号称他们要尊重当地的习惯法（这同他们自己在国内亦重视习惯法不无关联），但是，他们只是在用自己的一套概念和规则来思考和归置当地人的生活秩序。比如，他们自认为已经成功将“一田两主”的土地制度理性化了，但其结果却是使这种习惯法彻底消亡了。其原因或许就在于没能理解这之中的内在理路。关于这种重构活动的事例，可参见赵旭东：《法律与文化：法律人类学研究与中国经验》，北京大学出版社2011年版，第57—60页。

指一种物权（虽然仍有争议），但其中其实暗含了诸多前提、假设。[1]就“典权”这一概念的使用本身，最起码意味着人们已经假定在传统上：（1）“典”是一种“权利”；（2）出典人是拥有所出典土地的“所有权”的；（3）所有权与使用权是可以分离的；等等。然而，其中的某些假定却是难以甚至是无从证明的。用现有概念归置传统制度规范或许会产生某种错位，从不同的角度来看，这种错位或许会带来惊喜的结果，但是必须承认，错位之间的缝隙内暗含着诸多未能得证的“假定”。归根结底，这种从外在的角度对一种特殊共同体之规则的观察很可能只能是外在面向的；相较于内在的视角而言，外在面向的观察或许会出现极大的失真。基于以上，有必要在开头对本章的若干用语作一简短说明。首先，不采用“典权”，而采用“典制”，意为“典之制度”，这是本章的研究对象。其次，关于典之两比，文斗寨常称“典主”“银主”“钱主”等，但用语较混乱，所指不明，即使是在同一时期甚至同一人所写的契约文书中，两比称谓的所指也常混淆。故而，本章统一使用“出典人”和“承典人”的称谓。最后，本章以“业”的概念作为典制描述之关键，比如，所谓“出典人”也即原“典业”之“业主”，典之交易很大程度上也在于“管业地位”之转移。至于其他用语，则尽量依照文斗契约文书或传统典制中的习惯用法。

1　相关论述可参见吴向红：《典之风俗与典之法律——本土视域中的典制渊源》，《福建师范大学学报（哲学社会科学版）》2007 年第 2 期。

本章之目的，在于从传统典制的内在面向出发，主要依据清中后期黔东南文斗典契文书，厘清文斗典制的基本内容，并尝试指出其同内地典制可能存在的区别之处。对于文斗寨这个特殊的共同体，研究者很容易会以外在的视角展开叙述，但是本章试图能更多地注意到其规则的内在面向，以期降低研究的“失真”程度。下文对文斗典制的阐述，将从纵向和横向两个方面展开：首先，纵向上，本章将依照文斗寨一个典型的“典”之运行的时间顺序，对文斗典制的基本程式进行梳理；其次，本章将再从横向上截取其基本程式上的几种特殊情形，进行综合性的考察。希望通过这两个方面的阐释，本章能对文斗典制做一个基本的厘清，展示其基本面貌，并在阐释中呈现出其制度的细部。

二、文斗典制的基本程式

中国传统典制是具有极其鲜明的地域习惯法特色的制度规范。在前南京国民政府司法行政部所作的《民商事习惯调查报告录》中，就收录了大量的典制习惯。[1]然而，在民间习惯法进入国家法话语体系的过程中，会产生一种核心的规范以成就一种标准和普遍的制度。有学者提出了所谓的“正典理

1　参见前南京国民政府司法行政部编印：《民商事习惯调查报告录》，司法行政部1930年印行。

论”，即某种关于典制的重述所“试图逼近的”，其实“是习惯法中最具普遍性的核心规则，即古人所谓的‘正典’”。[1]基于这种考量，基本可以认为，中国历史上第一次[2]以西方现代法律术语重述典制的文献《民国民律草案》，及之后的《中华民国民法》中所规定的典制，是此处所说的一般意义上的典制，即第九百一十一条：“称典权者，谓支付典价，占有他人之不动产而为使用及收益之权。”[3]《中华民国民法》以“物权编”的第八章整章规定了“典权”的相关内容，其条文内容虽然简略，但厘清了典制大致的框架和程序。本章以该处所规定的典制，作为文斗典制参照之标准（“正典”）。所谓“正典”标准，其实是国家法话语在对民间法重述中形成的“典型的民间法”，其之于具体的民间法具有标志意义。借用哈特的概念，所谓的“正典”如同抽象出来的“核心事例”，而又可以因其“开放结构”中丰富的“事例”乃至“边缘事例”来与“核心事例”本身作比较研究。从上述参照标准来看，文斗典制在制度框架上与所谓的“正典”并无二致，但是其在制度的细部中，则有着自己丰富的特色。

需要说明的是，上述参照标准虽然是民国时期的国家法重述，但是这一选择应当在很大程度上不受时代的局限。内地典制发展

1 吴向红：《典之风俗与典之法律》，法律出版社 2009 年版，第 264—313 页。

2 关于此种说法，参见同上，第 90 页。

3 吴经熊校勘：《袖珍六法全书》，会文堂新记书局 1935 年版，第 98—99 页。

到明清时期，其基本制度已经大致稳定，而民国民法典对民间典制的重述，则基本是以清代典制为基础的，这种重述成立了一种上述的“典型的民间法”。《民商事习惯调查报告录》中收录的典制习惯，也体现了自清至民国一以贯之的民间典制习惯；即使从此种层面上说，以民国民法典之典权规则作为参照的“正典”也应成立。[1]

本节在主要考察文斗典契文书的基础上，着力由内在视角，从时间的纵向维度，观察并呈现文斗典制的基本程式。以下择取了典制运行中的五个基本节点作为论述的焦点包括：问亲，凭中，议价，立契，回赎、绝卖（找贴）。而如觅买、丈量、过割等环节则并未专门论及，仅在提及时作简略阐述。

（一）问亲

“亲邻先买”[2]是中国古代土地交易中的一项重要内容，所谓“卖田问邻，成券会邻，古法也”[3]。典作为一种特殊的卖，也有类似的制度安排。这一制度安排最初是作为古代中国的一种民间习惯而存在的，随后又被纳入法律的规制范围，并在实践中为人们所

1　关于我国内地典制的发展沿革，可参见郭建：《典权制度源流考》，社会科学文献出版社2009年版。

2　关于苗族在家族先买方面的习惯，可参见高其才：《礼失野求：礼法的民间样态与传承》，第206页。

3　〔宋〕郑克：《折狱龟鉴译注》，刘俊文译注点校，上海古籍出版社1988年版，第334页。

遵循。[1]

在清朝，政府对待“先尽亲邻”习俗的态度发生了一次转折。雍正三年（1725年），田文镜在河南禁止土地买卖先尽亲邻。这一禁令的主要目的是防止亲邻利用“先尽亲邻”的习俗以低价典买田宅。一方面，这会对田宅的自由流转产生极大阻碍；另一方面，政府更希望禁绝以未尽亲邻为理由请求撤销业已成立的田宅交易的争讼，即：“田园房产为小民性命之依，苟非万不得已，岂肯轻弃。既有急需，应听其觅主典卖，以济燃眉，乃豫省有先尽业主邻亲之说……嗣后不论何人许买，有出价者即系售主。如业主之邻亲告争，按律治罪。”[2]随后，雍正八年（1730年），清政府正式禁止滥用优先购买权，其主要是针对滥用亲邻先买的行为；政府规定，对已绝卖的土地，如有人仍“执产动归原先尽亲邻之说，借端掯勒希图短价者，俱照不应重律治罪”[3]。这项禁令在契约上亦有反映，有学者通过对华北契约文书中通常要写明“已尽过本族地邻，俱无异议”的字眼到只笼统地写上“若有争议，概由卖主承担”的转变，进而得出“‘优先购买权’在近代华北已很少起作用”

1 参见吕丽、潘宇、张姗姗：《中国传统法律制度与文化专论》，华中科技大学出版社2013年版，第127—128页。

2 史建云：《近代华北土地买卖中的几个问题》，载《乡村社会文化与权力结构的变迁》，人民出版社2002年版，第129页。

3 同上。

的结论。[1]

这种转变的体现在文斗寨的卖契和典契上出现了分野。在一份道光十八年（1838 年）的断卖栽手杉木契中提到："今请中先问地主、亲房叔侄，无人承买，自已请中将栽手贰股问到蒋日快大爷名下承买为业。"[2] 这就清晰地表明了问亲（包括地主）先买是一个必经程序。但在文斗典契中，却并未发现"已尽过本族地邻，俱无异议"一类的"亲邻先买"字眼。典契中关于先尽亲邻的语句，较常见如："其田自出典之后，任从典主耕种管业，日后弟兄房族外人不得争论。倘有此情，俱在锡畴（即出典人）上前理落，不干典主之事。"[3] 在文斗典契中，提及"不得争论"的范围一般依次为"弟兄（父子）""房族（房亲、房族弟兄）""外人"。[4] 这更像是一种预防纠纷的加强条款，而非对先买（典）权的强调。如果姑且以现代法律话语类比的话，此种条款类似于合同法上的"权利瑕疵担保制度"。我国《民法典》第六百一十二条规定：

1　史建云：《近代华北土地买卖中的几个问题》，载《乡村社会文化与权力结构的变迁》，第 129 页。而有学者认为这种典契格式的变化"只是表面文章"。见吴向红：《典之风俗与典之法律》，第 28 页。该书对前述观点进行了反驳。

2　梁聪：《清代清水江下游村寨社会的契约规范与秩序——以文斗苗寨契约文书为中心的研究》，第 81—82 页。"请中先问"的语词在文斗卖契中也是偶见。

3　"范锡畴典田契"，见陈金全、杜万华主编：《贵州文斗寨苗族契约法律文书汇编——姜元泽家藏契约文书》第 132 页。

4　这个顺序的原因大致是因为典卖的田地是"弟兄"共有或曾经共有的财产，某一方的典卖最容易引起弟兄间的纠纷。这就是为什么几乎每一份提及"不得争论"的契约都必不可少地提到"弟兄"（自然，本身为弟兄之间的典卖则除外）。"父子"也是这种情况。"房族"和"房族弟兄"（不同于"弟兄"）则和内地以服穷为先买的范围界限类似。

“出卖人就交付的标的物，负有保证第三人对该标的物不享有任何权利的义务，但是法律另有规定的除外。”其内涵在于出卖人需要保证其所出售的标的物的权利无瑕疵，比如不得有其他关联人等嗣后再对标的物主张权利。虽然两种制度所处的时代不同，但是通过这种比较或许能更好地理解文斗典制中这种“先尽亲族”的设计。

这种情况的出现可能有两个原因，一是文斗寨亲族关系密切，典卖本就多在房族之间，[1]故而沟通顺畅而无须先问；二是文斗上下两寨寨民聚居的地域并不大，人口并不多，典卖一类的大事在寨中大概可以达到尽人皆知的程度，[2]如有异议，可以及时提出，因此也无须特别标注先问。这也就是为什么文斗典契中“不得争论”的范围可能未提及邻居，但专门提及了“外人”。另外，大量契约文书（包括典契和卖契）中甚至连“不得争论”的条款都完全未提及。据此可以推断，在清中后期的文斗典制中，即便存在问亲先买的风俗，这种

1　统计显示，在2003年12月底文斗上下两寨共有302户1454人。其中姜姓则有248户，占82%。下寨104户457人中只有易姓3户，李姓1户，其余均为姜姓。在历史上，文斗寨也是一个亲族关系密切的村寨。参见王宗勋：《文斗——看得见历史的村寨》，第20页。另外，据梁聪的统计，从文斗现存的卖契来看，买卖双方同属一房的情况在半数以上，房族内买卖比例之高可见一斑。这种情况同样适用于典当。参见梁聪：《清代清水江下游村寨社会的契约规范与秩序——以文斗苗寨契约文书为中心的研究》，第83页。

2　笔者于2011年3月赴文斗寨时，数小时内笔者进寨的消息已尽人皆知，可窥得文斗寨消息传播之迅捷。

规范也并非作为田宅典当的必要程序而严格存在，或者说并无严格存在之必要。

（二）凭中议价

如前所述，中人在契约活动中有着重要的地位。在文斗寨，几乎每一张典契都是凭中而立的。在典契之中，中人的一个重要作用就是组织三面议价，也即出典人、承典人和中人共议典价。如"姜文浦典田契"："凭中出典与邓大朝名下承典为业，三面议定典价文（纹）银[1]拾叁两整。"[2]

在前述关于"前后用费"的讨论中，曾提及关于"中资"的支付方式。在苗族习惯法中，有"吃中"和"亲房谷"的习俗。所谓"吃中"，即指在田产买卖中，有时可以不立契约，而是"由买主请双方亲族、寨头和中人吃一餐饭"；而"亲房谷"，则是指中人须由买卖双方各送二十斤谷或四、五角钱为酬。[3]在文斗典制中，也存在类似的习俗。在"姜先宗典契"中，出典人为姜先宗，承典人为姜兆龙，凭中、执笔均为姜开元，

1　所谓"纹银"，有学者认为是一种假想的全国性标准银，实际上并不存在，但是各种银两都是根据这种标准计算的。白银熔铸之后逐渐冷却时，会在银锭表面形成细密的纹路，一般认为成色越高，纹路越细，因而称之为"纹银"。成色差的白银因纹路粗大如同水波而称为"水银"，或称"流""花""撒"等。文斗契约文书中常见的"花利""分花"等词当含有此意。可参见彭信威：《中国货币史》，上海人民出版社1958年版，第538页；郭建：《典权制度源流考》，第175页。

2　陈金全、杜万华主编：《贵州文斗寨苗族契约法律文书汇编——姜元泽家藏契约文书》，第53页。

3　参见高其才：《中国少数民族习惯法研究》，清华大学出版社2003年版，第138页。

各方议定典价“银五两五钱”，小字外批道：“东道、中人钱共银一钱，日后赎田要补。”[1]其中转年提及要向东道、中人付费，可见在文斗典制中，或亦存在“吃中”一类的习惯。笔者赴文斗寨调查时（2011年3月）也了解到，寨中处理婚姻家庭矛盾的一种方法，即是组织亲友去闹矛盾的家庭“蹭饭”。原先有矛盾的夫妻由于要合作备宴招待，益以亲友劝和，便易于和好。另外，当地若谁家购置了大件家具，寨里人也会前去要求吃喝一顿。“吃喝蹭饭”在文斗寨中常常发挥着特殊的作用。以上虽是旁论，但或许也可以作为文斗典制之中“吃中”习惯的佐证。

（三）立契

文斗典契有一定的契约格式，同内地的契式[2]并无较大不同。根据笔者收集到的文斗典契，其契式可大致归纳为：

1　陈金全、杜万华主编：《贵州文斗寨苗族契约法律文书汇编——姜元泽家藏契约文书》，第53、400页。

2　关于内地契式，可参见杨国桢：《明清土地契约文书研究》，第23—29页。郭建：《典权制度源流考》，第174—175页。典卖契式如《典卖田地契式》《典卖房屋契式》等。这些契式文书的出现和推行，一定程度上促进了契约文书内容的格式化，减少了契约纠纷的产生，有利于良好秩序的建立。参见张传玺主编：《中国历代契约会编考释》，第589—590页；徐晓光：《清水江流域林业经济法制的历史回溯》，第170页。

立典字人某某，因何缘故，[1]自愿将如何得来之田地几坵，地名某某，四至如何，约谷如何，今凭中出典与某某名下承典为业，三面议定典价若干，亲手收足应用。自出典之后，任凭谁人管业，约定典期有无，价到赎回，弟兄房族外人不得争论，倘有不清，俱在本名理落。恐空口无凭，立此典字存照。

外批：内添、删几字，云云。

凭中　某某

1　无论是文斗典契还是卖契中，大部分都要载明典、卖之缘由，很多情况下只是笼统地说“为因要银用度”或者“为因家中缺少银用，无从得出”之类。但是不可将这些笼统的缘由全然看成套话格式。在文斗姜启贵家藏契约文书中，发现了一封这样的书信（参见陈金全、郭亮主编：《贵州文斗寨苗族契约法律文书汇编——易遵发、姜启成等家藏诉讼文书》，第155页；图版见第165页，引用时调整了部分原释文及句读），很好地解释了典、卖缘由，例如家中“日食不继”而“买米以给饔飧”或者“付来以资燃眉之急”：

诏、熙诸弟青及：

月前廿四日由培亮起身，廿五日抵城，□叨清吉。月之初一日，当堂递禀。万太尊十分认真严追，不日定有差到。但此案在恶等，必不肯归。宜机密，不宜张杨，是为至要！而家间日食不继，我弟可将里丹之田出典，买米以给饔飧，至嘱至嘱！前在培亮发去之信云，所应允拨借之银，至今尚未入手，不知此款可曾靠得着否？曹德丰于月前廿五日抵城，朝夕临寓追索，此债急于星火。我弟竭力去借，或以田出典，得银卅余金，付来以资燃眉之急。俟龙秉震之款领得，再为开销。谅龙秉震之款，纵挨亦不去得几日矣。遇有便人，以熙弟白布帐子付来。此地蚊子比往年非常之多，病疾比年底更甚。家间大小事件，奎、熙弟代为斟酌理之，余容后续。肃此。

敬叩

阖家均吉！

兄登泮手书

四月初三日

代笔 某某
年月日 某某 立

虽然基本契式如上，但是完全符合内中所示全部格式的典契则较少。多数典契相对简约，有的典契连田地来历、四至、是否离业、典期如何都不曾载明。更有甚者，连承典人的姓名也未说明，如在“姜光月典契”中，只说明了出典人、出典事由、地名、典价、管业情况、凭中和代笔，其他内容则一概全无：

> 立典田字人姜光月，为因缺少银用，使用无出，自愿将到地名白堵田大小二坵，出典与名下承典为业，当日凭中议定加（价）银一两五钱正，亲手收用。其田自出典之后，任从典主耕种管业，卖主不得异言。典字是实。

凭中 姜老泰
代笔 姜际恩
道光二十九年五月十九 立[1]

作为一种法律书写，文斗寨实践中的典契书写有时可能会显得过于简略。在当今人们的理解中，这会意味着有大量纠纷的可能。一个可能的解释是，在当时当地的情境中已经有足够的潜在“共识”填补了这些被略去的条款。如前所述，典契在很多时候是在熟人甚至亲族间进行的交易。这种相熟本身就包含了许多无须言明的

1 陈金全、杜万华主编：《贵州文斗寨苗族契约法律文书汇编——姜元泽家藏契约文书》，第418页。

潜在话语，典契的简单也就不难理解了。当然，如上引例子中连承典人的姓名也不曾载明的情况，确实有些令人不可思议。

（四）回赎

典制的一个关键之处在于，相对于绝卖，其所指向的产业是可以回赎的。当然，这种回赎的可能并不是无限期的。故而，“回赎期”或“典期”就成了非常值得考量的一个因素。在文斗典制中，多数未明确约定回赎期和典期的情况，常常只是写明“不拘远近，价到赎回”[1]。在有明确约定的典契中，一般也只约定典期，而不约定回赎期。

所谓“典期”，是指典当关系双方约定的典当关系的存续期间，在此期间内，出典人无权要求回赎典物；典期实质上是对出典人回赎权的一种限制。而“回赎期”，是指出典人可以回赎典物的期限，超过此期限，出典人将丧失回赎权，即一般所说的“逾期不赎，即作绝卖”。[2]当然，这二者的关系让人不易明确分开，因此二者的概念非常容易混淆。申言之，如在某一典田上设立“典期”一年，意味着此一年之内典之关系处于确定状态，出典人无权要求回赎，承典人可以安心承典耕管；而“回赎期”一年，则意味着此一年之内典之关系处于不确定的状态，在此期间内，出

1　陈金全、杜万华主编：《贵州文斗寨苗族契约法律文书汇编——姜元泽家藏契约文书》，第68页。

2　关于壮族习惯中的回赎期限，参见高其才：《礼失野求：礼法的民间样态与传承》，第207—208页。

典人随时可以要求回赎（只要“价到”即可“赎回”），而一年的不稳定期结束之后，典之关系即告终结，其最终结果是出典人丧失回赎权而承典人获得典业。

在文斗典契中约定典期例子，如“姜世官典契”：“限至三年收花之后，不俱（拘）远近，价到赎回。”[1]又如“姜贞祥、胜祥兄弟典契自典之后，任凭银主上田分花三年。我弟兄并房族人等不得异言。如过三年之外，不俱（拘）远近，价到赎回，二比不得异言”[2]。再如前引“姜先宗典契其田限至四年以上，不俱（拘）远近相赎”[3]。在上述例子中都约定了三年或四年的典期，以保证承典人的权益。在典期届期之后，则不拘远近，“价到赎回”。[4]在赎回典业后，契约上有时会批注上某年月日，某某“将价赎回”一类的文字。而有时因为典契丢失，还会专门立一份“收回字”：

> 立收挥（回）字人上寨高保长，情因光绪得典下寨姜世官田贰坵，地名冉翁，价银伍两整，今已用价收回。其有典字失落，固（故）收挥（回）与世官手，日后子孙不得争论。日后清出以为故纸。恐口无凭，自愿立收挥（回）是实为据。
>
> 凭中　高友贵
>
> 代笔　潘继宗

1　陈金全、杜万华主编：《贵州文斗寨苗族契约法律文书汇编——姜元泽家藏契约文书》，第 499 页。

2　同上，第 493 页。

3　同上。

4　参见同上，第 511 页。

宣统元年前二月卅日　高老龙亲押　立[1]

在上引文书中，高保长在光绪年间典得的姜世官之田，已经用价银五两赎回。但是因为“典字失落”，故而订立了这一份“收回字”以为凭证。上述记载也直接反映了典业回赎的过程。

（五）绝卖（找贴）

典制中的“找贴”是将典之产业推向“绝卖”的重要环节。所谓“找贴”，又称找价、增找、增洗、加价等，是指出典人如不想回赎典业，可以选择将典业卖断，而由承典人再次支付一定的价金买断典业的操作。因为一般而言，出典时出典人处于急需用钱的状态，所以典价会低于典业的市价，故而找贴行为的实质是补足市价，以作绝卖。在内地典制习俗中，找贴一般没有次数限制，可重复找贴。当然，反复找贴会造成典业归属状态持续不稳定。嗣后，政府则对重复找贴作了严格限制，如《中华民国民法》第九百二十六条规定：“出典人于典权存续中表示让与其典物之所有权与典权人者，得按照时价找贴，取得典物所有权。前项找贴，以一次为限。”[2]针对某一典业的最后一次找贴，则相当于最终消除了回赎之可能而成就绝卖，故而有时亦可称作“找贴作绝”。有学者认为，从

1　陈金全、杜万华主编：《贵州文斗寨苗族契约法律文书汇编——姜元泽家藏契约文书》，第573页。

2　吴经熊校勘：《袖珍六法全书》，第99页。

严格的法律概念来理解，找贴行为就是绝卖过程的开始。[1]

关于文斗典制中的找贴绝卖制度，有学者提到“在文斗现存的契约中……至于内地契约中找价、增洗之类的风俗，更没有发现”[2]。并且将这种差异归因于“苗族习惯法的质朴和重信守诺，认为既然卖契中已经把交易双方的权利义务写清楚了，那么卖方想要反悔或找价的要求是很难获得社会认可的”[3]。或者推测说或许是“因为文斗与内地接触时间并不长久，内地交易中的这一习惯尚未在文斗形成”[4]。当然，关于这一现象的具体研究还需要在更多资料的基础上进一步开展。

另外，在苗族债权习惯中，尚有“卖田不卖坎”的习惯，即“在田产出卖后的第一年秋收时，买主按习惯规范一般要按卖价每两银子（或每块银元）折送10斤谷给卖主，作为‘补买田坎’”。此外，“买主还得按买得田的坵数，每坵另送20—30斤谷给卖主，表示‘关怀’”。某种程度上，这也无异于一种田产出卖之后的“找

1 参见吴向红：《典之风俗与典之法律》，第35页。关于重复找贴，可参见郭建：《典权制度源流考》，第188、217页。

2 梁聪：《清代清水江下游村寨社会的契约规范与秩序——以文斗苗寨契约文书为中心的研究》，第69页。

3 罗洪洋：《清代黔东南锦屏人工林业种财产关系的法律分析》，云南大学出版社2006年版，第32页。转引自梁聪：《清代清水江下游村寨社会的契约规范与秩序——以文斗苗寨契约文书为中心的研究》，第69页。

4 梁聪：《清代清水江下游村寨社会的契约规范与秩序——以文斗苗寨契约文书为中心的研究》，第70页。同时该书作者表明，“这只是笔者的推测，有待进一步的研究”。

贴”行为。[1]

在内地的典制风俗中，专门有“找契”一说，即为找贴行为专门订立的契约，并一般会提到原典契。在锦屏县的加池寨中，可以发现涉及找贴的契约，虽然不是出现在文斗寨中，但可为佐证：

立老典田字人龙家琳，为因银用无出，今将先年得典瑶光河口姚伟堂加什之田地名格料大田一坵，约谷十四石，上平世爵田，下抵之谟田，右抵世培田，左抵水沟。又将土名冉腊田一坵，约谷三石，上平世爵，下抵之豪田，左抵干埂世爵之田，右抵水沟，四至分明。凭中出加典与姜恩瑞名下承典为业。当日凭中言定先年典过价银二十四两。今又加典价艮伍十三两伍钱，二共合艮七十七两伍钱，亲手收足。其田自典之后，恁从艮主耕种管业，典主不得赎取之理。恐口无凭，立此典字存照。

凭中　姜之斌、如玉

同治十年九月十八日　亲笔　立[2]

在文斗寨的契约中暂未发现独立的“找契”。但是，如果将某些零散的典契和卖契联系起来看，可能可以发现其中的端倪，可以综合解释出找贴作绝的情形。这似乎可以说明，这种找贴绝卖的制度其实是存在的。如“姜文甫典田契”和“姜文甫卖田契”，兹录于下：

1　参见高其才：《礼失野求：礼法的民间样态与传承》，第 206 页。

2　王宗勋：《清代清水江中下游林区的土地契约关系》，《原生态民族文化学刊》2009 年第 3 期。

立典田约人中房姜文甫，为因家下缺少银用，无出，自愿将到祖田坐落地名眼翁大田壹坵，凭中出典与邓大朝名下承典为业。三面议定典价文（纹）银拾叁两整，亲手领回应用。其田不俱（拘）远近，价到赎回，不得异言。恐口无凭，立此典约存照。

立典田人 姜文甫

凭中 姜岩生

代笔 曹辰周

乾隆五十九年十二月十四日 立

立断卖田约人中房姜文甫，为因家中缺少银用，无从得出，自愿将到祖田壹坵，坐落土名眼翁大田一坵，凭中出卖与邓大朝名下承买为业。凭中议定断价银拾陆两整，亲手领回应用。其田自卖之后，任凭买主耕种管业，卖主兄弟不得异言。恐后无凭，立此断卖远永存照。

外批：此田因正粮壹分正。[1]

代笔 姜廷瑜

凭中 姜德占

嘉庆二年二月十九日 立[2]

---

1 “此田因正粮壹分正”中“因”应为“应”，“正”或通“征”。在文斗典制中，典当交易不须交割税负，税负尚由典业原主承担，而田地买卖则须说明赋税情况，买卖成立之后，原主离业同时税负由买主承担。这份契约正说明了这种情况，此种行为称之为“过割”。另外，值得说明的是，该契纸上加盖有印鉴四方（其中两方各半）。

2 陈金全、杜万华主编：《贵州文斗寨苗族契约法律文书汇编——姜元泽家藏契约文书》，第 53、57 页。

按照内地的习俗，[1]绝卖时需要另立一契，以示典契之完结，并作为绝卖本身的凭证。以上一张典田契、一张卖田契，结合起来看，正好符合这种习俗。两契所指都是姜文甫的一坵叫作“眼翁”的祖田。契约双方当事人都是姜文甫与邓大朝。立契时间分别为乾隆五十九年（1794 年）十二月十四日和嘉庆二年（1797 年）二月十九日，中间只相隔两年多。典契约定的典价为 13 两纹银，卖契约定的卖价为 16 两。据以上信息可以推断出，应是姜文甫先于乾隆五十九年将“眼翁”祖田一块典与邓大朝，得银 13 两（典价远低于绝卖市价），两年多后姜文甫决定放弃回赎，将此田找贴作绝，于是与邓大朝再订立卖田契，得银 16 两（据此则其田原先市价当在 29 两以上），完成过割，最终完成了一次由典到绝卖的过程。

“回赎”和“绝卖”是典制程式运行终止的两个节点。前者在通过了漫长的不稳定状态之后，又最终回到了典制运行前的初始管业状态，完成了“回复”的使命；而后者则通过典业管业地位之变易，最终成为典制这套程式运行的终点。

三、文斗典制的特殊情形

以上从纵向维度对文斗典制的基本程式做了梳理，以下则将对文斗典制中的几种特殊情形，做一个横向切片式的考察。

1　参见吴向红：《典之风俗与典之法律》，第 38 页。

（一）移典（转典）

《中华民国民法》的第九百一十五条至第九百一十七条是关于转典的规定。第九百一十五条："典权存续中，典权人得将典物转典或出租于他人。但契约另有订定或另有习惯者，依其订定或习惯。典权定有期限者，其转典或租赁之期限不得逾原典权之期限，未定期限者，其转典或租赁，不得定有期限。转典之典价，不得超过原典价。"第九百一十六条："典权人对于典物因转典或出租所受之损害，负赔偿责任。"第九百一十七条："典权人得将典权让与他人。前项受让人对于出典人取得与典权人同一之权利。"[1]上述规定中提到，转典问题涉及"契约另有订定或另有习惯者"的时候，"依其订定或习惯"，可见转典问题的多样性和复杂性。

根据研究者的考察，"从保存至今的清代民间转典契约来看，在当时的民间习惯上，转典需要原出典人会同立契，而且转典的典期一般都比较短暂"[2]。但具体到文斗转典制度中，原承典人之转典行为似乎无须会同业主（原出典人）立契，即无须征得业主之同意。在原承典人转典之后，转典之承典人（新承典人）完全取代原承典人在此典之关系中的地位，而为管业、回赎、找贴绝卖等行为。

如以下的"邓有训典田契"：

1 吴经熊校勘：《袖珍六法全书》，第98页。

2 郭建：《典权制度源流考》，第208页。

立典田约人邓有训，为因先年得典岩湾范老目田一坂，地名南湾，今凭中转典与文斗下寨姜映辉□叔名下承典为业。当管典价银拾伍两整，亲手领回。其田自典之后，任从姜姓招人耕种管业，邓姓不得异言。恐后无凭，立典字为据。

外批：日后赎取向姜姓赎，不干邓姓之事。

凭中 潘绍祥、张正全、姜□□

道光二年二月十九日 有训亲笔 立[1]

这份契约交代了转典田的“来历”[2]，即“先年得典岩湾范老目田一坵，地名南湾”。然而，“范老目”本身却并未出现在这次立契活动中；也就是说，原承典人之转典行为并未会同业主立契。外批里写道：“日后赎取向姜姓赎，不干邓姓之事。”此一规定意味着姜映辉完全取代了邓有训作为承典人的地位，邓有训从此一典之关系中完整地抽身而退，其所需负担的唯一一项（消极）义务是“邓姓不得异言”。这一规定在有的转典契里写作：

1 陈金全、杜万华主编：《贵州文斗寨苗族契约法律文书汇编——姜元泽家藏契约文书》，第 214 页。

2 根据日本学者寺田浩明的解释，“来历”，即“管业来历”，是“管业秩序”的基础，即是一种通过将己身以及己身的“前手”如何合法正当地取得管业地位的前后经过向社会表明的态度和状态。整个典和卖的制度秩序都是基于此展开的。基于这个分析，就可以理解为什么几乎所有的典契或卖契的开头都要阐明田宅所从来了。关于“来历”，可参见［日］寺田浩明：《权利与冤抑——清代听讼和民众的民事法秩序》，载［日］滋贺秀三等：《明清时期的民事审判与民间契约》，王亚新等编译，第 199—201 页。

“倘有不清，俱在我移典主尚（上）理落，不关银主之事。”[1]这种关于转典人义务的条款，也类似于上文在“问亲”一节中讨论过的一种近似权利瑕疵担保的加强条款。

文斗移典行为的目的，有时并不是典契中常说的所谓的“为因要银用度”，而是给典业绝卖做铺垫。如以下这两份契约：

> 立典田自字人姜开智，为因要银用度，无处得出，自愿到将先年得买典姜开杰之田一坵，地名从忧，今移典与姜兆龙名下承典为业。当日凭中议定典价银叁两正，亲手领回应用，其田自典之后，任凭典主耕种管业。恐口无凭，立此典契存照。
>
> 外批：其典之后，限□□□[2]年价[3]到赎回。
>
> 内添三字□三字。
>
> 凭忠（中） 引乔
>
> 咸丰陆年十一月廿九日 亲笔 立

1 陈金全、杜万华主编：《贵州文斗寨苗族契约法律文书汇编——姜元泽家藏契约文书》，第511页。

2 原整理者的释文表示此处有无法识别的三个字，有学者表示“‘限’与‘年’之间并没有三个字，而仅仅只有一个‘丰’字，即‘限丰年价到赎回’”。见张强：《清代民国清水江流域民间“典当”：基于“清水江文书”的考察》，《原生态民族文化学刊》2019年第2期。由于《贵州文斗寨苗族契约法律文书汇编——姜元泽家藏契约文书》一书所附的图片稍嫌模糊，笔者也并未亲眼得见原契或更清晰的照片版本。但是依据目前的照片来看，该处似乎有纸张褶皱，展开之后或许有更多文字亦未可知，故而仍依据原整理者之判断，将其标注为三个无法识别的文字，以待后续确认或订正。

3 原整理文字为“后”，对照图版及文义勘校应为“价”，据改。

立断卖田约人姜开杰，为因要银使用，无处得出，自愿将到祖父所遗田一[1]坵，地名从忧，今将请中出卖与姜兆龙名下承买为业。当日凭中议定价银叁两陆钱九分，亲手领回应用，其田自卖之后，任凭买制耕种管业，卖主弟兄不得异言。今恐无凭，立此断卖。

外批：其田界趾（至）上凭坡脚，下凭卖主，左凭水沟，右凭水沟，四至分明，逐年帮粮钱廿八文。

凭中 姜引乔

代笔 开智

咸丰陆年十贰月初二日 立[2]

此处，可以先按照时间顺序厘清这两份契约所反映的事实：首先，先年，姜开杰将典田“从忧”出典与姜开智；其后，咸丰六年（1856年）十一月二十九日，承典人姜开智将典田“移典”与姜兆龙，得银三两正；随后，仅几天后，十二月初二日，出典人（业主）姜开杰将原典田断卖与新承典人（移典主）姜兆龙，得银三两六钱九分。另外需要注意的是，转典与断卖两份契约文书中，所记载的凭中均为姜引乔，同时两份契约的书写者也均为姜开智（转典契系姜开智亲笔，断卖契是姜开智代笔所写）。简言之，这两份仅仅相隔几天的契约的中间人完全一致。从咸丰六

1 原整理文字为“贰”，因上下两契均为姜开智所写，对照图版笔迹及文义勘校应为“乙”（即“一”），据改。

2 陈金全、杜万华主编：《贵州文斗寨苗族契约法律文书汇编——姜元泽家藏契约文书》，第428页。

年十一月二十九日到十二月初二日，在记载上的数日之内，相关当事人就经由两份契约完成了典业由转典到绝卖的全过程。另外，在转典契中还外批注明了“限□□□年价到赎回”的条款。在前文关于“回赎”的讨论中提到，文斗典制中极少约定回赎期，而一般只约定典期。此处的外批条款，虽然存在缺字，但有可能是关于回赎期约定，即若干年内可以“价到赎回”。综合以上的分析，可以得出结论，就这两份契约的签订，转典契很可能只是为断卖契做的铺垫而已。

姜兆龙和姜开杰之间要达成买卖田产的交易固然可以（关于典业转卖的问题在下一节会专门论及），但是这种典业买卖的问题在于交易达成之后原承典人依然管业，买主无法达到立即管业的目的。此时有两个解决方案：一是在业主（卖主）与买主达成买卖交易之后，买主再去向原承典人回赎典业；二是买主先与原承典人完成转典，使买主取代原承典人的地位成为新的承典人，再向业主（卖主）寻求绝卖。姜兆龙和姜开杰之间显然选择了后者。其原因可能是因为前者存在典期的问题，即若原典未约定典期（一般均未约定），则无所妨碍；若原典约定了一定期限的典期（这大概也就是为什么上引转典契要专门在外批中重新约定回赎期的原因），则买主的典田买卖只是取代了原出典人的地位而已，仍需受原典典期的约束，无法立即完成典业的回赎，故而不能达到立即管业的目的。但是由上引转典契来看，在采取后一种方法时，转典可以对原典进行重新约定，相当于一个典业不变的新典，可以突破原典典期的约定，重新约定典期或者回赎期，从而达到买主立即管业的目的。所以，在人员组成基本一致，时间又相隔很近的情况下，业主、原承典人、买主三方，通过先后的转典和找贴断卖，完成了一次典业的买卖。当然，并不是说所有的转典都意味着随后的典卖转卖，但可以发现，文斗转典制度在典业买卖中也发挥着重要的作用。

有学者曾撰文指正这一论断，将“移典与断卖两契相隔这么近”的原因解释为“仅仅是巧合”。[1] 在感谢该文注意到此一论断之外，该文的有些相关叙述似乎仍有尚待厘清之处。如该文称，外批中缺字的条款应补足为“限丰年价到赎回”，并且，“‘丰年’意味着姜兆龙要保障自己的收益”，认为“这儿依然是典期约定”。然而，须知约定典期乃是在保证承典人的利益，并在一定程度上限制典业转卖。且不说“丰年”的用法是否符合当地当时的一般契约语言，如果姜兆龙确实要以承典人的身份耕管该田直到所谓的“丰年”的话，又有何必要在数天之后即直接购入该田？显然，从后续的行为来看，姜兆龙并非是想仅以承典人的身份占有该项产业的。这一行为相当于，某人专门订立条款保障自己作为承典人的利益，且这一保障体现为对典业转卖的限制；而几天后，某人自己打破这一保障条款，完成了典业转卖，作为买主的自己侵害了作为承典人的自己的利益。这种解释当然是矛盾的。又如，

1　参见张强：《清代民国清水江流域民间“典当”：基于“清水江文书”的考察》，《原生态民族文化学刊》2019 年第 2 期。

该文所提出的另一个假设是，“原典主姜开智即使放弃回赎也得1个月后，而断卖契订于十二月初二日，依然受制于移典的回赎期，达不到‘立即管业’之目的”。需要明确的是，姜开智只是该田的“原承典人”，此时的“新承典人”是姜兆龙。但是，是否行使回赎的权利，并不在于姜开智也不在于姜兆龙，而是在于出典人姜开杰。故而，根本无所谓“原典主姜开智即使放弃回赎也得1个月后”。另外，出典人又在数天后以明确的绝卖行为表示了其并不试图回赎。因而，上述假设其实并不成立。当然，永远存在“巧合”的可能；但如果希望以一种非“巧合”的逻辑来解释上述事实的话，则有必要找寻一些事实之间的潜在联系。需要再次强调的是，这一操作所欲摆脱的可能是“典期”的束缚。即，即使出典人与新的购买者达成合意出卖典业，但是如果当时的承典人对此不表示同意，且有其先约定的“典期”的保护的话，那么新的购买者即使支付相关价金，也无法立刻管业，而必须嗣“典期”结束后才可以亲自管业。然而，“回赎期”则无此限制的效力。因为回赎与否全在出典人，在其同意时完全可以在回赎期满前进行回赎（这也是回赎期设计的本意），只要其与购买者达成合意，即可以完成交易。稍再赘言二者的区别，在于“典期”限制的是某一期间内无法干预和改变（典之）状态，而“回赎期”意在某一期间外无法干预和改变（绝卖的）状态。

（二）典业转卖

已出典之业在文斗寨的基本典制程式之下，要么由出典人回赎，要么由承典人找贴绝卖，而其中的特殊情形在于出典人和承典人地位的转让变更。转典意味着承典人的地位变更，而典业转卖则意味着出典人的地位变更。

《中华民国民法》规定了典业转卖，并规定了承典人对转卖典业的先买权。第九百一十八条："出典人于典权设定后，得将典物之所有权，让与他人。典权人对于前项受让人，仍有同一之权利。"第九百一十九条："出典人将典物之所有权让与他人时，如典权人声明提出同一之价额留买者，出典人非有正当理由，不得拒绝。"[1]在文斗典制中，典业转卖意味着买主完全取代原出典人在此典之关系中的地位，而为回赎、找贴绝卖或者管业等行为。如这份文书：

> 新（先）年此田典与相开[2]之银三两二钱已（一）分，任从买主姜绍齐、钟齐、钟太续（赎）早续（赎）辞（迟），我卖主弟兄房族不得异言。立此清挥是实。
>
> 本洪　清（亲）笔[3]

从以上文书可得知，姜本洪先将田业出典与姜相开，后又将其卖与买主姜绍齐、姜钟齐、姜钟太，并载明买主何时回赎不限("续

1　吴经熊校勘：《袖珍六法全书》，第98页。

2　相开，即承典人姜相开。

3　陈金全、杜万华主编：《贵州文斗寨苗族契约法律文书汇编——姜元泽家藏契约文书》，第565页。

早续辞”），即已经完全赋予买主出典人之地位。

又如“龙香蔼典田契”和“龙香蔼卖田契”：

> 立典田约人龙香蔼，今因家下缺少银用，情愿将到土名鸠周田一址，在姜士昌之坎下，凭中出典与邓大朝兄名下承典为业。当日凭中议定典价银五两七钱正，亲手收回应用。其田凭从典主招人耕种管业，香蔼不得异言。不拘远近，价到赎回。恐口无凭，立此典约存照。
>
> 凭中　姜廷瑜、绍魁
>
> 代笔　姜廷望
>
> 嘉庆七年五月二十日　立典[1]

> 立断卖田约人上寨龙香蔼，为因要钱用度，无出，自愿将先年得买本房姜光周之田一坵，地名鸠休，[2]姜士昌下坎，请中出断与下寨姜映辉名下承买为业。凭中议定价银拾壹两正，亲手领用。其田任凭买主耕种管业，卖主房族弟兄并外人不得异言。如有来历不明，卖主理落，不干买主之事。恐后无凭，立此断约存照。
>
> 凭中　吴映陆
>
> 代笔　姜廷魁
>
> 嘉庆七年六月初三日　立

1　陈金全、杜万华主编：《贵州文斗寨苗族契约法律文书汇编——姜元泽家藏契约文书》，第70—71页。

2　典契所指之田地名为“鸠周”，卖契所指之田地名“鸠休”。盖文斗地名多依苗语，二契代笔之人不同，地名即有可能写成不同的汉字。但读音一般相近，如文斗，亦作文堵。况两契均言明其田“在姜士昌之坎下”“姜士昌下坎”，应系一田。

在上引二契中，龙香蔼将田业先典后卖，典契价金五两七钱，卖契价金十一两正。前者立于嘉庆七年（1802 年）五月二十日，后者立于嘉庆七年六月初三日，前后相距仅仅十余天，而价银却约涨了一倍。可以推断出的是，龙香蔼或急需银用，故而意图断卖田业得银，而邓大朝或只愿意典买，故言明系“招人耕种管业”，姜映辉则愿意出银断买。又或者，龙香蔼在十余天内发生了财务状况的巨大变化，故而亟须彻底出售田业以获取价银；但邓大朝似乎更关注耕种管业，而并不愿意买断田产。从上引二契的年代前后来看，邓大朝当时家业兴旺，正在广置田产，其在各类典契、断卖契中都以买主的身份出现，直到后期才家道渐落，开始出卖田产；而姜映辉则一直作为一方望氏的身份出现。无论契约背后的具体故事为何，可以确知的是，在上述情况下，龙香蔼通过十几天内先典后卖的方式取得其田业的全部价金。在中国古代土地二元所有制的理论框架下，可以看作是龙香蔼先后出卖了其田业的田面权和田底权，为此两种权益找到了不同的买家，进而“出清”了自己的田业。故而，典业转卖制度同转典制度一样，在有的情况下也可以更好地将“典”最终推向“断卖”。

（三）不离业（上租谷）的典

典业自典之后，业主（出典人）“离业”几乎是每朝官府法令所强制的。所谓“离业”，即业主在典业出典之后，离开典业、不再管业。其原因在于业主不离业所带来的赋税上的麻烦。《中华民国民法》虽然没有明确规定业主离业的事项，但是其对“典权”

的定义“称典权者，谓支付典价，占有他人之不动产，而为使用及收益之权”也间接说明了对业主离业而由承典人管业的要求。

但是在文斗典制中，存在大量不离业的典：

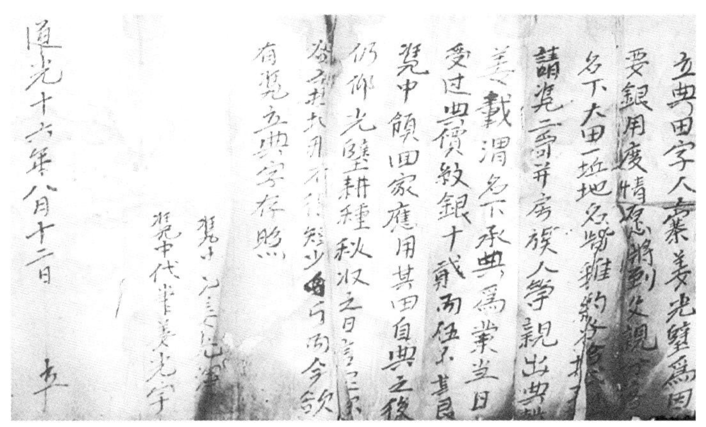

图 6　文斗寨范二妹家藏典契一[1]

立典田字人上寨姜光壁，为因要银用度，情愿将到父亲分落名下大田一坵，地名皆□，约谷拾弍担，请凭二□并房族人等，亲出典与姜载渭名下承典为业。当日受过典价纹银十贰两伍钱，其良（银）凭中领回家应用。其田自典之后，仍仰光壁耕种。秋收之日，言定称谷六担抵利，不得短少斤两。今欲有凭，立典字存照。

凭中　兄　姜光浑

凭中代笔　姜光宇

1　本契系笔者据 2011 年 3 月于文斗寨搜集之范二妹家藏契约文书整理。

道光十六年八月十二日　立

这里姜光璧将典业出典之后，却和承典人约定典业“仍仰光璧耕种”，并且“秋收之日，言定称谷六担抵利，不得短少斤两。”这类似的约定又如，“外批：其田元（原）主耕种，见十大朝[1]多收一挐，二股均分”[2]；“其田自典之后，每年上租谷叁担陆斤，不得短少”[3]；“其有每年称谷九石，每石九十斤，年年称足，不得斤两短少”[4]。

这同在“正典”意义上认同的“典权”概念完全相悖。在“正典”意义上，典权人通过支付典价得到的是不动产的占有、使用、收益的权利（能），而不离业的典则出现了“典权人”支付典价之后既不能占有，也不能使用不动产的情况，唯一的收益是可以每年取得一定比例或者约定数量的收成租谷。

这种不离业的典类似于一种由“典”转“佃”的形式，即原业主出典典业之后就似乎成了承典人的“佃户”，需要按年上租谷。但是，其中还是存在区别的，因为典业的来历并非由承典人的管业让与，而相当于“自己给自己打工”。从融资借款的角度来看，不离业的典还可以理解为出典人通过出典提供给承典人一定的“抵

1　大朝，即上引典契中之邓大朝。此句的意思为邓大朝在逢十收一之外二股均分，即其田的收成中，出典人得45%，承典人（邓大朝）得55%。

2　陈金全、杜万华主编：《贵州文斗寨苗族契约法律文书汇编——姜元泽家藏契约文书》，第59页。

3　同上，第396页。

4　同上，第95页。

押”，并因而获得一笔融资或借款（即“典价”），而出典人通过上租谷“抵利”。

此处，还可以按照田面、田底的土地二元形态来解释。出典人保留田底，而将田面做一个二分，一部分让与承典人（这就是为什么承典人会向出典人支付典价而出典人向承典人支付租谷），另一部分仍然由自己管业。另外，从永佃权的角度来看，有学者认为永佃权中“大租”“小租”的情形与不离业的典相似。[1]“大租”“小租”可以用以下图示来解释：

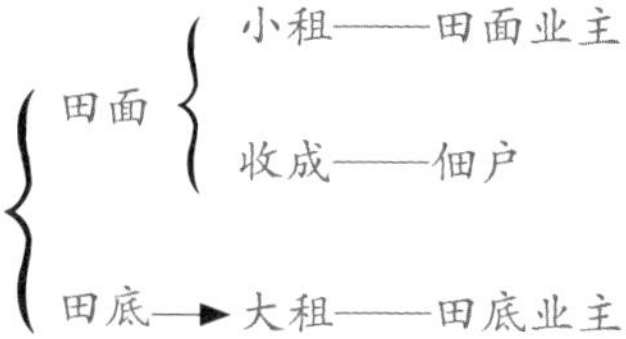

田面：小租——田面业主；收成——佃户
田底→大租——田底业主

图7　田面、田底示意图

但是实际上，承典人管业的内容与“大租”不同，不离业的典的承典人相当于只收取“小租”，而出典人（业主）基于其田底业主的地位和田面业主二分后的地位，收取上图中的收成和“大租”。

总体来说，不离业的典相当于一个不完整的“典”，即并没有将完整的田面转让给承典人的典。这其实是在出典人仍想在典

1　有学者认为，原业主仍在地面管业，承典人则负责收租，此种情况下承典人管业的内容同大租“并无不同”。见吴向红：《典之风俗与典之法律》，第82页。

业上耕种管业，同时承典人也无力或无意愿亲自管业时，交易双方一拍即合的产物。这是文斗典制中基于自身的交易要求，产生于典制中的特殊情形。

（四）共业出典

在共有关系中，人们施以特别注意的常有两点：一是共有人能否处分其所有部分；二是共有人在处分其所有的部分时，是否需要征得其他共有人的同意。在文斗典制中，以共业出典的主要包括两种情况：以共田出典和以杉木股出典。

1. 共田出典

涉及共田出典的典契，有如“姜盛祥典契”：

> 立典田字人姜盛祥，情因缺少银用，无处得出，自愿将到名下占之共田，今将名下出典与姜登沅、登廷贰人名下承典为业。当面议定价银贰两整，亲手收回应用。自典之后，任凭银主下田分花，典主不得异言。今欲有凭，立此典田为据。
>
> 此田地名冉翁。
>
> 凭中、代笔 世官、世臣
>
> 宣统元年前二月十三日 立[1]

由上引典契可以推断，共有人可以将自己名下的部分田业（“名下占之共田”）单独出典。并且，在上引典契中，并未专门载明

1 陈金全、杜万华主编：《贵州文斗寨苗族契约法律文书汇编——姜元泽家藏契约文书》，第506页。

其他共有人的意见。甚至，典契中并没有明确地指出已身所占共田的四至界至为何，只是在最后提到共田地名为“冉翁”。一个猜测是，这大致是因为文斗契约文书中有一种“分合同”，是在分家析产时载明个人名下所有份额的文书，这种文书中的相关记载一般极为详尽。此份典契中载明了“姜盛祥名下”，即可据此查得其名下为何，而无须在典契中赘述。

2. 杉木股出典（当）

作为一个林业繁盛的村寨，山场、林场在文斗寨的地位自不待言。“杉木股”是指共有人在林场木植上所占有的股份。[1]这些股份意味着，等到林木长成发卖之时，股份所有人可以凭借其股份，就林木出卖所获银钱获得相应的分成。于是，杉木股便很自然地成了典之对象：

> 立借当字人范宗尧，今因要银无出，自愿将到嫂姜氏福香所受夫杉木三块，一块地名翻到，此木八股均分，本名占一股；一块地名卧谷，八股，本名占一股；又一处地名引补两，此木四股均分，本名占一股。今将此三处木植出典兄姜映辉，本银壹拾两整，亲手收回应用，其木自当之后，不俱远近卖托，将银照月相还，

1　已经有学者注意到了文斗寨的这种股份所有制，他们认为在遥远的文斗寨，合伙关系结构的形成也同样是源于统一的书面契约的使用、国家法律的支持和同内地一样的股份所有制等。参见 David Faure and Helen F. Siu, “The Original Translocal Society and Its Modern Fate: Historical and Post-Reform South China,” in *Translocal China: Linkages, Identities and the Reimagining of Space*, ed. Tim Oakes and Louisa Schein (London and New York: Routledge, 2006), 36–55。

不得有误，如有另情，凭从银主管业，今恐无凭，立此当木为据。

外批：引补两之木四有一股当典与李先和名下，未有赎清，亲笔外批是实。

凭中 范继尧

嘉庆二十四年八月二十四日 立[1]

在具体分析上引契约之前，还需赘言几句关于这份“借当字”与“典字”的关系。虽然这份契约的形式是“借当字”，但是从内容上来看，其与“典字”基本无异。况且，在契约中提到“今将此三处木植出典兄姜映辉”及“引补两之木四有一股当典与李先和名下”，可见此处“典”“当”二概念的使用，似乎并无二致。关于文斗寨的“借当字”，其实包括了“借字”“当字”与“借当字”三种契约形式，但是在实际运用中，三者的混用情况极多。如果需要厘清三者，则可以大致如此区分：（1）“借字”属于纯粹的借贷关系，只证明借款事实，并约定利息和还款期限，并无关于债务担保的约定；（2）“当字”和“借当字”都有债务关系和债务担保两个层面，并且担保物较为多样，通常以田地、杉木股、房屋甚至猪等牲畜作为担保物；（3）“当字”与“借当字”的区别在于，“当字”是基于债的担保，因为有债才有当，而“借当字”是基于“当物”的债，因为有当才能举债，即“指物作当”。但是必须说明的是，以上的归纳仅仅是对文斗典契文书中“借字”“当

1 罗洪洋搜集整理：《贵州锦屏林契精选（附〈学馆〉）》，载《民间法》第三卷，第 567 页。

字”与“借当字”之“核心事例”的分析，在它们的“边缘事例”中，存在着无法截然分开的纠缠。在实际运用中，三者往往并不加以区分，且名不副实者极多。故此，或许可以笼统地将“借字”“当字”与“借当字”三种形式上稍有差别的制度归结为一种制度，并可以按照《贵州文斗寨苗族契约法律文书汇编——姜元泽家藏契约文书》的体例将其命名为“借当字”制度。

据此，所谓“借当字”，系以典业之管业地位作抵借取银价，一般有利（也可无利），契约成立后管业地位一般不变易，而约定在借款人无力偿还时交付管业地位。其中，还有二次借当的情形，如同一木植二次借当。“典字”和“借当字”在文斗寨的实际运用中边界模糊，二者多混用无明显区别（如上引契约即系“借当字”的“边缘事例”，可以等同于“典字”）。二者的核心事例构成前后两个紧密联系的制度。即，“典字”是以典业可回赎的管业地位换取价银，并以典业在典期之内的收益作利，而“借当字”是以典业可期待的管业地位换取银价，并以按期交纳的价银作利。又，“典字”是以典业在典期之内可期待的收益（所谓可回赎的管业地位即是典期之内的典业收益）换取价银，而“借当字”是以借款期内可期待的本息换取价银，并在此种期待不能成就之后，获得典业的管业地位（即典业可期待的收益）。换言之，“借当字”就是在“当（典）”之前有“借”，即是相当于“借当字”是“典字”的前置程序，或者说在普通借款制度中后置了一个“典字”制度，即当普通借款制度可以调整借款关系时，后置的典制不发生效果，当普通借款制度失效之后，则给予出借人一个典以作补偿。易言之，“借当字”给“典字”穿了一件外衣，在借款人认为自己仍有能力偿还债务而出借人不信任此种能力时，以此作为一种债务保证制度。而“典字”则完全表明了借款人除了完全出让典业的管业地位之外已经无力还债。自然，“绝卖”则是更窘迫的生活之下更无奈的制度表达了。

在上引契约中，范宗尧将三块杉木中自己的股份出典。在文斗寨，杉木股这种共有权益相对独立，无论是出典还是断卖，一般均可以独自处分，转让较为自由。[1]当然，有一种例外，即当“栽手股”出卖时，山主有先买权。“栽手”是专门种植林木的人，文斗人称之为“栽手”。在林场经营中，经常采取合营的形式，即山主（山场业主）和栽手在约定一定的股份分成之后，由栽手负责栽种修理，待到木植长成再按比分成。[2]栽手在签订这种契约的时候，有时还要拿田宅作抵。因为林场经营时间较长，一般木植需要数十年才能成材，中间变故颇多，故而木植的股份常存在转手典卖的情形。在某种程度上，杉木股可以看作是一种“权利”或者“权益”，因此，在文斗典制中，“权益”在某种程度上也可以成为典之对象。

1　如参见陈金全、杜万华：《贵州文斗寨苗族契约法律文书汇编——姜元泽家藏契约文书》，第13页。

2　关于林业经营中的契约安排，在下一章中将详细论述。

（五）佃业出典

佃业出典，是指在文斗典制中，业主将已经佃出给佃户的田出典。而这种出典最后导致的结果是业主（出典人）和承典人对佃户交纳的佃租的分派。例如以下这一份典契：

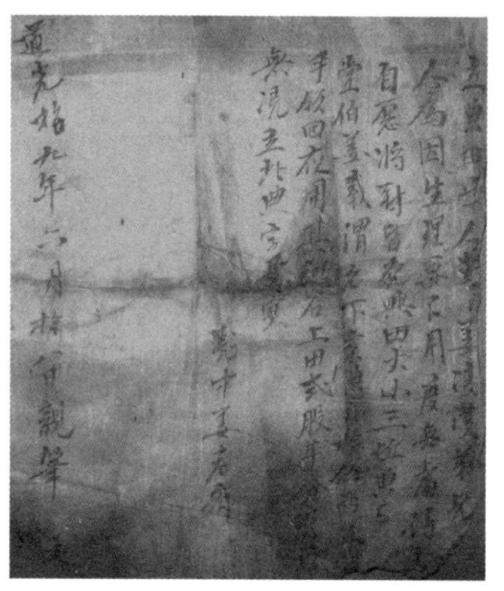

图 8 文斗寨范二妹家藏典契二[1]

立典田字人堂□姜凌汉弟兄□人，为因生理，要良（银）用度，无处得出，自愿将到皆党兴田大小三坵，典与堂伯姜载渭名下。实典□拾伍两正，亲手领回应用。其租谷上田弍股平分。恐口无凭，立此典字是实。

凭中 姜老齐

道光拾九年六月拾八日亲笔 立

1 本契系笔者据 2011 年 3 月于文斗寨搜集之范二妹家藏契约文书整理。

上引契约中，出典人将"皆党兴田大小三坵"出典之后，约定"其租谷上田弍股平分"，也就是其田上佃户的租谷，由出典人与承典人各占一半。对于这种出典方法，若以一般所理解的典权学说（"正典"）可能无法完全解释。其原因在于，不仅承典人无法对典业占有、使用，连出典人本身也无法管业，因为出典人早已将上述权益佃出与佃户了。如果说不离业的典是对典业的田面做了一个二分的话，那么佃业出典则是对典业的田面做了一个三分。不离业的典还只是由业主自己耕种管业，而佃业出典则又引入了新的一方。田面上真正耕种管业的是佃户，而三方各自根据自己三分的田面而取得相应的租谷和收成。

一定意义上来说，业主典与承典人的，实际上是一种"租谷的股份"。换言之，典之对象并不是田业，而是田业上可能的收益。其实可以将此种情形理解为，业主将自己每年"应收账款"中的一部分典出。通过这种可期待利益的转让，进而达到自己借款的目的。

四、结论及其他

关于文斗典制的基本程式和制度细部的呈现，已经见诸前文的论述。概言之，在文斗典制中，最为基本的"典"，是出典人以典业可回赎的管业地位换取承典人之典银的一种制度安排，一般无回赎期限限制（即所谓"价到赎回"）；契约成立后一般须变易管业地位，这同内地的传统典制并无二致。但同时，文斗典制具有其自身的特点，如文斗典制中，典后承典人可以将典业转典（移典），且一般无须取得出典人的同意，契约成立后新承典人完全取代原承典人在典之关系中的地位；又如，文斗典制中，出典人可以共业作为典之对象，如杉木股（即木植管业之部分）和共田；再如，文斗典制中不一定要变易管业地位，可以出典人按期交付典业之地租代替管业地位的变易，甚至佃业亦可出典，而由典之二比按份收取租谷，等等。

除了从文斗典制的基本制度层面进行阐释，或许还可以从中得到另一些制度层面之外的认识。比如，文斗寨中“权益意识”[1]的出现。这一点不仅可以从“佃业出典”这一种情形看出，以上文所列举的种种文斗典制中的特殊情形，也可以得出这一推论。或许可以认为，文斗人在清中后期已经产生了抽象而明确的所谓的“权益意识”，即那些经济利益（无论是已得的还是可期待的）都可以作为一个个完整而独立的整体来加以利用。[2]同时，这种意识更是建立在契约至上的观念之上的。在文斗人眼中，在二比同意（即所谓的达成“合意”）的基础上，通过一系列的仪式或活

---

1 这种“权益意识”的表达不同于通常意义上西方的以“权利－义务”为核心的叙事方式。如同 W. N. 霍菲尔德在对西方基本法律概念提取“最小公分母”时对“权利－义务”关系的阐述。此种以“权利－义务”为核心的叙事方式的关键在于“我要求－你必须”，即其权利更多意味着“请求的能力或资格”。而此处的“权益意识”是指在商品交易中长期以实体（实物）定义利益的人群中，开始逐步接纳一种对抽象利益的认识，甚至进而将其实体化。

2 其实，在近代中国也曾出现过这种情形，例如用海关关税做担保向西方银行的借款，但是不同的是，这是在外部力量的归置之下而形成的意识，并非自发产生的。

动就可以完成一项交易。进而，这些抽象出来的经济利益，便可以以契约为媒介而进入市场得以流转。

作为一种广受关注，但是最终并未被纳入当下民事成文法体系的制度，“典”的价值仍然是多元的。它自然是属于法律的，属于民法的，但同时也是属于历史的，属于社会的，从人类学的视角看，或许也是属于民族的。在这种多维度的观察下，对典制的研究在指导立法层面的价值之外，不仅具有在民法体系建构上的价值，还具有民间法上的、法社会学的、法人类学的，或者民族法学的价值。“典”作为一种特殊的制度存在，具有极其复杂的背景。这种背景不仅是特定历史的背景，而且是特定乡土的背景。或者说，典制的建构是在特定的时间和特定的空间里逐步形成，乃至于逐步消解的。在一种更广阔的背景下，关于“典”的多维度研究提供的新价值在于，它不仅能展示其制度本身的细部，也能让人们感受到民间习惯（法）发展的蓬勃力量，更能引发人们关于民法——特别是作为私法的民法——在特定时空中，基于一种“一个共同体的生生不息的共同历史经验”[1]而“因习惯和民众的信仰”“内在的无声运行的力量”（*innere, stillwirkende Kräfte*）[2]得以不断发展的历史进程的思考。

1 ［美］哈罗德·约瑟夫·伯尔曼：《法律与宗教》，梁治平译，中国政法大学出版社 2002 年版，第 139 页。

2 Friedrich Carl von Savigny, *Vom Beruf unsrer Zeit für Gesetzgebung und Rechtswissenschaft* (Heidelberg: Mohr und Zimmer, 1814), 14.

第五章

木植生理：林契与采伐权

文斗寨所在的锦屏县是传统上的人工林业基地和木材贸易中心。在当地所留存的众多文书中，最为引人注目的无疑是其中的林业契约文书。即使放眼至整个清水江地区，被称为“清水江文书”的明清地方文书群，也是以林业契约作为其重要标签而为人们所熟知的。因此，在一定程度上，不讨论林契的清水江契约研究可能会是稍嫌欠缺的。本章试图从林业的行业特性出发，基于采伐权的概念，讨论清水江林业经营中所涉及的各种契约及其背后的制度运行。

“木植生理”，是传统上对人工营林行业的一个经典描述，这一话语在清水江流域内外均可寻见。[1]在一份文斗、平鳌、岩湾、加池四寨人等合立的文书中，可以读到如下的字句：

> 窃思我等地方，山多田少，贫富全靠木植养活身家。遇客商来则砍木放排，虽无大利，而每日获钱亦可早晚资用，免受饥寒。且大则拨本钱、行买卖，小则削木皮、资炊爨、卖柴薪，生意多路。今遇匪徒，如此将山木砍尽，何以为生？且本处并外乡客贩，凡作木植生理，屡被匪党捏情强阻强放，东家闻知，不发资本，

1　如参见杨起燮：《木业心得录》，福建省建设厅1933年版，第9页：“经营木植生理数十年，凡种山、养林、伐木、运转诸步骤。”又如〔清〕武亿：《授堂遗书》第4册，北京图书馆出版社2007年版，第311页；但其中提及的是“伙贩木植生理”，与人工营林不同。

众等岂不束手待毙？[1]

这一表达，恰好鲜明地呈现了彼时当地的林业生产生活样态。由于认识到文斗寨附近的地理条件是“山多田少”，故而当地人需要“靠木植养活身家”。在养成杉木之后，逢有客商前来，就“砍木放排”，赚取利润，以“早晚资用，免受饥寒”。相对而言，更成规模的行业经营是“拨本钱、行买卖”，而行业内的小本经营无非只是“削木皮、资炊爨、卖柴薪”。这些关于林业经营的多种“生意”，被归纳为一种“木植生理”。[2]另外，同样的表述在别处也可以看到，如另一份文书中提到“为因道光十年仝伙姜引保五人合伙买乌什木植生理，折本，多年未算”[3]，也以“木植生理”描述林业经营。

林业经营具备自身较为独特的行业属性。其一大特点在于运作的周期较长，而且相较于一般的农业耕作更具风险。对于此，行业内部人士的总结是，“此中盈亏得失之数，操于天心也半，操于人事也亦半”[4]。其中门路颇多，外人显然不易揣摩。因此，在理解林业契约的时候，常常需要从林业经营本身的特点出发。

1　张应强、王宗勋主编：《清水江文书（第一辑）》第 8 册，第 205 页。

2　关于清代清水江流域与内地的木材贸易，可以参见清代抄本《采运皇木案牍》的详细记载，参见瞿见：《言出法随：〈采运皇木案牍〉校笺与研究》，花木兰文化事业有限公司 2019 年版，第 93 页及以下。

3　锦屏县地方志编纂委员会编：《锦屏县志（1991—2009）》下册，方志出版社 2011 年版，第 1296 页。

4　杨起燮：《木业心得录》，第 16—17 页。

在林业经营活动中，一个关键的节点是林木的采伐，这是林木种植最终价值变现的方式。而与林木的采伐相对应的，是林木的养成和蓄禁。其实，“蓄禁”与“斫伐”是清水江林业契约中常见的语词，不仅代表着清水江流域林业经营的关键节点，还喻示着其背后通过契约而呈现出来的一系列采伐权规范。本章将试图在揭示二者之间紧张的基础上，厘清清水江语境下采伐权的权利主体与行使规则。进而，在规范与实践两个层面的解析中，尝试基于采伐权的视角，提供一种关于清水江林木经营中“多元股份结构”的新的理解。

一、问题的提出：清水江语境中的采伐权

（一）采伐权概念的界定

在“木材之流动”[1]的画卷展开之前，空谷间的“坎坎之声”[2]可能才是清水江畔的主旋律——因其成就了由“木植”而“木材”的转换，[3]进而才得以引叙出“商贾络绎于道”[4]的景象。作为“清水江两岸村落社会最为重要的生计活动”[5]，林木的种植与采伐被

1 张应强：《木材之流动：清代清水江下游地区的市场、权力与社会》，第1页。

2 〔清〕爱必达：《黔南识略·卷二十一》，台北成文出版社1968年版，第147页。

3 关于“木植”与“木材”的使用，本章倾向于强调“木植”作为“活立木”的含义，而“木材”则用以描述与之相对应的采伐后的状态。

4 〔清〕爱必达：《黔南识略·卷二十一》，第147页。

5 张应强、王宗勋主编：《清水江文书（第一辑）》第1册，第1页。

凝结于“蓄禁”与“斫伐”这一对在清水江林业契约中常常出现的原生语词之中。以“木植”为“生理”[1]的意义在于，不仅江中所放的“巨筏”是流动的，山间“亭亭而上”的杉木也是“流动”的：之所以得以“赖蓄杉木以度民生”[2]，正是因为清江两岸“每年砍伐数千余万株”[3]。在“蓄、砍”交替的“木植之流动”中，“采伐”的节点即被凸显出来。[4]而无论是采伐之实践，或是其背后所引发的规范性思考，都必然收敛于“采伐权”的概念之上。

在学术讨论中，“采伐权”有时或称为“林木采伐权”“森林资源采伐权”“森林的采伐利用权”等。[5]虽然采伐权在学术上得到广泛讨论，但以现行法而言，其似乎并不是一个法律概念。在国家层面关于林木采伐的主要规范中（包括如《中华人民共和

1 张应强、王宗勋主编：《清水江文书（第一辑）》第8册，第205页。

2 “道光七年山客李荣魁呈请禁低潮银抄件”，见贵州省编辑组编：《侗族社会历史调查》，第77页。

3 “嘉庆十一年山客石礼吉等诉状”，贵州省编辑组编：《侗族社会历史调查》，第51页。

4 关于清水江木植种植至砍伐的过程众多研究均有涉及，就采伐及其运输而言亦有专论，但似未集中于采伐权问题。如参见张应强：《木材之流动：清代清水江下游地区的市场、权力与社会》，第144—197页；张应强：《由〈凭折领钱〉所见清水江流域木植之采运》，《华南研究资料中心通讯》2005年第40期；［日］相原佳之：《从锦屏县平鳌寨文书看清代清水江流域的林业经营》，《原生态民族文化学刊》2010年第1期；张强：《清代民国时期黔东南“林农兼作”研究》，河北大学2016年博士学位论文，第60—61页。

5 参见如王群：《林木采伐权的法律问题探讨》，《林业科学》2009年第5期；李宏：《论森林资源采伐权——兼述国有森工企业改制上市过程中采伐权的处置》，《山西高等学校社会科学学报》2007年第5期；高桂林、吴国刚：《我国林权制度构建之研究》，《法学杂志》2005年第5期。

国森林法》《中华人民共和国森林法实施条例》及《森林采伐更新管理办法》），均未明确使用“采伐权”的概念，可查知的仅有在1953年的《政务院关于发动群众开展造林、育林、让林工作的指示》（1953年7月9日政务院第一百八一五次政务会议通过，1953年9月30日发布）中提及了“采伐权”一词：“凡未实行土地改革的少数民族地区，其山林所有权、采伐权、出卖权、承继权，一律根据过去归属习惯和范围，切实加以保护，并鼓励他们积极造林，增加生产。”另外，在地方层面，《凉山彝族自治州自治条例》第三十条第二款规定：“自治机关鼓励各类经济组织和个人投资发展林业。宜林荒山、荒坡、荒滩可以承包给各类经济组织和个人种植林木，享有自主经营权和采伐权，林地使用权和林木所有权可以合理流转，可以依法继承、抵押、担保、入股和作为合资、合作的出资或者条件，长期不变。”其中也提及了“采伐权”的概念。

然而，在较为宽泛的意义上，基于采伐许可制度的存在，采伐权无疑是具备法律上的意义的。一般认为，此意义上的采伐权系指权利主体依法享有的、得依照法定方式对林木进行采伐，获取收益（森林产品），并排斥他人干涉的权利。[1]相较于此，如果

1 关于“采伐权”在法律及语义层面的定义，可参见胡玉浪：《我国关于林木物权的规定及其完善》，《林业经济问题》2007年第2期；王群：《林木采伐权的法律问题探讨》，《林业科学》2009年第5期；李宏：《论森林资源采伐权——兼述国有森工企业改制上市过程中采伐权的处置》，《山西高等学校社会科学学报》2007年第5期。

不再执着于对权利话语[1]的避而不谈，在基本不涉及基于公权力的采伐许可的清水江语境下，采伐权的语义解释可能更为重要，即，采伐权意味着权利主体得自行或出售与他人进行林木采伐，并获取相应收益的权利。由于基本语境的区别，上述二者之间的关联可能并非显见；但随着讨论的深入，其间隐匿的勾连或许得以展现。当然，需要说明的是，由于采伐权与林木所有权之间的复杂联系，在讨论中前者的指涉范围或许更偏重采伐或出卖采伐的具体行为及其决策。

在清至民国时期清水江的具体语境中，由于以佃租栽杉为主的人工营林系统[2]的存在，山林的权属常以“股份”的形式处于相对复杂的状态之中，并随着频密的继承、交易等行为而在流转中趋于“零散化”[3]。在此繁复的背景之中，各股份之间的关系及如何相互结构显得尤为关键，多种权利主体之间必然需要对采伐权作出界定。在以契约为重要规范依据的清水江林木经营中，[4]“蓄禁”

---

1 本章中的相关权利话语均在较为宽泛的意义上使用，而未纠结于其内涵之细部。相关领域研究中的类似态度，参见程泽时：《清水江文书之法意初探》，第225页。

2 关于此种人工营林系统的考察，参见李向宇：《“佃山造林”的政治经济学考察——来自清代苗疆的林业生产智慧》，《中国农村观察》2016年第6期，第86页。

3 关于林木所有权的“零散化”，参见［日］岸本美绪：《贵州山林契约文书与徽州山林契约文书比较研究》，《原生态民族文化学刊》2014年第2期，第77—78页。

4 关于语境下的规范与契约规范，参见梁聪：《清代清水江下游村寨社会的契约规范与秩序——以文斗苗寨契约文书为中心的研究》，第20页。

与“斫伐”之话语的使用，及其背后所隐喻的采伐权规范[1]，均表达了一种实践中的应然意义，以及此意义中需要被挖掘的合理性意涵。

（二）“蓄禁”与“斫伐”的紧张

清水江的采伐权规范建基于“蓄禁”与“斫伐”间的紧张。在杉木的整个栽种过程——开山挖种、长大成林、修理蓄禁，以至最终砍伐下河——之中，[2]“蓄禁”与“斫伐”之间始终存在某种踟蹰与反复：因其各自具有迥异的价值取向，故而也存在相对宽裕的主观选择空间。

在清水江林业契约文书中，“蓄禁”与“斫伐”本身就是相互对称的概念，前者在一定程度上即是对后者的否定。“蓄禁”，或可拆解为“蓄养”与“禁伐”两个层面：一方面，强调木植在此期间得以持续生长；另一方面，则着重于对此种持续状态的延续与保护。对这一时期的木植，契约中有时直接将其称为“养木”[3]“禁杉木”[4]或“蓄禁杉木”[5]；而对于这一状态的顺利结束，则可以表述为“杉木禁成”[6]。在另一个角度上，对“蓄禁”的反

1 关于“规范性”及“规范性秩序”，参见 Neil MacCormick, *Institutions of Law: An Essay in Legal Theory* (New York: Oxford University Press, 2007), 14–18。

2 这些“术语”在相应阶段的清水江林业契约文书中均极为常见。

3 如张新民主编：《天柱文书·第一辑》第 5 册，第 24、25、158 页。

4 如张新民主编：《天柱文书·第一辑》第 10 册，第 127，128 页。

5 如张新民主编：《天柱文书·第一辑》第 16 册，第 120 页。

6 如张新民主编：《天柱文书·第一辑》第 14 册，第 291 页。

复强调源自木植生长中所遭受的不断侵扰：大略而言，在正常采伐以外，尚有如“错砍”[1]“盗砍”[2]“强砍”[3]诸情形；并且，即使采伐完成，如果对木植采伐有所疑义，仍会发生如“号阻”[4]“阻木”[5]等现象。

在“禁伐”之外，更深层次的紧张源于二者之目的间的张力。相较于主要着眼于即时经济利益的采伐，蓄禁的目的无疑更为多元。举例而言，清水江最常被提及的蓄禁规约或许是一通立于文斗寨的石碑上的碑文：“此本寨护寨木，蓄禁，不许后代砍伐，存以壮丽山川。”[6]更为普遍的，此类因素会被归结为“培补风水”，所谓“自古及今，随其蓄禁，培补阴阳枫（风）水。”[7]此外，在分关合同文书中，亦常见蓄禁共有林木的约定，如“其有山场一概未分，其有不论□人田砍（坎）上杉木蓄禁”[8]的表述。

此外，在“木植生理”的背景下，蓄禁抑或斫伐的抉择更多

1　如“清白了息字”，张新民主编：《天柱文书·第一辑》第 12 册，第 73 页。

2　如“屡被偷伐，见之心伤，闻者痛恨”，见张新民主编：《天柱文书·第一辑》第 18 册，第 179 页。

3　如《申状稿》，载《天柱文书·第一辑》第 10 册，第 42 页。

4　如《诉讼稿》，载《清水江文书（第三辑）》第 6 册，第 40 页；《甘结字》，载《天柱文书·第一辑》第 10 册，第 58 页。

5　如“道光年间文斗姜姓控告王寨王士俞诉状”，潘志成、吴大华、梁聪编著：《清江四案研究》，贵州民族出版社 2014 年版，第 122 页。

6　梁聪：《清代清水江下游村寨社会的契约规范与秩序——以文斗苗寨契约文书为中心的研究》，第 199 页。

7　张新民主编：《天柱文书·第一辑》第 10 册，第 146 页。

8　张新民主编：《天柱文书·第一辑》第 7 册，第 94、187 页。

可能是出于经济上的考量。通常认为，杉木的育成时期是相对客观、固定的，《黔南识略》载，“树三五年即成林，二十年便供斧柯矣”[1]；又锦屏县有所谓“十八杉”“姑娘林”的风俗，即杉木成材时间为十八年左右。[2] 但以清水江文书所得窥见的实际采伐时间来看，似乎远非如此：在既已分析的案例中，林木育成的期间多为 30—40 年，个别可达 80 年，不一而足。[3] 易言之，在清水江的林业实践中，对采伐时机的选择往往不完全是客观的，其至少存在两点经济上的考量：其一是木植生长本身所带来的价值增长，如在一份“分关合同”中即展现了对木植大小的明确认知，指明“各阄油树内杉木准其四股众砍一班，由一尺二寸实木砍起”[4]；其二，则是采伐时木材的市场价格。以一份“卖杉条木字”为例：

立卖杉条木字人寨地杨天凰，因与胞兄天凤所共杉山一块，地名豪老块，自将本人一股，凭中愿卖与王寨王绘五老局长先生备价承买砍伐。其山价当日早已凭中收足清楚。因此时木业萧滌（条），故暂行蓄禁数月，姑待行势起色，力（立）即请伕砍伐。日后砍伐时出山，关山剩下之毛木地土仍归山主，他人不得意外相争。立此卖字为据。

1　〔清〕爱必达：《黔南识略·卷二十一》，第 147 页。

2　参见黔东南苗族侗族自治州地方志编纂委员会编：《黔东南苗族侗族自治州志·林业志》，中国林业出版社 1990 年版，第 58 页。

3　参见［日］相原佳之：《从锦屏县平鳌寨文书看清代清水江流域的林业经营》，《原生态民族文化学刊》2010 年第 1 期；张强：《清代民国时期黔东南“林农兼作”研究》，河北大学 2016 年博士学位论文，第 48—50 页。

4　张新民主编：《天柱文书·第一辑》第 3 册，第 6 页。

卖主 杨天凰 押

凭中 扬天金（印章）、杨天良、杨宏兴、欧邦德

民国三十二年阳历八月十五日[1]

在此文书中较为详细地描述了市场导向的采伐决策过程。其中所提及的杉山已经售出，但是买主并没有急于砍伐。而之所以“暂行蓄禁”，其原因即在于木业萧条，须待行情好转方可开始砍伐（“姑待行势起色，力即请佚砍伐”）。这说明，即使是在木材流动的上端，木植的采伐也与市场动态相互联系。又如，在另一份文书“乾隆十二年七月工部对湖南巡抚杨锡绂奏文的复文”中，也强调了“时价”的重要：“务必委员知会地方官，询问苗民情愿，然后照依时价砍伐。”[2]这里明确地指出，砍伐时价款的确定是需要“照依时价”的。

当然，蓄禁的时间越长，在其他方面所需要承担的风险也愈大，文书中关于林木火毁的记载并不鲜见。[3]因而可以发现，“蓄禁”与“斫伐”间天然的紧张关系具备多个层面上的复杂性；而正是此种复杂性，彰显了采伐决策中有权决策者之确定，亦即采伐权规范的必要。

---

1 ［澳］唐立、杨有赓、［日］武内房司主编：《贵州苗族林业契约文书汇编（1736—1950年）》第三卷，G-〇〇一〇。虽然此份文书的年代系民国年间，但仍可资参考。

2 潘志成、吴大华、梁聪编著：《清江四案研究》，第6页。

3 如参见如张应强、王宗勋主编：《清水江文书（第三辑）》第7册，第178页；［澳］唐立、杨有赓、［日］武内房司主编：《贵州苗族林业契约文书汇编（1736—1950年）》第三卷，E-〇〇七〇。

（三）问题与结构

基于以上关于采伐权的语境限定，及对"蓄禁"与"斫伐"之紧张的揭示，本章试图讨论的问题是：首先，在清水江的林业经营中，木植采伐权的权利主体为谁？或具体而言，土、栽之间关于采伐权的契约性规范为何？其次，专以多方拥有采伐权的情况而论，采伐决策的实践究竟如何？再次，在林木及其股份的流转中，采伐权的内容或限制为何？最后在此基础上，试图探讨林木权利及采伐权之具体性质的界定。在下文结构上，大致依据采伐权的设立、行使与流转这三方面的内容而渐次展开，并期望能在最后提供关于采伐权规范性质和一种清水江林业经营的"多元股份结构"的相应思考。

对于用以讨论的清水江林业契约文书，依据木植生长、砍伐的时序排列可以分为以下几类：（1）佃栽契约文书；（2）分成合同文书；（3）土、栽股份转让契约文书；（4）卖木分银文书；同时，在分关合同文书等其他类别的契约文书中，也间或记载有关于采伐权的材料。以上是本文讨论所主要依据的材料。此外，就用语上需说明的是，在清水江的林业文书中，尤其是佃栽契字中，各方当事人的称谓并不统一，例如有山主、地主、土主；栽手、栽主、佃主等。[1]本章中以"山主"（土股）、"栽手"（栽手股）

1　关于佃契中佃主、栽手、栽主等称谓的变化，可参见程泽时：《清水江文书之法意初探》，第67—70页。

指称土、栽两方及其股份。[1]

二、土栽契约中的采伐权约定

在清水江的林业经营中，招租佃栽的模式广泛存在。在“自山自栽”的情况下，显然无须讨论采伐权的问题，山主无疑拥有林木的全部权利。但是，在佃栽模式下则会存在以下疑问：土、栽之间谁是采伐权的主体，或存在何种关于采伐权的约定？一般认为，清水江的林业佃租关系中，土、栽之间分别以土地和劳力、技术入股，并约定待林木砍伐后按比例分成。[2]但借由以上分析可知，究竟何时，以及如何出卖并采伐林木，将直接影响到土栽双方的收益。在此背景下，以下将着重讨论两种不同的采伐权约定：对山主采伐权的强调与栽手拥有采伐权的情形。当然，除了土、栽分别拥有采伐权的情况，也存在二者同时享有采伐权的可能，此一类别则放在下一节讨论。

1　在清水江文书中，合称山林佃契之双方时常作“土栽”。此处亦须注意“股份”与“股权”在概念上的区别。在现今商事实践的理解中，股权主要指投资人基于投资而享有的权利，而股份则代表对公司的部分拥有权。一般来说，股权是依附于股份而存在的权利。参见刘玉国主编：《资本市场概论》，知识产权出版社2019年版，第44—45页。此二者显然都不是清水江语境下的术语，但是在借以讨论清水江文书中的“股”时，此处选择以“股份”一词进行描述。因为相对于“股权”，“股份”更为基础且并不过多地强调其上所附着的权利，可能更贴合“股”的原意。

2　参见徐晓光：《清水江流域传统林业规则的生态人类学解读》，知识产权出版社2014年版，第170页。

（一）山主采伐权的强调

基于对林地的所有，山主在佃栽关系中所拥有“土股”在大部分情况下无疑均包含有采伐权的内容。但在特定情况下，其对于采伐权的独占，或曰对栽手采伐权的排斥，仍在契约中被强调。如“分合同字”：

> 立分合同字人本寨龙文明、侄荣太，情因前先领桥弟兄所栽姜凤仪、凤至、凤章、凤元、恩瑞、恩茂叔侄等之山场壹块，地名乌的，在冉俱料洞却，上凭岩洞，下凭溪，左凭岩角，右凭溪，四至分清。又壹块皆也金粗，界趾上凭岩洞，下凭溪，左凭岩洞，右凭买主，四至分明。此二处之山土栽分为伍股，地主占三股，栽手占二股。因领桥弟兄亡故，今遗与文明、荣太叔侄二人承受，二比今愿分立合同，日后砍伐早迟，由土股不由栽手。恐栽手贰股出卖，先问地主，后问他人。恐口无凭，立此合同存照。
>
> 外批：皆也金粗之土各是凤仪、恩瑞叔侄之私山，凤至弟兄无。
>
> 中笔 姜兴周
>
> 合同发达存照（半书）
>
> 光绪二年六月初三日 立[1]

一般来说，栽手系基于上述“分合同”而获得相应林木股份，即所谓的“土主以字据管业为凭，栽主以合同管业为据。”[2]但此

1 王宗勋考释：《加池四合院文书考释》卷三，贵州民族出版社 2015 年版，第 193 页。

2 张应强、王宗勋主编：《清水江文书（第一辑）》第 5 册，第 153 页。

文书中着意强调的，是“日后砍伐早迟，由土股不由栽手”。在这一条款之下，显然栽手并不拥有采伐权，栽手所拥有的栽手“二股”，并不意味着其得以据之在“砍伐早迟”一事上置喙。

可能更为根本的是，采伐权同时意味着发卖时参与议价的权利。在有的“分银单合同字”中，描绘了栽手在砍伐议价过程中的缺位：“今有平鳌买客姜宣泗向家山主议买，砍伐下河作贸生理，当凭中易元芳喊价。”[1]在此幅发卖的林木中，“地主、栽手分为五大股”，其中地主三股，栽手二股。但是显然，山客在中人在场的情况下仅向山主议买喊价，栽手只是在后续分成时方才出现。在另一份“领收字”中，关于这一缺位的描述可能更为明显：

> 立领收字人王杨氏秀交，为因先年蒙文斗地主李正伦所共归禄溪之山，凭中全卖与黄闷寨陈贻茂砍伐，今凭原中，将本名应占栽手文银五两陆钱一概领清，日后不敢误听刁言生端。如有此情，任从地主中人执字禀究。今欲有凭，立此领清字为据。
>
> 凭中 尚文清、李先科、姚开儒
>
> 代笔 张世化
>
> 咸丰二年三月廿三日 立[2]

文书中载叙，土栽所共有之山“凭中”发卖砍伐，随后栽手“本名应占”的份额“凭原中”付清领清。此份似乎是后续撰成的“领

1 张应强、王宗勋主编：《清水江文书（第一辑）》第12册，第186页。

2 张应强、王宗勋主编：《清水江文书（第一辑）》第13册，第277页。

收字”间接表明，栽手可能并未参与当时与山客的砍伐议价。另外，在有的“佃种栽杉木”文书中，存有“自成林之后，仍守到砍”的条款。[1]虽未直接言明，但其中的“守”字似乎同样着重于义务性强调，即栽手须持续管护林木，直至山主决定砍伐。在这一情形之下，栽手仅得以依据自己的股份取得相应的分成，而无法参与山场整体的采伐决策。

（二）栽手拥有采伐权的情形

虽然较为鲜见，但在特定情况下，栽手同样可以拥有较为自主的采伐权。以下面的“合仝（同）约”及“佃字”为例：

> 立合仝约人文堵寨姜金岩、乔香今有祖山一块，坐落地名乌堵又，今出与平鳌寨姜有隆、之华、德华、德美六人佃栽杉木。自栽之后，任凭佃主修理，日后长大发卖，派作五股均分，地主得二股，佃主得三股，其木长大，任凭佃主留养，地主不得催渎坎（砍）伐，亦不许房族并外人争论异言。如有争论异言者，俱在地主理落承当，不与佃主相干。其木砍伐完，地土还归业主子孙管业。恐后无凭，立此壹样二纸合仝，日后存照。
>
> 乾隆三十年二月二十五日 立
>
> 天理人心 合仝是实（半书）[2]

> 立佃字人姜有隆、明伟、德美、德华、之灵、之宾等，因客亲文堵下寨姜金岩、乔香、银岩有祖山一块，坐落地名眼加者，

1 张应强、王宗勋主编：《清水江文书（第三辑）》第8册，第36页。

2 张应强、王宗勋主编：《清水江文书（第二辑）》第3册，第2页。

其依山四股均分，佃主得买叁股，姜金岩占壹股，不信山林隔远，难以亲栽，有隆众等只得登门求佃。自佃栽插之后，凭从佃主修理，日后长大发卖，派作五股均分，地主得弍股，佃主得叁股，其木既已栽插，任凭佃主蓄禁，地主不得相催砍伐。其木异日伐完，姜金岩一股之地仍旧还归。今欲有凭，此立佃字二纸为据。

乾隆叁十二年二月二十五日　立[1]

在此二份文书中均有类似的采伐权约定："其木长大，任凭佃主留养，地主不得催渎坎（砍）伐"；"其木既已栽插，任凭佃主蓄禁，地主不得相催砍伐"。此处如此清晰地强调山主不得"相催砍伐"，这一方面意味着栽手拥有完整的采伐权，得以依据自己的意愿进行采伐决策；另一方面也似乎暗示，在一般情况下，山主是在采伐决策中较为强势的一方，常常扮演催促砍伐的角色。二者之间的利益纠葛并不难理解：在某些情况下，基于林地的所有，山主自然希望其上之林木加快更新，但栽手可能更关心其所佃栽的当届林木的价值增长。这也具体呼应了前文所述的蓄禁与斫伐间的紧张，其实亦寓于栽手与山主关于采伐权的角力之间。

但需要注意的是，这两份文书中的栽手似乎均较为强势，"佃字"中的"佃主"甚至买得其所佃种的山场之三股。就分成而言，

1　张应强、王宗勋主编：《清水江文书（第二辑）》第3册，第4页。

也是并不多见的栽手三股、山主二股的比例。[1]但在另一份“合同”文书中，土栽间则是同样的分成比例：

> 自愿种粟栽杉成林，日后此伐卖作贰股均分，地主占壹股，栽手占壹股，任凭栽手蓄禁，早齐砍伐，地主座地分粗（租）。砍尽之后，地归原主，贰比不得异言。[2]

在此条款中，栽手也取得了完全的采伐权，且表明山主系“坐地分租”，即仅注重于地租分配，而似乎并不积极参与到包括采伐在内的经营决策之中。而在另一份经典比例（山主占三股、栽手占两股）的“佃种栽杉木字”中，土栽间也约定：“日后木植长大，栽手留禁斫伐，照股均分。”[3]这些均说明，占股多少似乎并不能完全解释土栽间的采伐权分配问题。

在清水江林业契约的采伐权规范中，山主与栽手均有可能基于契约约定而获得采伐权的独占。在一方独占采伐权的情况下，采伐决策的机制便十分明了：拥有采伐权的一方作出采伐决定，而另一方则仅得要求“按股分成”。下面，则进一步讨论多方拥

---

1 关于土栽分成比例的统计研究，参见［日］相原佳之《清代中国、貴州省清水江流域における林業経営の一側面——〈貴州苗族林業契約文章滙編〉平鳌寨文书を事例として》，载《贵州苗族林业契约文书汇编（1736—1950年）》第三卷，第135页；洪名勇：《清水江流域林地产权流转制度研究——基于清水江林业契约的分析》，《林业经济问题》2012年第1期；张强：《清代民国时期黔东南“林农兼作”研究》，河北大学2016年博士学位论文，第152—154页。

2 张应强、王宗勋主编：《清水江文书（第一辑）》第12册，第246页。

3 张应强、王宗勋主编：《清水江文书（第一辑）》第13册，第59页。

有采伐权的情况。

三、砍伐下河：多元股份结构下的采伐决策

清水江的林业经营中，在多种因素的作用下，山林股份常呈现趋于复杂的结构。[1] 此处所称的“多元股份结构”，除表示股份的分散及权利主体的多元化外，更意在指明搭建起这一复杂结构的其实是具备不同性质的股份元素。[2] 在此结构之下，关于土、栽之间的采伐决策也更为复杂。

采伐权其实是一种处分权能及收益权能的具体体现，[3] “如果权利主体与标的物之间的利益关联被打断”，则“主体的权利必然落空”。[4] 换言之，如果林木股份权利人无法参与到采伐决策之中，则显然无法完全保障林木股份权利人之利益的实现。在林木发卖砍伐时的采伐权，就体现在权利人对采伐决策的参与及自主之上。

1　关于山林股份的复杂分割，可参见吴述松：《林业结构调整及其内生经济增长——基于1466—1949年清水江林粮兼作文书的证据》，《中国社会经济史研究》2014年第3期。

2　关于多元股份（multiple share classes），可参见 Vikram K. Nanda, Z. Jay Wang, and Lu Zheng, “The ABCs of Mutual Funds: On the Introduction of Multiple Share Classes,” *Journal of Financial Intermediation* 18, no. 3 (2009): 329–361。这一点在后文中还将结合土、栽股份的性质具体论及。

3　参见王群：《林木采伐权的法律问题探讨》，《林业科学》2009年第5期；李宏：《论森林资源采伐权——兼述国有森工企业改制上市过程中采伐权的处置》，《山西高等学校社会科学学报》2007年第5期。

4　高利红：《森林权属的法律体系构造》，《现代法学》2004年第5期。

但在诸方均拥有采伐权的情况下，权利之行使必然受到相互限制，采伐决策的作出无疑面临合议的努力及其失败的风险。据此，以下将分别讨论清水江采伐实践中“二比同卖”与“各管各业”两种采伐决策模式，并着重分析基于蓄禁之目的的两个土栽股份重构的案例，以期展示多元股份结构下采伐决策的不同面向。

（一）二比同卖：林木股份的合议

相较于土、栽各自单一拥有采伐权的情况，在有的契约文书中也专门载注有要求双方在采伐问题上共同决策的条款。如“栽杉合约”：

> 立合约栽杉人潘爵熙、潘芳万兄弟，今因有荒播地土一块，在于土名淘金冲，上蟠路，下伙与潘常山兄弟耕锄栽杉。言定式股均分，土主爵熙、芳万兄弟一股，栽主常山兄弟一股，不得异言翻悔。杉木荫地五年同修，日后成林发卖，或留禁、或砍伐，二家心愿，其地仍归土主。今人心不古，立此合约式张，各执一张为据。
>
> 合同二张凭据（半书）
>
> 凭中 潘子相
>
> 潘明达 笔
>
> 嘉庆十三年三月初三日[1]

其中言及“日后成林发卖，或留禁、或砍伐，二家心愿”，

1 张新民主编：《天柱文书·第一辑》第4册，第135页。

表明无论对林木实行采伐，或继续蓄禁，均应由土栽双方共同决定。此类约定在其他佃栽文书亦有，如“佃种栽杉”文书：“当面议定杉木二股均分，日后杉木长大，二彼同卖”；[1]“佃种栽杉”文书：“当面议定杉木五股除二，地主三股，栽主二股，日后杉木长大，客主同卖，不得争长兢（竞）短”；[2]“佃种开山栽杉木合同字”：“及今栽成林之后，此杉木以后共同坎（砍）伐下河，两股均分同卖”；[3]“佃栽字”：“其山土栽分为弍大股，栽手占壹大股，日后木植登林，二比砍伐出河”。[4]

同样，在分成合同文书中也有类似的约定，如“合同字”：“杉木栽成以后，四、五均分，栽主五股，地主四股，及至四年之外，栽主地主一同蒿修，若后长大，栽手地主一同发卖，不得异言”；[5]“合同修栽木杉字”：“以后修处一体，伐砍同卖，不得异言”；[6]“合同字”：“十根地主四根，栽主六根，从此日以后，同修理、蓄禁、砍伐下河、出山关山”；[7]“分合同字”：“今先年佃与维森种地栽杉修理，木植长大，五股均分，地主占三股，栽手占贰股。

1　“二彼同卖”处，原写“二比”，但“比”字似涂去，改为“二彼”。见张新民主编：《天柱文书·第一辑》第10册，第24页。

2　张新民主编：《天柱文书·第一辑》第10册，第42页。

3　同上，第198页。

4　张应强、王宗勋主编：《清水江文书（第三辑）》第10册，第266页。

5　张新民主编：《天柱文书·第一辑》第12册，第304页。其中，“栽手地主一同”六字系专门添入的。

6　张新民主编：《天柱文书·第一辑》第18册，第170页。

7　张新民主编：《天柱文书·第一辑》第20册，第302页。

日后木植长大，地主、栽手二下一同砍伐。”[1] 即使在交易契约中，也有此类约定，如“断卖山土约”：“共计十股，实买山主式股，……其山土自卖之后，候木长大，公同发卖分价，卖主不得异言。”[2]

相较于仅正面约定“二比同卖”的条款，有的契约则更加谨慎，反复强调禁止私行卖砍，如“合同蓄禁杉木约”：

> 立合同蓄禁杉木约人中仰陆光清、光大、加池姜之豪、天保四人，得买党号杉木一块，其界至，上凭顶，下凭忠周、之豪之木为界，左凭冲湾过之豪杉木为界，右上凭路，又下凭岭，四至分明。先年加池姜文玉、之琏、宗周等，付与中仰陆廷交、廷佐二人种地栽杉，土栽约定二大股均分，地主占一股，栽主占壹股。复后栽股转出卖与姜之豪、天保、陆光洁、光大四人为业。二比同心公议蓄禁木植，日后砍伐下河，约定一齐议价，二比不得私行彫山妄卖。恐口无凭，立此合同蓄禁二纸各执一纸存照。
>
> 书立合同二纸，姜之琏存，光大存一纸。
>
> 凭中 陆光和、姜朝弼
>
> 陆光清 书
>
> 外批：合同之内，世培私山今外一块，上凭之豪、老苏，下凭忠周、之豪，土栽地主占壹股，栽主占壹股。
>
> 又，姜之豪私山一块团，地主占一股，栽主占一股。
>
> 又，外批合同之内公私所占之杉木，俱是陆廷交、廷佐二人

1 王宗勋考释：《加池四合院文书考释》卷三，第 310 页。

2 张应强、王宗勋主编：《清水江文书（第三辑）》第 10 册，第 390 页。

所栽，二股均分。

道光六年五月二十八日　立[1]

在上述文书中，先说明此时蓄禁木植是“二比同心公议”的结果，进而约定日后砍伐时须“一齐议价”，并强调任意一方不得私自砍伐出卖。这类的禁止性规约在其他文书中也能见到，如“分山合同字”：“同心蓄禁，毋许那（哪）股私卖木植。”[2]

之所以强调禁止“私卖”，很可能是为了维护连片林木的完整经营。[3]如一份“招佃种山土字”中规定：“日后栽成，木植长大，土栽作为弍大股均分。栽主占壹大股，土主占壹大股。日后土栽木植，同謫（商）发卖，不准以一人私见，邀求早砍，破坯（坏）全山。”[4]此处不仅要求发卖需要商议，更直言因“私见”而提早砍伐会带来“破坏全山”的结果。同样，在一份关于林姓祖遗山业的条约中，也规定“此山杉木，公众蓄禁，不准自行砍伐，自行私卖，若违众议，自行砍伐私卖者，众人拿伊送官”，“此山蓄禁成林，日后会众砍伐，或行卖人”[5]。

从上述诸多例证中，不难发现在契约中，各方权利人苦心孤

1　张应强、王宗勋主编：《清水江文书（第一辑）》第4册，第43页。

2　张应强、王宗勋主编：《清水江文书（第三辑）》第10册，第354页。

3　关于林木的连片经营，可参见刘秋根、张强：《清代民国时期黔东南林区杉木连片经营——基于“清水江文书”的考察》，《河北大学学报（哲学社会科学版）》2017年第1期。

4　张应强、王宗勋主编：《清水江文书（第三辑）》第10册，第325页。

5　张新民主编：《天柱文书·第一辑》第18册，第179页。

诣维护山场林木之完整性的努力。而在砍伐发卖的过程中，同样需要诸方股份的合议。在相关文书中常见此类描述，如“卖污盖溪山一所，土栽共议价钱四百五十四千八百八十文”，[1]即在形式上宣告砍伐出卖乃是土栽共同参与决策的结果。类似的尚有如“地名羊培山，砍伐作贸，全山土栽议价”；[2]“全山共议”，“众山友共议”；[3]“分清单合同字”：“土栽共议”，[4]等等。

然而，并非所有的场景都如以上表述一般简单。在各方条件并不发达完备的年代，约齐林木的所有权利人可能并不简单。如以下“便函”，[5]即生动地展示了全体股份合议的曲折：

> 姜锡禄、盛富、秉魁土主等：
>
> 与格翁范姓所共之山乙（一）块，地名包尾，今放我等平头伙砍伐下河。明日有客来买，请山主各位先生到来，双方同议要价多少。特条通知为荷。
>
> 外批：若你土主不到，客来，我苦力人就卖。勿怪言之不先也。
>
> 古历二月初五日
>
> 苦力人：宋枝杰、姜纯魁、姜敦岐、姜敦贤、吴炳文 条

此文书中所述的山场的权利人并不限于同一宗族乃至同一村

1 张应强、王宗勋主编：《清水江文书（第三辑）》第7册，第439页。

2 张应强、王宗勋主编：《清水江文书（第一辑）》第12册，第196页。

3 同上，第200页。

4 张应强、王宗勋主编：《清水江文书（第三辑）》第10册，第304、328、349、360、446、479、482、483页。

5 王宗勋考释：《加池四合院文书考释》卷四，第509页。

寨，而是由范姓与姜姓所共有的。依其文义，似乎范姓已经独自做主邀人将这片山场发卖，因而急邀姜姓前来同议价款。并且因时间紧凑，言明如果未能及时赴约，则“客来就卖”。砍伐议价无疑本应“众山友约集”[1]，再行出卖，但实际情况往往并不允许如此。又如一份卖木文书所示：“今有本寨客生陆相槐到舍议砍，因各住一方，不得先通，祈望海涵。今以其数块栽之土谱，共估价弍百肆拾八千八百文。”[2]在“各住一方”的情况下，竟得由某一股份持有者单独“估价”出卖砍伐，只得“祈望海涵”，均展现“全山共议”的话语追求及其实现背后的龃龉。

上述文字之外应当更为鲜活的故事虽不得而知，但其足以说明的是，在无论是佃栽阶段还是分合同阶段，各方所极力维持的“二比同卖”规则似乎并不容易遵守。尤其对于具备多元股份结构的林木，权利主体既包含土、栽，又可能横跨宗族、村寨，股份的合议受制于诸多条件的约束，规范之下的实践自然也就存在诸多权宜。

（二）各管各业：权利的析分

尽管存在维持山场完整的努力，但股份的合议显然并不容易达成，各权利主体之间始终会存在诸多难以克服的矛盾。这一问题的一种解决方案如前所述，起初便约定仅有一方得以享有采伐

1　张应强、王宗勋主编：《清水江文书（第三辑）》第 10 册，第 499 页。

2　同上，第 451 页。

权。而如果在诸方权利人均有采伐权的情况下，山场进入了砍伐出卖的阶段，另一种解决方案则是就各自的权利内容对山林权利进行析分，从而达到“各管各业”的状态。

“各管各业”模式中的前提问题是，林木及其权利是否可以，以及如何析分？解决此问题的关键在于，关于林木上的权利（如采伐权）是否是具体的，或曰其具体程度为何？即其是否具备确定性。显然，缺乏确定性的权利在析分上自然存在困难。[1] 简言之，在清水江的实践中，林木股权可以通过林地、木株或码子等几个方面进行区分。如在一份“分山场合同”中：“埋岩为界，各管各业”[2]，即是以林地为界；又如“栽杉木合同字”中：“其杉木见十留三，栽主七根，地主三根”，[3] 这意味着土栽股份并不完全

1 就相对抽象的采伐权（harvesting rights）与具体林木的关系，在世界贸易组织争端解决机构（DSB）于2004年公布的“美国－加拿大软木案”中，争端解决机构认为，虽然采伐权并未指明其所涵盖的特定木植及数目，但是针对某一特定林地的采伐权，因其所指向的可期数量的木植，及其在特定的情况下得以被采伐，均已使其具备确定性。相关报告及案情，参见 Appellate Body Report, *United States-Final Countervailing Duty Determination with Respect to Certain Softwood Lumber from Canada*, WT/DS257/AB/R (19 January 2004), para. 66; Chi Carmody, “Softwood Lumber Dispute (2001–2006),” *The American Journal of International Law* 100, no. 3 (2006): 664–674。

2 张新民主编：《天柱文书·第一辑》第7册，第122页。

3 张新民主编：《天柱文书·第一辑》第12册，第189页。

是抽象收益的划分，其所指可能有具体的标的物，[1] 即所谓“或照木株，或照码子”[2]。再如“卖养木契”：“其养木栽主一股任从买主［刘］期珍名下蓄禁耕管，与山主［吴］炳章贰家同蒿修培耕管蓄禁，出卖其钱或是木，贰家贰股均分，栽主一分，砍木退土。”[3] 此处更为直接地表明了双方均分的对象，既可以是出卖后的价款（“出卖其钱”），也可以是木植本身（“或是木”），明确将木植实物作为析分的选项。

在认识到土栽股份的具体程度之后，则不难理解时人对自己股份的析分实践。如在“卖嫩杉木字”中表示，“今将栽主陆股出卖贰佰伍拾根”，[4] 说明栽手股所对应的林木株数是明确的。又如“卖柴山墦土嫩杉字”中的外批注明：“左下小冲所栽之嫩杉木四、陆均分，内除栽主陆股不卖。”[5] 既然可以在杉木中明确区分卖与不卖的股份，“各管各业”便自然成立为林木采伐时的一种选项。再如在“合同字”中，土栽双方提前约定：“杉木四六

1　有学者认为，实际中“结构调整的虚拟成分大于实际分割”，因为“只有股权转移而没有土地分割”。但依清水江的林业文书所显示，实际中股份的分割往往会指向具体标的物的分割，两类分割均广泛存在。参见吴述松：《林业结构调整及其内生经济增长——基于1466—1949年清水江林粮兼作文书的证据》，《中国社会经济史研究》2014年第3期。

2　张新民主编：《天柱文书·第一辑》第18册，第179页。

3　张新民主编：《天柱文书·第一辑》第5册，第25页。

4　张新民主编：《天柱文书·第一辑》第10册，第147页。

5　张新民主编：《天柱文书·第一辑》第21册，第170页。

分成，栽主六，业主四，出售之时，分股砍伐，双方不得异言。”[1]与前述极力维持“二比同卖”的情形不同，此处双方在分成合同的阶段就直接排除了采伐决策时双方合议的选项。虽然仍是栽手佃栽山主山场的传统合作模式，但双方的约定自始即以“各管各业”的形态出现。

影响采伐决策的因素有很多，其中一些因素可以从下列材料中窥知一二。如下列的“合同议约”与“分杉木字”，均系因一方需要木料起造房屋而先行采伐，而另一方则选择继续蓄禁，这在相当程度上调和了“蓄禁”与“斫伐”间的紧张：

> 立合同议约人姜洪美、富宇、佐周、文科等，今有共木一块，土名丢又山。洪美、富宇二人占木一股，今已砍伐起造。余存佐周、文科二人一股留存蓄禁。日后另除头脚木与佐周、文科外，余九根，放在贰大股岌共均分。恐后无凭，立此存照。
>
> 四房地租早已出银一两二钱，补清相贤。文科、起风、香保、严吉凭中。
>
> 凭中、代笔文勷
>
> 乾隆贰拾八年一月十二日　立
>
> 合同各执存照（半书）[2]

> 立分杉木字人姜熙猷、熙尧弟兄等，因起造房屋，需用木料，

1　张新民主编：《天柱文书·第一辑》第19册，第224页。

2　陈金全、杜万华主编：《贵州文斗寨苗族契约法律文书汇编——姜元泽家藏契约文书》，第7页。

今分到培堆盛山，此山之木杉分为伍股，地主占叁股，栽手占弍股。地主之叁股分为弍拾股，姜熙猷、熙尧弟兄占叁股，前已砍完，所存之杉木，俱係姜钟碧、世模、世清叔侄等所占，日后不得异言。候二界再栽成林，地主仍照股数均分。恐口无凭，立分杉木字为据。

凭中 朱大杰

光绪拾年八月二十一日 熙豪□笔立[1]

清水江的采伐权规范因“各管各业”的模式而极具灵活性。就采伐决策而言，既可以通过股份合议达成一致，也允许在无法达致时各自析分，成为单独完整的权益集束。以下的“信函”即展示了此种合议过程的真实情境：

登熙亲翁钧鉴：

先前谈叙，不觉至今。敝合与台端所共莲花山杨姓田边之木砍伐，至今以致朽□不堪，再□无木。日前议卖与雷桥福，每两码子五元八角，包伊送江过围。晚决已卖定□，尊翁以为同意否？可能出卖之处，不日过来算账分钱，若尊处之股不卖，急速过来将木分清！[2]晚之木以好包佚搬与客人，又不拖延。言不多叙。

此请

台安！

姻晚马配崑应九月十九[3]

1 张应强、王宗勋主编：《清水江文书（第一辑）》第13册，第40页。

2 此处的着重号为原文书所加。

3 张应强、王宗勋主编：《清水江文书（第一辑）》第13册，第89页。

这一封信函的目的在于询问针对二人所共之林木，收信人是否同意出卖其名下的股份（“晚决已卖定□，尊翁以为同意否”）。问询者不仅详述了已经议妥的价码和条款（“每两码子五元八角，包伊送江过围”），还给收信人提供了两种选择：如果同意出卖，则不日“算账分钱”；如果选择不卖，则请速来析分共木。有趣的是，在此文书中，“来将木分清”几个字旁还加有着重的标记以为强调。这一事例生动地说明，在特定情况下，权利人可以相对独立地实现其股份权益，且并不因其为共业之一部，而丧失对自己股份进行独立裁处的能力。

（三）土栽股份的重构：案例二则

在多元股份的结构之下，土栽之间的采伐决策既存在“二比同卖”的情形，也有在无法达成合意时“各管各业”的选项。进一步，就林木的完整采伐是否得以维持而言，上述两种模式间其实也存在矛盾。而下列第三种模式则间接达成了某种程度上的调和，即通过双向的股份收购完成林木土栽股份的重构。林木股份结构因之重新回到较为单一的状态，既得以维持林木的完整，又完成了个人权利的自主实现。以下具体分析的，即是最终均指向“蓄禁”，但收购方向不同的两则股份重构案例。

1. 山主收购栽手股

在一份“断卖杉木字”中，土栽二股均分，栽手之一股先由栽手吴姓兄弟处流转至姜述圣处，而后被山主姜映辉购回：

立断卖杉木字人姜述圣，为因生理，得买吴正贵、正明弟兄之木栽手一股，地主姜映辉存地租一股，因地主自要蓄禁，我述圣愿将得买栽手一股转卖与映辉叔等承修理蓄禁为业。凭中议定价银贰百贰拾四两，亲手收清。其山木界：上登顶，下抵溪，左凭冲，右凭岭。其木任从买主管业，日后卖主述圣、原主吴正贵、正明不得异言。倘有异言，卖主理落，不干买主之事。今欲有凭，立此卖字存照。

述圣　亲笔

凭中　薄玉山、姜玉宏、宏章、绍周

道光三年十二月廿三日　立[1]

在上述案例中，由于"地主自要蓄禁"，林木的一股栽手股被山主以"价银贰百贰拾四两"购回，山主因而拥有了完整的林木权利。山主回购栽手股的案例很多，[2]山主往往也更具维持自己林地、林木之完整的动力。相应的，在佃栽契约中也常约定有山主的先买条款，即栽手如要出卖其股份，须"先问地主"[3]。但上揭契约则略有不同，吴姓兄弟之栽手股先已出卖与并非山主的姜述圣，而后山主因"自要蓄禁"将栽手股买回。虽然无法确知土栽双方在佃栽契约中是否约定有先买条款，但山主的确表明了基

1　陈金全、杜万华主编：《贵州文斗寨苗族契约法律文书汇编——姜元泽家藏契约文书》，第 230 页。

2　案例参见贵州省编辑组编：《侗族社会历史调查》，第 20 页。

3　案例参见陈金全、杜万华主编：《贵州文斗寨苗族契约法律文书汇编——姜元泽家藏契约文书》，第 435 页。

于整体蓄禁的原因而完成林木股份的重构，即将林木上的土股和栽手股均集中于山主手中，得以实现山主对林木的完全管业。

2. 栽手收购土股

相对而言，由栽手进行收购的案例可能较为少见。下面的“卖禁杉木字”中，叙述了先后两次交易的情形：

> 立卖禁杉木字人杨光藩，情因要银使用，无所出处，自愿将到土名登屋冲老杉一团，上抵路，下抵杨胜祥青杉，左抵胜祥地土，右抵路，四至分明。情将廿捌年腊月内买到平灶村杨秀祥、杨连芳叔侄山内砍杉陆拾株，去银弍拾弍两叁钱叁分正，奈栽主刘耀祖名下亦应砍木玖拾株，合计此团杉木弍共应砍木壹百五拾株。今将光藩所买陆拾株移卖与刘耀祖伙禁，言定价银叁十叁两肆钱捌分正，当日银契两交，日后砍伐出河，先除壹百伍拾株头木，余下所砍所禁，仍係杨秀祥叔侄、刘耀祖四六均分，不得异言。恐口无凭，立有卖字为据。
>
> 凭中　杨胜祥、胜刚
>
> 亲笔
>
> 光绪廿玖年弍月初六日[1]

在上引文书中，最开始，山主杨姓叔侄与栽手刘耀祖分别土栽四六均分；随后，山主杨姓叔侄先将其山内杉木六十株，以“弍拾弍两叁钱叁分正”卖与杨光藩；再后来，数月之后，栽手刘耀

1　本契约及所提及的前述契约，见张新民主编：《天柱文书·第一辑》第10册，第127、128页。

祖加价（“叁十叁两肆钱捌分正”）将前述卖出的木植购回“伙禁”。值得注意的是，在这一案例中土栽之间先进行了具体木植的析分，即合计杉木一百五十株，按照四六比例分为六十株与九十株；随后，杨姓叔侄即将其分内杉木出售。然而，栽手刘耀祖似乎更强调了其名下亦有份额，林木整体中部分单独出卖的情况可能并不令其满意。故而，其在很短的时间内以近五成的溢价——出卖价格为“式拾式两叁钱叁分正”，而回购价格为“叁十叁两肆钱捌分正”——随即购回杨姓叔侄卖出的杉木。林木价款在短时间内的大幅溢价，似乎也间接说明了该笔交易中收购方之购买需求的强烈，并不是卖方所谓的“要银使用”所能完全解释的。至此，就此一百五十株杉木，栽手达到了完全管业的目的，可以静待“日后砍伐出河”。

以上三个方面的分析，所展现的是多元股份结构下林木采伐决策的三种可能：合议、析分与重构。这些决策安排既追求林木连片经营的整体效应，又显示出对具体股权的尊重和极大的灵活性。通过集中于采伐决策的分析，可以发现在此种股份结构下的林业经营似乎不同于常谓的租佃、共有、合伙，甚或公司等诸形式，而是在清水江的具体林业实践中造就的或许最为适宜的制度。

四、林木流转中的采伐权及其限制

清水江的林木流转包括不同标的类别的交易、继承、分关等多种形式，[1]既涉及完整林木的交易，也包括林木股份的流转。在静态观察以外，考察流转中的林木或林木股份或许更能展现其核心的权利内容。而之所以具体讨论林木流转中的采伐权，正是因为其问题的实质在于，在林木所有权的转移中，相应的采伐权是否也随之转移？也即，买受人获得的仅是一种收益权，还是相应的完整所有权？如前文已申明的，采伐是权利人实现其林木权益最主要的手段之一。如果林木上的采伐权本未设立，或并不转移，那买受人所获得的则只能是财产收益权。

在涉及林木流转的契约中，采伐权的出场常与对采伐权的强调或限制相关联。一般而言，在林木交易中，依据林木成熟程度的不同，采伐权的意义也有所区别："卖成熟林者，即买树到手立时可伐；卖中幼林者，须借山养树，待树长大而后伐卖。"[2]如果交易的目的是即时砍伐售卖，如常谓的"卖砍"[3]（即出卖与山客"砍伐下河"），那么采伐权仅仅意味着权利主体得以进行林木采伐，而无须再次审慎选择时机与买受人。但是如果所交易的林木是前文所述的"中幼林"，那么买主拥有采伐权意味着，此时的买主取得林木之后，尚得以继续蓄禁，在林木成熟之后再作出采伐的决定。因而，在后一种情况中，限制采伐权的含义则变为，

1 关于山林买卖文书的种类，参见潘志成、吴大华、梁聪编著：《林业经营文书》，第 38—66 页。

2 贵州省编辑组编：《侗族社会历史调查》，第 13 页。

3 ［澳］唐立、杨有赓、［日］武内房司主编：《贵州苗族林业契约文书汇编（1736—1950 年）》第三卷，E- 〇〇七〇。

采伐权之权利主体得以在何种宽裕程度的空间内作出采伐决定。

概言之，在采伐方式以外，针对采伐权的强调或限制一般体现在数量与时间这两重维度之上：前者系由确定林木股份范围的应有之义所限定，所要求的是禁止采伐者“越砍”；而后者则可以特别约定，具体而言，可以分为就采伐年限的限制与采伐届数的限制。以下将从时间的维度，就林木流转中对采伐权的强调（“不限远近”）和限制（年限、届数及其他特殊情形）分别阐述。

（一）“不限远近”

在清水江林业契约中，“不限远近”是对买受方之采伐权的一种约定方式，意即对于买主进行采伐之时间的选择不设限制。举例如“卖养木契”：“将到自己份上之养木一块……其养木任从买主蓄禁耕管，不限远近砍伐下河”；[1]“卖杉木字”：“自愿将到土名中冷杉一团……此本不限远近，砍伐下河，出山关山，不得异言”；[2]“卖嫩杉木栽主字”：“自愿将到土名唐场嫩杉木一团……不限远□砍伐”。[3]另外，在有些单根木植出卖时，会从另一个角度更强调“蓄禁”的时限，如“卖蓄禁杉木字”：“杉木一根出卖，自己上门问到堂弟龙显发承买蓄禁，……其木不限远近蓄禁，自卖之后，别无异言”。[4]

1　张新民主编：《天柱文书·第一辑》第 5 册，第 158 页。

2　张新民主编：《天柱文书·第一辑》第 11 册，第 150 页。

3　张新民主编：《天柱文书·第一辑》第 13 册，第 174 页。

4　张新民主编：《天柱文书·第一辑》第 16 册，第 120 页。

林木出卖后买主继续在卖主土地上蓄禁木植的情形，有时被称为“借土养木”，[1]这一情形既可以视为对卖主土地限定使用权的获得，也可以看作卖主采伐权的限制性出让。如“卖寿木字”：“寿木一根，谢土养木，不限远近出砍”。[2]在这一条款中，作为极具特殊性的“寿木”，其蓄禁时限和采伐时的考虑因素显然不同于一般的商品林，因此在交易时买主获得了较为宽松的采伐时限，以利于实现其交易目的。

除林木买卖交易外，其他流转形式中也存在类似的长期采伐权限的设定，例如以下“认错赔还字”：

立恁（认）措（错）培（赔）还字人杨正松，因八月初七日篙山拾（失）火烧坏奔祭龙大林、大霞之从（松）木，杉山二块，至今杨正松自愿上门求让，将奔祭山头正松名下大从（松）木培（赔）还大林五朱（株），又培（赔）还大霞三朱（株）。□于大林、大霞二人不居（拘）远近砍伐，不得异言。恐后无凭，立此培（赔）还字为据。

凭族中：杨孝顺

亲笔

道光元年八月初七　立[3]

1　有学者认为此种情况侵蚀了林地的所有权，参见王宗勋：《清代清水江中下游林区的土地契约关系》，《原生态民族文化学刊》2009 年第 3 期。

2　张新民主编：《天柱文书·第一辑》第 14 册，第 189 页。

3　高聪、谭洪沛主编：《贵州清水江流域明清土司契约文书·九南篇》，第 458 页。

在此文书中，因杨姓立字人失火造成了龙姓杉山的损失，因此需让渡相应的木植以赔还损失，并强调“不拘远近砍伐”，以显示偿与权利之完整。按照文书整理者的“释义”，“像这种失火烧毁他人林木的，取得受害方的谅解已确属不易，因此，在赔还林木上，只能任由受害方在自己管业的山中遴选”。[1]在此情况下，认错者因其在协商时的特殊地位，显然不会，也可能无法再对采伐时限作进一步的限制。

当然，需要明确的是，所谓的“不限远近”，重点并不意在表示采伐权的行使全无期限，而更多的是在强调关于林木之权利的全然让与。从采伐权的视角来看，此一条款在于强调受让人可以完全自主地进行采伐决策，而不受其他因素（尤其是出让方）的限制。

（二）采伐年限

在清水江的林木流转中，尚存在对采伐年限作出具体限定的情形。根据木植出卖时的生长情况，约定的年限长短不一，从十年至三十年均有。如“卖杉木”：“自愿将到……杉木三根……其杉木限至拾年砍伐”；[2]“卖嫩杉木字”：“自愿将到……嫩杉木一冲……其嫩木畜（蓄）禁，限至叁拾年正，坎（砍）伐下河，地归卖［主］管业”；[3]“卖杉木契”：“其木地主股……自卖以后，

1　高聪、谭洪沛主编：《贵州清水江流域明清土司契约文书·九南篇》，第 458 页。

2　张新民主编：《天柱文书·第一辑》第 21 册，第 329 页。

3　同上，第 228 页。

任凭姜姓执契管业，卖主房族兄弟以及外人不得异言。候叁拾年后，其木砍伐下河，地归范姓原主，姜姓不得争持”。[1] 在约定采伐年限的情况中较为特殊的，则是这一份“断卖杉木约”：“原（愿）凭买主蓄禁，百年之内”。[2] 此处约定“百年”的蓄禁时限，虽然存在年限，但是也几近于“不限远近”的表述。

如前文一样，在出卖单根木植的契约中，也会有关于采伐年限的约定。如“卖杉木禁字”：“出卖一根杉木禁，……其杉木限禁叁拾年砍法（伐）下河，除山关山。买主全无，其契退与卖主管业，不得异言。”[3] 有时还会以具体的年份（如“乙未年”）作限，如“卖杉木字”：“其山内有多数之木，限到乙未年，先要卖主入山，留大木五根，然后要买主照契入山坎（砍）伐。……其杉木限至乙未年入山坎（砍）伐，自卖之后，绝无异言”。[4] 该契立于 1949 年末，其所言之“乙未年”应系指 1955 年，故而所约定的砍伐年限其实仅有六年左右。

在林木买卖交易之外，其他文书中也会约定采伐年限。如在一份“分关字”的“外批”中提到：“将两根大木补阄□之一二股，限拾年砍伐”。[5] 又如在一份“清白合同”中提到：“其鄙胆［寨］

1 陈金全、杜万华主编：《贵州文斗寨苗族契约法律文书汇编——姜元泽家藏契约文书》，第 211 页。

2 王宗勋考释：《加池四合院文书考释》卷一，第 26 页。

3 张新民主编：《天柱文书·第一辑》第 21 册，第 114 页。

4 张新民主编：《天柱文书·第一辑》第 16 册，第 206 页。

5 张新民主编：《天柱文书·第一辑》第 14 册，第 5 页。

等凭中将地主一股之木，艮（银）壹百两，凭中度与十六甲等领收，刘姓所栽之木并油树，限二十年油树枯焦、杉木砍伐，出山之日，其地方仍归鄙胆”。[1]但无论是析烟分关还是纠纷解决文书中对林木的处理，究其本质均是某种林木流转形式。可以说，凡是涉及林木权利让渡的场合，都有可能在此种权利主体的转换中基于双方的具体情况而对采伐权设置相应的限制。

在流转的情况以外，在初始设定林木权利的佃栽文书中，有时也会直接对采伐年限作出限定。如“佃栽杉木字”：“日后木植长大，准於三拾年坎（砍）伐”。[2]更为特殊的是一份“分山合同”：“其有之英、番记杉木一块，限至十年砍伐，如有过，三股均分”。[3]该“合同”直接约定，如果过期不进行采伐，则其杉木一块作三股均分。此处在采伐时限之外，进一步规定了不遵守相应采伐权限制的后果。

（三）采伐届数及其他

在时间维度上的限制除了采伐年限，尚有采伐届数的限制。举例如“卖嫩杉木契约字”：“其杉木卖与买主修高（蒿）耕管为业，砍二不砍三”。[4]此处所谓“砍二不砍三”，据学者研究，系指“仅

1　张新民主编：《天柱文书·第一辑》第 10 册，第 23 页。

2　张应强、王宗勋主编：《清水江文书（第三辑）》第 10 册，第 495 页。

3　［澳］唐立、杨有赓、［日］武内房司主编：《贵州苗族林业契约文书汇编（1736—1950 年）》第三卷，E- 〇〇〇六。

4　张新民主编：《天柱文书·第一辑》第 10 册，第 137 页。

拥有两茬木材砍伐权，不再拥有第三茬木材砍伐权”，[1]即对采伐权的届数做出限制。[2]

除了上述在林木交易过程中的对采伐届数进行限制，有时这些限制在最初签订栽杉文书的时候即已确定。如“租山栽杉字”：“情愿开山栽杉三年，两下共同修薅，日后木大砍伐，共议四六平分，栽主陆股，地主肆股，栽主只准砍两届，剩下地主耕管，两下不得争多论少”；[3]又如“写栽杉木字”：“长大发卖，坎（砍）一不坎（砍）二”。[4]这些关于栽手得以砍伐两届林木的约定，说明在特定的情况下，采伐权似乎并不只针对某一特定林木，而指向某一特定林地上的多届木植。

在年限与届数之外，尚有一些关于采伐权的特殊规定。如文斗的“本寨后龙界碑”记载：“凡界内木植，各栽各得，起房造屋，不取；斫伐下河者，二股均分，四房占一股，栽手占一股。”[5]根据不同目的，这一规约对“公地”上林木的采伐作出了区分：如果采伐的目的是“起房造屋”，则不收取其他费用；如果属于经济性采伐（“斫伐下河”），则需要就其所得“二股均分”。与

1　闫平凡：《清水江流域竹林、坌处、远口三地文书考释与研究》，《贵州大学学报（社会科学版）》2012 年第 2 期。

2　须补充说明的是，此处的每届（茬）砍伐，究竟属于“皆伐”“渐伐”抑或“择伐”，尚不清晰。关于清水江流域的林木抚育技术，可参见吴声军：《清水江流域林木抚育的地方性知识及其实践》，《贵州大学学报（社会科学版）》2020 年第 2 期。

3　张新民主编：《天柱文书·第一辑》第 2 册，第 37 页。

4　张新民主编：《天柱文书·第一辑》第 12 册，第 306 页。

5　潘志成、吴大华编著：《土地关系及其他事物文书》，第 240 页。

之相类似，《森林法》第三十二条规定："采伐林木必须申请采伐许可证，按许可证的规定进行采伐；农村居民采伐自留地和房前屋后个人所有的零星林木除外。"同样就采伐问题针对不同的采伐情况作出了区别处理。

要之，在林木权利通过买卖、分关、纠纷解决等形式进行流转时，是可以对其上之采伐权进行专门约定的。在初始设立时，清水江林业经营中的采伐权即呈现出多样化的形态，而这些初始设置在流转之中是否会存在相应的变化，则尚需更进一步的考察。但就现有材料而言，在林木交易契约中，确实会出现对采伐权的强调，这意味着经由交易而转出的林木权利的完整性；同时，林木交易中也存在对采伐权利的明确限制，这也同样暗指采伐权是以限制性的方式随之转移的，只有在特定的限制条件之内，买受方才拥有作出自由采伐决策的权利。

五、土栽之间：股份的类别及其解释

（一）基于采伐权视角的"多元股份结构"

基于以上的考察，本节尝试进一步在土栽之间，讨论和解释建构一种清水江林业经营之"多元股份结构"的可能。贵州清水江文书的重要组成部分是大量涉及林业经营的契约文书，而这些林业契约中频繁出现的“股”的概念，亦为研究者所关注。[1]

一般而言，契约文书中“股”的使用，常使研究者偏于强调股份所指向的经济层面，即基于一定股份而得获取相应经济收益的权利。但是作为一种“极其特殊而又复杂的权利束”[2]，有必要进一步全面检视林木股份中所包含的权利内容，亦即，讨论拥有股份意味着得以行使何种权利。以当代实证法的认知而言，股份背后之股权的权利内容，其实包括“股东基于其股东身份和地位而享有的从公司获取经济利益和参与公司经营管理的权利”[3]。易言之，除了获取相应收益的权利，股份持有人尚应具有基于股份而参与经营管理的权利；即大体来说，股权应当包括收益权和管理权两个层面的内容。[4]《中华人民共和国公司法》（2023年12月29日，以下引用均据此版本）第四条第二款规定：“公司股东对公司依法享有资产收益、参与重大决策和选择管理者等权利。”

---

1 关于此方面的研究，参见如朱荫贵：《试论清水江文书中的“股”》，《中国经济史研究》2015年第1期；盘应福：《清代清水江下游乡村社会经济生活中的“股”研究——基于对带“股”字样契约文书的考察》，《青海民族研究》2018年第2期；林芊：《清水江林业契约文书中“股”之形式及其特征》，《贵州文史丛刊》2018年第3期；张明、林芊：《清水江文书中“股”的特殊称谓、分配机制及其社会关系》，《地域文化研究》2019年第1期。

2 汪青松：《论股份公司股东权利的分离——以“一股一票”原则的历史兴衰为背景》，《清华法学》2014年第2期。

3 参见最高人民法院“福建省平潭县福鑫围垦开发有限公司、刘常爱与福建省平潭县福鑫围垦开发有限公司、刘常爱等申请再审民事裁定书”，〔2015〕民申字第1035号。

4 当然，关于股权的性质界定和权利内容尚存在诸多不同的解释角度，参见李伟：《商法学专论》，辽宁大学出版社2018版，第100—108页。

其中所列举的后二种权利，大致可以归纳为参与经营管理的权利。

对应到清水江林业经营的特定话语中，“股”所意味的收益权代表其所有者可以“按股分银”[1]，这一关于“股”在经济收益层面的认知已相对明确。而“股”中如果涉及经营管理权的内容，则似乎意味着“股”之所有者应当在“分银”之外，还拥有参与林业经营的权利。一般而言，清水江林地股份的所有者不会过多地参与日常的林业经营，一如现今大多数的公司股东，其也主要在涉及“重大决策”的时刻才出场。清水江杉木栽种的过程有诸多阶段，而其中可能最为重要的决策，就是最后关于林木砍伐的决定。砍伐抑或蓄禁？何时砍伐？砍伐后售与何人？关于这一系列问题的回答将对前述的“按股分银”产生直接影响。对这一决策过程的参与，自然是该语境下最为重要的经营管理内容之一。因此，清水江林业经营中相对应于所谓的经营管理权的内容，其主要部分其实可以被概括为一种“采伐权”。某人得以在上述一系列关于林木砍伐的决策中发声，则意味着其拥有（部分的）采伐权，反之，则意味着其并不享有采伐权或者其采伐权受到不同程度的限制。显见的是，此种关于采伐的决策是可以直接决定林业经营的最终收益的。

据以上，在重新理解清水江林业契约中“股”的可能的权利内容之后，随即的问题即为，如果体现为“按股分银”的收益权

1　徐晓光：《锦屏林区民间纠纷内部解决机制及与国家司法的呼应——解读〈清水江文书〉中清代民国的几类契约》，《原生态民族文化学刊》2011 年第 1 期。

的存在已经十分明确的话，那么，是否所有的林木股份或其他关于林木的权利之中，均内含有前述关于经营管理决策的采伐权呢？进一步的，在区分有山主 / 地主的“土股”和栽手的“栽手股”的清水江林业契约中，此二种名称有所不同的股份权利的内容是否是同一的？亦即，以数量比例来看，同股是否同权？

在当代公司法的讨论中，“同股同权”（又称“一股一票”）是一个经典命题。《中华人民共和国公司法》第一百一十六条：“股东出席股东大会会议，所持每一股份有一表决权，类别股股东除外。”[1] 在经典理论中，持股人所占股份的多少应当与其经营控制的能力成比例。具体到清水江的语境之中，有学者认为，基于清水江林业经营中采取的共有结构（co-ownership structure），共有者在出售特定木植时的决策能力是取决于其所拥有股份的多寡的。[2]

1　须专门说明的是，2018 年修正的《公司法》并无“类别股股东除外”的表述，而《中华人民共和国公司法（修订草案）》（2021 年 12 月 24 日）建议加上此一条款。《关于〈中华人民共和国公司法（修订草案）〉的说明》解释称，此修改系“为适应不同投资者的投资需求，对已有较多实践的类别股作出规定，包括优先股和劣后股、特殊表决权股、转让受限股等”。2023 年修订的《中华人民共和国公司法》的第一百四十四条规定：“公司可以按照公司章程的规定发行下列与普通股权利不同的类别股：（一）优先或者劣后分配利润或者剩余财产的股份；（二）每一股的表决权数多于或者少于普通股的股份；（三）转让须经公司同意等转让受限的股份；（四）国务院规定的其他类别股。”

2　参见 Meng Zhang, “Financing Market-Oriented Reforestation: Securitization of Timberlands and Shareholding Practices in Southwest China, 1750–1900.” *Late Imperial China* 38, no. 2(2017):133。同样的表述，也见 Meng Zhang, *Timber and Forestry in Qing China: Sustaining the Market* (Seattle: University of Washington Press, 2021), 104。

这一论述似乎在表明，清水江林业经营中的股份构成及其权利行使应符合"同股同权"的标准。但是，如果从上述采伐权的视角重新检视其股份结构，则会发现，土、栽二种股份之间或许存在有权利内容上的差别。基于此，通过对采伐权的分析，则可以尝试讨论清水江林业经营中"同股不同权"之结构的可能。

当然，关于清水江林业经营中"同股同权"与否的讨论需要从多方面的视角展开，此处仅尝试从采伐权的角度提出一个新的理解方式。故而，以下将从外在表征和内在意涵两个角度，重点分析土、栽两种股份类别的区别，并尝试给出此种区别的解释理路。基于此，关于清水江林业经营的"多元股份结构"得以建构和解释。

（二）土栽股份的表征区别

上述关于林木流转中采伐权限制的考察表明，流转之林木权利的权利内容中虽然常内含有涉及经营决策的采伐权，但这些采伐权有可能被加以不同形式的限制。换言之，并非所有流转的林木权利都具备完整的采伐权。但如果采伐权的限制可以随林木权利的流转而流转，那么土栽之间关于采伐权的初始约定，似乎也有可能在频密地流转之后仍然体现出土栽股份之间的差别。基于此，土股与栽手股之间的具体情况为何，二者是否有可能被视为有所差别的股份类别（share classes）[1] 则值得细究。

1 关于类别股份，参见尹红强：《我国类别股份制度现代化研究》，《证券法苑》2011 年第五卷，第 1318—1338 页。

前文业已说明，采伐权在土栽之间的分配或限制，在初始的佃栽文书或嗣后的流转文书中均可以加以约定。从对这些契约文本的考察来看，林木上的权利在两种股份（土、栽）间的差异一直鲜明存在。关于此，最为显见的例子是，无论其股份如何辗转，书写者常在文书中始终注明其股份类别；这一点在木植出卖砍伐后的“分银清单”中最为显著。[1] 如一份卖砍之后的分银文书中载明：“元发占栽股，该钱二千七百六十四文。大启、［大］振、［大］勋占山二股半，该钱一千四百八十文。”[2] 此处明确区分了“栽”“山”两种股份。又如：“海闻占栽手二股，……五公占土股三股。”[3] 此处则区分了“栽手二股”和“土股三股”。再如：“此山栽股、地股，分为五股，栽手占二股，地租占三股，栽手占钱三千九百二十文，……地股占钱五千八百八十文。”[4] 这里的表述则是“栽股、地股”。相关的文书还有很多。据此可见，在有栽手股份的场合，二者的区别常常会被强调；但是有时在分银时虽然仅有一种股份，仍会作出特别说明。如：“下余土、栽银四十四两整，……栽手山主自栽全占。”[5] 此一说明表明，该处山

1 相关类别的文书，可集中参见［澳］唐立、杨有赓、［日］武内房司主编：《贵州苗族林业契约文书汇编（1736—1950 年）》第三卷，E- 〇〇〇一—E- 〇〇八九。

2 ［澳］唐立、杨有赓、［日］武内房司主编：《贵州苗族林业契约文书汇编（1736—1950 年）》第三卷，E- 〇〇八八。

3 同上，E- 〇〇八五。

4 同上，E- 〇〇七六。

5 同上，E- 〇〇八一。

林系“山主自栽”，故而其实不存在另外的栽手及相应股份，但是在分配时仍然先说明了是“土、栽银”二种。因而，土栽之间的股份名称的区别，除了在林业经营流程最开端的佃栽文书中有所体现外，这种表征区别还一直持续到了这一流程最末端的分银阶段。

土栽股份之间在表征（或曰外观）上的区别，除在契约文书书写上的不同之外，还体现在清水江林业佃栽中往往存在的“主、客”意识之中。如即使约定“二比同卖”，也有写作“客主同卖”的情况。[1]更为人所熟知的，是“佃字”文书中关于“不许客上招客”[2]一类的规定。类似的区别在上引的分银文书中也常常有所体现。比如，此类文书中多不厌其烦地罗列出土股的分派情况，而栽手股份则往往在文书的最前先行除开，或直接注明“栽手客自兑”[3]。不难发现，这些指向“客主有别”的话语使用，似乎在暗示两类股份的分派其实并非处于同一情境之中。

以上所展示的区别其实常常为人所忽视。因为就“按比分银”而言，土股与栽手股所达致的实际效果基本毫无区别，土股一股所得分银与栽手一股并无差异（举例如前引的“栽手占二股，地租占三股，栽手占钱三千九百二十文，……地股占钱五千八百八十

1 张新民主编：《天柱文书·第一辑》第 10 册，第 42 页。

2 张应强、王宗勋主编：《清水江文书（第一辑）》第 12 册，第 61 页。

3 ［澳］唐立、杨有赓、［日］武内房司主编：《贵州苗族林业契约文书汇编（1736—1950 年）》第三卷，E- ○○五九。

文”）。因此，如果仅考虑经济收益的分派，似乎确无在表征上严格区分两种股份的必要。并且须注意的是，在繁复的股份流转中，无论是土股还是栽手股，早已不再具有指示所有者身份的意义——无论是栽手购得土股，还是山主买获栽手股，都是极为寻常的现象。故而，此种现象或许可以理解为，土、栽在林木股份上的区别很可能是为了指示股份本身的性质——而非股份所有者的身份——进而表达其在“按比分银”以外的差别。换言之，如果此种表征的区别与权利内容中的经济收益权无关，与指示所有者身份也关涉不大的话，那么似乎可以发现采伐权在其中的影响。如前所述，除了获取收益外，[1]林业实践中股份的另一层重要意义在于参与经营的权利；具体而言，则是参与最为重要的决策之一——采伐决策——的权利。以此观之，在契约的特别约定之外，土、栽股份在表征上的严格区隔似乎暗示，在特别约定之外，栽手股中可能往往并不包含此类权利，或者至少较为受限。

（三）多元股份及其合理化解释

何以土栽二种股份在收益权的层面上并无区别，但在采伐权的层面却会存在差异呢？此种区分也应有其合理化的意涵。关于这一区分的解释进路可以与当今类似制度的解释方法相类。作为类比，在现行法上，理解采伐许可制度的根本，在于认识到“林

1 在按股份获取收益的同时，自然也需要承担相应的责任，林木山场的支出（如诉讼费用）也是按股份分派，如“盘费均作二股派”，见张应强、王宗勋主编：《清水江文书（第三辑）》第10册，第224页。

木不仅具有传统物权法意义上的经济价值，还具有生态价值”[1]，故而需要以采伐许可的设置平衡二者之间的矛盾。换言之，林木的采伐除意味着所有者可以获得相应的经济利益，也意味着社会或环境在相应生态价值上的损失。在此意义上，采伐传统物权法意义上的“自己”的林木其实也无可避免地关涉“自己”之外的利益群体，故而需要设置采伐许可制度。

同样的，清水江语境下木植的价值面向在不同的主体那里也有所区别。举例而言，在针对木植的“蓄禁”与“斫伐”的紧张之中，如果后者一般意味着经济层面的收益，那么前者的目的显然相对更为多元。当然，彼时的社会条件难以以生态环境的话语进行阐释，但将其替换为所谓的“风水”话语，则可以发现此种多元目的的存在。举例如“准禁风树字”：

> 今我等有共山土名夏九冲头之树，滋长成林，有关风水，我等地主，执契管业。因与演大，人等争论，当请团众理讲。团众善劝我等将此地有关风水之树，准其演大，七家蓄禁，作为护荫之资，我等不得砍伐。其地仍属我等原业。至于枯枝雪损，亦归我等取用。今我三房均愿乐从，自准禁之后，不得异言。[2]

在此禁约中，众人就已经“滋长成林”之木植的“蓄禁”抑或“斫伐”发生了争论。当时的人们明确地意识到，“有关风水”和“执契管业”之间，是存在一定程度的矛盾的。故而，经过“请团众理讲”，

1　高利红：《森林权属的法律体系构造》，《现代法学》2004年第5期。

2　张新民主编：《天柱文书·第一辑》第16册，第28页。

正因为这些木植“有关风水”，所以决定“不得砍伐”，蓄禁而“准其演大”，“作为护荫之资”。作为补充性的强调，所谓的“地主”的权利也被再次提出，如“其地仍属我等原业”，“至于枯枝雪损，亦归我等取用”。

上述案例的关键是，这一蓄禁决定之所以能顺利做出，正在于“我等地主，执契管业”，因而其在采伐与否的决策上拥有决定性的影响力。[1]“团众理讲”所需要说服的对象仅仅是执契管业的“地主”。对于依林地取得土股的“地主”而言，林木的价值可能不仅仅体现在经济上，还可能有“风水”上的考量；而正因为其人是林地之“主”，故而当地的“风水”显然于其有益。在采伐权的分配上，土股的所有者拥有相应的采伐权，可以平衡其各方面利益的实现；而对于依据劳力、技术取得栽手股的“客”而言，因其为客的身份，获取林木的经济价值或许是其所主要追求的，由于其并非是当地久居的“主”，似乎林地的“风水”并不是其重要的考量因素。简言之，在林木砍伐与否的决策中，客主双方所需要考量的要素的多少和侧重点并不相同。故而，人们也就可以理解，在最为重要的采伐决策之中，因其潜在需求的差异，二者所拥有的权利可能并不均等。

作为一种比较资源，如果与 20 世纪早期（这一时期亦被清水

1 如前文所示，土栽之间的初始比例分成常为三二分成。如果依据同股同权的原则，在此比例下，采伐之决策的主导权显然为山主所有；只有土股在嗣后的流转中被分散入多人之手，而栽手股保持相对集中的情况下，后者才有可能成为股份结构中的更大比例者。

江文书的时期所涵盖）所兴起的无表决权股（non-voting stock）[1]相对照，则会发现此种股份也是在类似的目的下产生的。人们提出，可以基于不同类别的股东（如初始创业者与市场投资者）而设立不同类别的股份。对于有的创业者群体而言，持续掌握对公司的控制能力显然非常重要，而对于另外的一些以投资收益为主要目的的群体而言，保障其经济收益权是最为首要的。此类股份结构的设计，或许可以更好地满足诸方各自的内在需求，即希望在不改变公司管理架构的情况下增加资本。[2]与之相对应，清水江林业经营中类似的不同股份类别的出现，似乎也是为了满足参与经营之诸方面的各自的诉求，从而维持需要多方挹注资源的经营形态。

以上的比较，或许有助于理解一种清水江林业经营中的"多元股份结构"[3]。此处所谓的"多元"，一方面意指权利主体的分散，即股份的所有者不仅可以横跨宗族、村寨，在有的情况下甚至不一定为自然人，尚有如"清明会"等组织；另外一方面，也是更为重要的，是在于前文中所强调的土、栽两类不同性质的股份类别。

1　关于无表决权股的历史，可参见 A. A. Berle, "Non-Voting Stock and 'Bankers' Control," *Harvard Law Review* 39, no. 6 (1926): 673–693; Colleen A. Dunlavy, "Social Conceptions of the Corporation: Insights from the History of Shareholder Voting Rights," *Washington and Lee Law Review* 63, no. 4(2006): 1347–1388。

2　参见佟柔主编：《中华法学大辞典·民法学卷》，中国检察出版社 1995 年版，第 687—689 页。

3　当然，其"多元股份结构"的造就，其实与明清时期普遍的地权秩序不无隐现的关联。关于明清时期地权秩序的类似讨论，参见汪洋：《明清时期地权秩序的构造及其启示》，《法学研究》2017 年第 5 期。

与现代部分公司的多元股份 / 股权结构类似，土、栽两类股份的分别设置，以及其在采伐权上所显示的区别，其实尽可能地同时考虑到了山主与栽手有所区别的利益诉求；通过考量不同群体的不同意图，这一结构在某种程度上实现了资源的合理分配。[1]

进一步，基于此种“多元股份结构”，也有助于重新理解所谓“栽手股”的性质。一般认为，栽手所拥有的可能是一种收益权，[2] 也可能是一种“稳固的部分所有权（股权）”[3]。而如果加上采伐权的分析维度，则会发现此种不包含采伐权的“栽手股”因其重要权能的缺失，无疑无法成为一种所有权，而更接近于获取收益的权利。

而在实践中，其实这一“栽手股”的权利也并不稳固，在特定情况下甚至会发生变动。如在有的契约中规定：“如不加修，只得栽手四股之一；若加修一次，即得栽手四股之二；加修二次，得栽手四股之三；加修三次者全得，且须报知地主看山入簿，以免后争。”[4] 此一条款将对林木的修理管护与栽手股份的完全取得与否建立起了联系，山主股份的获得显然少有存在此类附加条件。这也愈发显示了“栽手股”之原初所有者在整体股份结构中处于相对较弱的地位。并且，即使到了卖木砍伐之时，栽手股的比例

---

1 参见徐强胜：《论股份种类的设置》，《河北法学》2006 年第 9 期。

2 参见朱荫贵：《试论清水江文书中的“股”》，《中国经济史研究》2015 年第 1 期。

3 黄敬斌、张海英：《春花鱼鳞册初探》，《贵州大学学报（社会科学版）》2015 年第 2 期。

4 张应强、王宗勋主编：《清水江文书（第三辑）》第 8 册，第 117 页。

仍有可能因上述原因而变更："其栽手因有未修□者，经中评议，土栽作十股分，栽占三股。"[1]这"卖山分单"中的条款甚至规定，如果栽手的劳动投入存在瑕疵，经过一定的程序（"经中评议"）之后，"栽手股"的份额是可以被削减的。从合理化的角度来说，由于清水江流域常谓的"三分栽，七分管"，[2]故而当然可以将这一约定解释为对相对方管护义务之履行不完全的对应措施。但是，这一状况的出现，本身就愈加说明栽手股是作为一种较为特殊的股份类别而存在。

六、结论及其他

通过对清水江林业文书材料的梳理，相关语境下采伐权的权利主体以及采伐决策机制得以说明：在规范意义上，林木之采伐权多因林地之所有而取得，但通过特别约定可以由山主或栽手排他享有；在采伐决策的实践中，存在"二比同卖"与"各管各业"两种模式的颉颃，而土栽股份的重构往往也是实现采伐意图的重要方式。并且，除了在最初的佃栽文书中得以约定采伐权，在林木流转中，采伐权也往往会被提及，无论是强调采伐权的全然让渡抑或是对采伐权的限制。

1　张应强、王宗勋主编：《清水江文书（第三辑）》第10册，第168页。

2　吴声军：《清水江流域林木抚育的地方性知识及其实践》，《贵州大学学报（社会科学版）》2020年第2期。

进一步的，基于采伐权的讨论，是剖解清水江林业经营股份结构的一个有效角度。山主之间（“众山友”）因对林地的权利所有，以及“主人”的身份意识，益以或然的家族、村寨关系，构筑起“集体成员”式的封闭系统。而林木经营对劳动力、技术和资金的广泛需求，要求其必须通过出让部分利益，以完成与各种要素（劳动力、技术）的充分结合。“栽手股”的类别，因其不参与，或仅较为弱势地参与采伐决策，在一定程度上隔离了类似于“成员权”或人身权益的因素，而成为一种较为纯粹的财产权益。积极的一面在于，这种权利的特性使其相对更易于在市场上进行流转，从而为林业股份市场的运转增添了灵活性。更为重要的是，参与林业经营的各方通过“契约”这一极具灵活性的形式，不仅最终造就了上述的多元股份结构，也展示出权利设计在诸多层面的可能性。如果更为大胆一些的话，或许不难得出这样的认识，即，在历史的维度上，“同股不同权”的现象远非现代社会的创新构造；在以清水江为例的类似语境中，其早因内在的必然需求而取得了应然与实践的统一。

需要说明的是，由于将清至民国的清水江林业契约文书作为整体处理，相应解析的重点因之并不在于发现采伐权规范随时代变迁而发生的转变。但是，如果将更为晚近的文书纳入考察，则会发现时代背景下关于采伐权的话语在清水江语境中的悄然转变。

1979 年 2 月 23 日，《中华人民共和国森林法（试行）》通过。在此背景下，1980 年 10 月 3 日，在加池寨姜文仁的家中，党样与加池两地的十一名代表就“山林问题有关事宜”达成了一份协议书。[1]这份作为“今后双方管业的总纲领”的协议书仅有四个条文，其第三条专门规定了“砍伐权”的问题：“今后山林的砍伐权，应由土主、栽主双方商议决定后再砍伐，不得由任何一方擅自砍伐。”[2]而与之相类的，在平略西北的甘乌所保有的一块民国元年（1912年）的“公议条规”碑上写明：“一议栽杉成林，四六均分，土主占四股，栽手占六股。其有栽手蓄修成林，土栽商议出售。”[3]在以上两个属于历史与时代的节点上，采伐权规范的问题都恰时地进入了时人的视野，并且依然选择坚持“二比同卖”的路径，而反对“各管各业”的实践。虽然“采伐权”的概念并没有自始地存在于清水江的契纸上，但是，“蓄禁”与“斫伐”这一对长久以来一直存在的语词，最终都以“砍伐权”的概念进入了清水江文书的晚近版本之中。

1 虽然这份协议书最终被视为对其时《森林法》的违反。参见程泽时：《清水江文书之法意初探》，第390页。

2 张应强、王宗勋主编：《清水江文书（第一辑）》第5册，第153页。

3 王宗勋主编:《乡土锦屏》,第114—115页。原碑文款题“大汉民国壬子年拾月拾伍日”，查民国“壬子年”即1912年。

第六章

投师学艺：拜师与契约

虽然在这本小册子的开头曾反复强调了一种“天下契约都一样”的假设，但前述各章的讨论，仍基本是在清水江的语境下展开的。因而，以上各章中所呈现的中国传统契约文化，仍主要是以一种极具地域化色彩的方式呈现出来的。相比之下，本章的研究，则在所使用的基础材料上尝试跳脱清水江的地域限定，而依据一些更为一般性的文献展开讨论。此处所谓的“一般性”，一方面是因为所征引的材料并没有局限在某一特定地域；另一方面则是因为，讨论中所使用的主要材料为“契式”（及所谓的“日用类书”），而“契式”本身就应当被理解为一种更为“一般性”的契约。上文中关于契式的讨论已经揭示，在中国传统社会的一般实践中，大量关涉具体人、物、事的“契约”，多是依据这些相对抽象和一般的“契式”而写就的。因此，从“由上而下”的角度来看，“契式”自然可以被看作是一种指导具体契约实践的抽象范本；而反之从“由下而上”的角度来看，“契式”也应被视为一种普遍契约实践的精炼和总结。据此，“契式”本身显然更具相当程度的代表性，基于“契式”的讨论也就因之能在更为广阔的层面上展现中国传统契约文化的一般情况。

除了基础材料上的区别，就讨论的主题而言，本章与前几章也有所区别。前述关于具体契约种类的讨论，无论是“典契”还是“林契”，都不是会使人们感到陌生的契约类型。在一般的认知中，田土林木的买卖、典当在很大程度上是契约这一概念的应有之义，属于契约最为核心的应用场景。这一认知背后的基本逻辑是认为契约意味着交易，而交易大多是牵涉经济和贸易的行为，因而契约可以被理解为一种关于经济活动的交易手段或机制。但是，在试图了解中国传统的契约文化时，必须意识到契约在社会生活之中存在的广泛性。这种广泛性代表着契约极大地参与构建起了社会生活的方方面面，甚至可以视为是一种社会生活组织的方式；在特定的语境下，它几乎可以涵盖一个社会中的人在群体生活中的所有领域，无论关涉田土山林还是婚丧嫁娶。故而，除了与经济交易相关的场景，在诸多甚或涉及人身关系的领域，也存在着契约的广泛适用。本章所欲讨论的所谓的“拜师契约”，即是在涉及人身关系方面的一个极佳例子。虽然此一类别在惯常的契约研究中显得相对少见而特殊，但或许正因如此，反而更反映了契约在传统社会中更为广阔和一般性的应用场景。

时下而言，虽然严格意义上的“拜师”仍然存在，但在诸多层面上这显然已经不是社会中的普遍现象了。较为狭义的“拜师”和“摆知”等传统在曲艺界、武术界等领域中还有比较广泛的留存，但在其他的一些行业和领域之中，这一类现象似乎已难觅踪迹。在有的社会行业中虽然仍存在以“师徒”相称的现象（如律师行业、某些技术工作领域等），但相较于曲艺、武术等传统行业中的“拜师”现象，就组织形式、严密程度等方面而言，前者显然无法与后者相提并论。[1]

作为一种相对独特的传统留存，本章所重点考察的曲艺行当中的“拜师”和“摆知”现象颇值得关注。师徒传承一类的文字常见于涉及曲艺的新闻报端，在强调非物质文化遗产的传承时，也常用此类的表述。相关的讨论虽然很多，但似乎都集中于曲艺传统内部，而未将其还原为某种历史现象置于社会整体之中进行分析——究竟这些现象仅仅是一种特有的所谓“江湖规矩”，还是有其广泛存在的土壤？抑或只不过是民间社会传统的一部分？在讨论问题时，无疑需要“上穷碧落下黄泉，动手动脚找东西”，这不仅在强调对资料的充分占有，其中的“上下东西”也喻示着要为看似独立的现象找到其存在的背景与语境。本章即通过对民间历史文献的分析，试图将这些看似孤峰兀立、独绝于世的现象与规矩，借由久远的契约传统，缝回于历史与社会的“无缝之网”（seamless web）[2]中。

一、民间社会的契约传统：“江湖规矩”与“日用类书”

传统上，“拜师”或“摆知”时人们需要遵循的规范有很多，

---

1 需要说明的是，此处并无意也无法对各行业、领域中的“拜师”和“摆知”等现象进行全面性的描述和讨论，而仅试图从特定角度提供一个关于当前“拜师”现象的有限的观察。

2 F. W. Maitland, “Prologue to a History of English Law,” *Law Quarterly Review* 14, no. 1 (1898): 13.

涉及所谓的“江湖规矩”[1]或行业习惯，有时甚至让人有仪式繁复、规矩森严之感。[2]在众多的元素之中，拜师活动中最为重要的文本无疑是“拜师帖”[3]。在这一文本之中，会详细记载师徒间的各类规约，实际上可以视为一种师徒关系缔结的契约。[4]《清稗类钞·师友类》中有“延师关书”条：

> 延订宾师之书，曰“关书”，亦曰“关聘”，上载所任之事及酬报之数，其实亦契约也。送关书时，必附以聘金。[5]

紧随其后，又有“三年役于师”条：

> 江浙间，凡学手艺者，必三年而成。成后，役于其师者三年，不取值。故俗语谓之“学三年，帮三年”。六年之后，任其所往，若师欲留之，必予值矣。[6]

上述引文明确表示，拜师时所订立的文字（即所谓的“延订宾师之书”）实际上是属于一种契约，即“其实亦契约也”。此

1　关于旧时所谓“江湖规矩”的介绍，可参见连阔如：《江湖丛谈》，当代中国出版社2005年版，第1—35页。

2　关于戏业（包括一切说唱职业）的一些涉及拜师学艺、演出乃至日常行为的行业习惯和规矩，参见高其才：《礼失野求：礼法的民间样态与传承》，第95—96页。

3　关于一份曲艺拜师帖的文本，可参见龚国强：《曲艺拜师帖溯源》，载《河南曲艺志史资料汇编》第三辑，《中国曲艺志》河南卷编辑部1990年印本，第228—231页。

4　将戏曲拜师与契约民俗联系起来的研究，可参见宋希芝：《戏曲行业民俗研究》，山东人民出版社2015年版，第72—76页。

5　徐珂编纂：《清稗类钞》（第二十七册），商务印书馆1917年版，第10页。

6　同上，第10页。

种拜师契约上一般记载着拜师的一些关键约定，如“所任之事及酬报之数”。而在江浙地区的习惯之中，学习手艺而拜师者，一般需要三年，三年之后还要帮师父服役三年，期间并无报酬，此称之为“学三年，帮三年”。六年之后，徒弟可以自己决定是否离开；而如果“师欲留之”，则需要给予其报酬了。类似的规矩或曰习惯在许多行业中均有体现，如坐商店铺中的学徒，入门后“依习惯规范先要学徒二年或三年，学徒期间，只管饭，不付工资，或给少量零花钱（名为‘鞋钱’，即‘跑腿磨鞋的钱’）”；而满徒之后，则可以“按月领工资”。[1] 曲艺行当也有类似的规矩，如在一篇关于高英培、范振钰的回忆文章中，作者表示：“当时的规矩是三年学徒，两年效力：三年学徒满师后，要跟着师父白干两年，算是报答师父的授艺之恩。”[2] 这些规矩一方面是地方习俗或行业习惯，另一方面也属于一种被规定在拜师契约之中的契约性约定；而正因其作为二比之契约约定的效力，这些规矩才得以被人们普遍遵守。

必须意识到的是，中国社会其实有着深厚的契约传统。如前所述，在传统民间社会中，契约基本可以存在于社会生活的方方面面。无论是买卖田房山林牛马、借贷租佃典当、婚姻继承分家，或是合伙、佣工、合会、禁约，乃至于请班唱戏，[3] 大大小小的事

1 具体可参见高其才：《礼失野求：礼法的民间样态与传承》，第 87—88 页。

2 高玉琮主编：《搭档》，百花文艺出版社 2018 年版，第 104 页。

3 参见冯学伟搜集整理：《清刻本〈写约不求人〉》，《法律文化论丛》2014 年第二辑，第 127 页。

项最终都须落定于一纸契约之上。实际上，“写契约是人们在社会交往中，将互相商定的事加以记载，以作事后检查信用的凭证的一种传统方式”。[1]这在历史文献中也得到了广泛的印证：从早期的金文简帛，到敦煌文书、徽州文书、清水江文书等，其中均发现有不少曾实际使用的契约文书。可以说，在相当长的时期内，在中国民间社会生活的一应婚丧嫁娶、生老病死中，契约都扮演了相当重要的角色。

自然，在这个大背景之下，曲艺行当所处的“江湖”也概莫能外。所谓的“江湖”，其实是在一定程度上更为强调社会化的场域概念，更重视与他人（无论是客户还是同行）的社会联系。因此，许多所谓的“江湖规矩”都可以在民间社会的契约传统中窥见来源。在传统曲艺行业兴盛的晚清民国时期，最能系统展现这一传统的，当属其时广为流传的日用类书。

所谓日用类书，常名“万宝全书”，是将那些“百姓日用而不知”[2]的社会知识分门别类后汇总成书。其具体内容包罗万象，无论天文地理、岁时节令，或是相面算卦、点穴分金，甚至诗词游戏、大小笑话均有涉及，堪称“日常生活的百科全书”。[3]这一类书籍的版本虽然众多，但在一定时期内所呈现的内容基本大同小异，

1　周耀明编著：《汉族民间交际风俗》，第 139 页。

2　《周易·系辞上传》。

3　See Milena Doleželová-Velingerová and Rudolf G. Wagner, eds., *Chinese Encyclopaedias of New Global Knowledge (1870–1930): Changing Ways of Thought* (Heidelberg: Springer, 2014).

互有沿袭，且传播甚广。因此，在很大程度上，这种时人所使用的实用性书籍，也成为了解当时社会生活的绝佳文献。

如前所述，在基础资料选择上，对于日用类书的利用也恰好和前述各章关于清水江文书中契约文书的利用形成了呼应与互补。日用类书所针对的群体无疑是极其广泛的，尤其是随着其刊本在极广范围内的流布，其中所记载的知识和社会生活方式也随之得以传播开来。这一点在前述关于代笔和契式的讨论中已经有所涉及。因此，日用类书提供了一个关于当时民间社会基本生活方式的“应然”描述——当然，它在很大程度上首先是对社会“实然”的概括和凝练，并赋之以编纂者进一步在“应然”层面的希望。因此，对于试图了解当时的、在广阔范围内的社会基本情况的研究者而言，这些日用类书是比较宝贵的材料。而清水江文书的材料，作为来自某一特定地域的实际被使用和产生效力的文献，是了解这些应然规范如何落地的绝佳材料。据此，一方面，研究者得以在更广阔的范围内，不受具体材料的场景局限地去讨论当时民间社会的普遍情况；另一方面，又可以在具体的时空语境中，探究某一特定实践的真实发生及其与社会一般情况的耦合与差异。

作为一种重要的社会知识，契约的写作方法也是各式日用类书的重要组成部分。在很多日用类书之中，常专设一卷收录各类契式。所谓“契式”，或曰“活套”，是指按不同类别给出的契约写作格式，如卖田契、佃房文约等。这些契约范例在当事人、时间等关键处留空，或用“甲乙丙丁”等字眼代替，在实际使用时只需在相应位置填入符合自身情况的内容即可。这些契式的知识基本上可以被视为对当时常见契约书写的归纳总结。被纳入契式之中的契约类别，一方面往往意味着这一类契约是时人所惯常使用的，另一方面也表示这一契约类别的重要性或复杂性。

综合性日用类书中关于契式的内容，后来逐渐独立出来并单独成书。举例如本章将据以分析的《书契便蒙》[1]《书契程式》[2]及民间抄录的如《居出账簿》[3]等。在这些文献中不乏“拜师帖”这一类的契式，因而，可以据以讨论特定历史时期的拜师现象，进而得以尝试厘清其在民间社会契约传统中的位置。

二、传统法律上的“师”：定义与解释

在传统上，“拜师”自然不是曲艺行当专有的现象。《大清律例·刑律·斗殴》中有“殴受业师”条，规定“凡殴受业师者，加凡人二等，死者斩”。[4]这一规定其实是针对殴打对象为“受业师”的特殊规定，即如果被殴者为殴打人的“受业师”，则相较于殴打一般的人要罪加二等。因此，应当如何在法律上定义“受业师”，

1　〔清〕蒋升：《书契便蒙》，京都鸿文书局光绪三十一年（1905年）石印。

2　陈丙奎题签：《书契程式》，上海鸿宝斋书局民国八年（1919年）三月版。

3　〔清〕佚名：《居出账簿》（“仰头马功直号”），光绪三十年（1904年）春月。

4　关于《大清律例》的点校本，可参见田涛、郑秦点校：《大清律例》，法律出版社1999年版。另外，《大清律例》在发展之中的版本众多，可以参照的如有1646年的《大清律集解附例》、1740年的《大清律例》、1905年的薛允升的《读例存疑》等。

就成了法条适用上的关键。

在《清稗类钞·师友类》中，专列有“师之类别”一条，十分详细地分析了当时不同的类别的“师”的定义，以及针对不同类别的“师”的不同对待方法：

> 科举时代之师，类别颇多。曰“受业师”，朝夕侍教者也。曰“问业师”，偶诣函丈，有所请益，有所质问者也。曰“受知师”，则或为县府道试之主试官及其阅卷主任，或为科岁主试之学政，或为优拔主试之学政，会考之巡抚，或为乡会试之主考房考，或为朝殿考试之阅卷读卷各大臣，或为书院之山长、监院是也。有所谓“保举师”者，则惟仕宦中人有之。属吏受知于上官，为之具疏保荐，俾晋升阶，如是而小之得以给衣食，大之得以恣贪婪，感激涕零，欲奉之为父，厕身义子之列而不得，于是加以夫子之称谓，而尊之曰“师”。
>
> 由斯以观，弟子之致敬于师，所最竭诚尽礼者，为保举之“受知师”，而考试之师则次之。平时也，年节也，师及其父母、妻妾、子女之庆吊各事也，无不有所献，师惟安然受之而已。若受业、问业之师，则皆视如途人，不相闻问。其有通往来、馈财物者，则必致身通显，著闻于时，或可藉为声援者也。
>
> 此外又有“拜门之师”，亦厕于“受知”之列，其实初固不相识也，且不必计其人之言行何如。即其辈行下于己，年龄少于己，但须为当代之显宦，足以为奥援、利汲引者，即可丐人介绍，肃衣冠，具财物而往谒之。见必叩首无数，呼之曰“老师”，而著录称弟子矣。

> 弟子于师之自身称谓，笔之于书面，皆写“受业”二字，至于口头则有别。对于受业、问业之师，曰“学生”；对于受知之师，曰“门生”，盖以列于门墙也。且受知师大抵为达官贵人，其公署，其私邸，必有阍人，阍人所居之室曰“门房”，弟子往谒，必先至门房，俟阍人通报传见，乃敢面师，故曰“拜门”。所赠阍人之金曰“门包”，约为师所得贽敬百分之十。[1]

具体而言，其上所分别的“师”共有三种，即“受业师”“问业师”和“受知师”。这三者的区别在于，“受业师”是“朝夕侍教者也”；“问业师”仅仅是偶尔有所请益的老师（“偶诣函丈，有所请益，有所质问者也”）；而“受知师”则相对不注重知识的传授学习，而是一种社会关系的构建，主要是指曾经在科考等场合拔擢过学生的“老师”，包括“县府道试之主试官及其阅卷主任”“科岁主试之学政”“优拔主试之学政”“会考之巡抚”“乡会试之主考房考”“朝殿考试之阅卷读卷各大臣”及“书院之山长、监院”等。此外，对于官员而言，还有所谓“保举师”，主要是指“属吏受知于上官”的情况。另外，在“受知师”类下还有“拜门之师”，等等。当然，《清稗类钞》中的描述主要是对当时拜老师的社会现象甚至“乱像”的针砭，从而涉及诸多种类的“师”。而《大清律例》中的“殴受业师”条，仅仅限定在对于“受业师”的冒犯。依据《清稗类钞》的分类，是对那些曾经“朝夕侍教者”的殴打，必须罪加二等。

但是，《清稗类钞》中的分类显然不具备法律效力。具备相

1　徐珂编纂：《清稗类钞》第 27 册，第 8—10 页。

应效力的是《大清律集解附例》中对“殴受业师”条的解释：

> 凡者，非徒指儒言，百工技艺，亦在内。儒师终身如一；其余学未成或易别业，则不坐；如学业已成，罪亦与儒并科。道士、女冠、僧尼于其受业师，与伯叔父母同，有犯，不用此律。[1]

据此处的解释，“殴受业师”条适用的范围，不仅仅包括传统上授受文化知识的儒者师生，还包括教学具体技能的百工技艺的师徒。因而，《大清律例》中所指称的师徒关系大致包括两类，除通常所谓的“儒师”外，专门言明“百工技艺亦在内”。清承明制，《大明律》该条的“纂注”也指明：“儒与艺，皆有师。”均说明在当时国家律法的层面，“儒者”与“百工技艺之师”均被纳入正式的师徒范畴之中。

进而，在这一分类的基础上，关于“儒与艺”两种“师”的认定在法律上是有一些区别的。俗谓的“一日为师，终身为父”，其实仅仅适用于“儒师”，即所谓“儒师终身如一”。一旦形成了儒者师生的关系，就相当于终身有效。但是对于其他的百工技艺之师而言，则并非如此。有两种情况会消解百工技艺之师徒的关系认定，即“学未成或易别业”。如果学习并没有完成，或者学习之后并没有从事所学习的行业，则不属于“殴受业师”条适用的范围；换言之，即不认为二者之间仍然构成师徒关系。但是，

---

1 嗣后《大清律例》的条文与本条之规定亦无大区别，唯删去自“道士、女冠、僧尼于其受业师”之下一句，而基本精神未变。

如果“学业已成”，则仍然适用同儒师一样的对待方式。故而，对于百工技艺之师而言，他们与学徒构成师徒关系的前提是弟子学成并且务本业，即俗称的给某人“饭碗”。基于此，如果徒弟端着老师给的“饭碗”却又殴打老师的话，则无疑需要加重处罚。

最后，这一条解释还将宗教相关的“道士、女冠、僧尼”的受业师问题，与儒者和百工技艺者区分开来。该条认为他们构成了另外的如同“伯叔父母”一般的关系，因而不适用于此一条文。

据以上可以看出，传统法律中关于“师”这一个看似简单的概念的解释，其实是极为精细而复杂的。这些区分的背后，蕴含着诸多值得分析的相关理据和价值判断。相对而言，法律对于儒师的保护显然要更为严密，但是“师”的概念也并不排斥其他包括曲艺行当在内的百工技艺之师。如果说对于前者的保护，是基于一种传统道德而进行的特殊对待的话，那么对于后者的优待则更接近于一种实践的考量。其理据在于，既然师父传授技艺与徒弟，且徒弟学成后以此为生，则基于“吃水不忘挖井人”的一般认知，徒弟自然应被施以类似于“报恩”的义务。如果在背负此种义务的情况下还对其师有所冒犯的话，加重处罚则是理所当然的。

依据对上述律条的分析，可以了解在传统法律上对“师”之概念的界定，但是进一步的问题在于，在纠纷裁断中，如何认定二者之间存在师徒或师生关系的缔结呢？尤其是在政府涉入较少的百工技艺之师的领域，相关关系的证明则更显得并不清晰。此时就可以发现，一份足以作为证明的拜师契约的必要性就得到了凸显。

三、拜师的类型化建构：延师、从师与投师

（一）“延师”与“从师”

以上关于“受业师”的定义和解释是在法律层面进行的。在传统民间社会中，通过契约缔结的师生或师徒关系其实也存在不同的类型，因而时人在辑录这些契式时，也进行了相应的类型化处理。就师生（徒）之间的知识或技艺传授而言，在相关日用类书中一般分为三类：以《书契便蒙》为例，分别为“延师”“从师”与“投师”；[1]而在《书契程式》中，亦将前二种分别称为“请师”与“就师”，而实际内容则无差异。[2]

延，即请。所谓“延师”，一般指将老师邀至家中对子弟教学，亦即常所谓的“西席”或“处馆”。如《书契便蒙》中的“延师关约”：

> 乙未岁恭请张老夫子设帐寒斋，启迪儿辈。谨具修金陆拾千文正，薄膳一载，自愧輶亵。伏望严加训诲，俾得有成，不胜铭感之至。
>
> 计开 节仪在外
>
> 光绪 年 月 日 立关约 某〔花押〕
>
> 见约 某[3]

---

1 参见〔清〕蒋升：《书契便蒙》，第56—57页。

2 参见陈丙奎题签：《书契程式》，第23—24页。

3 〔清〕蒋升：《书契便蒙》，第56a页。

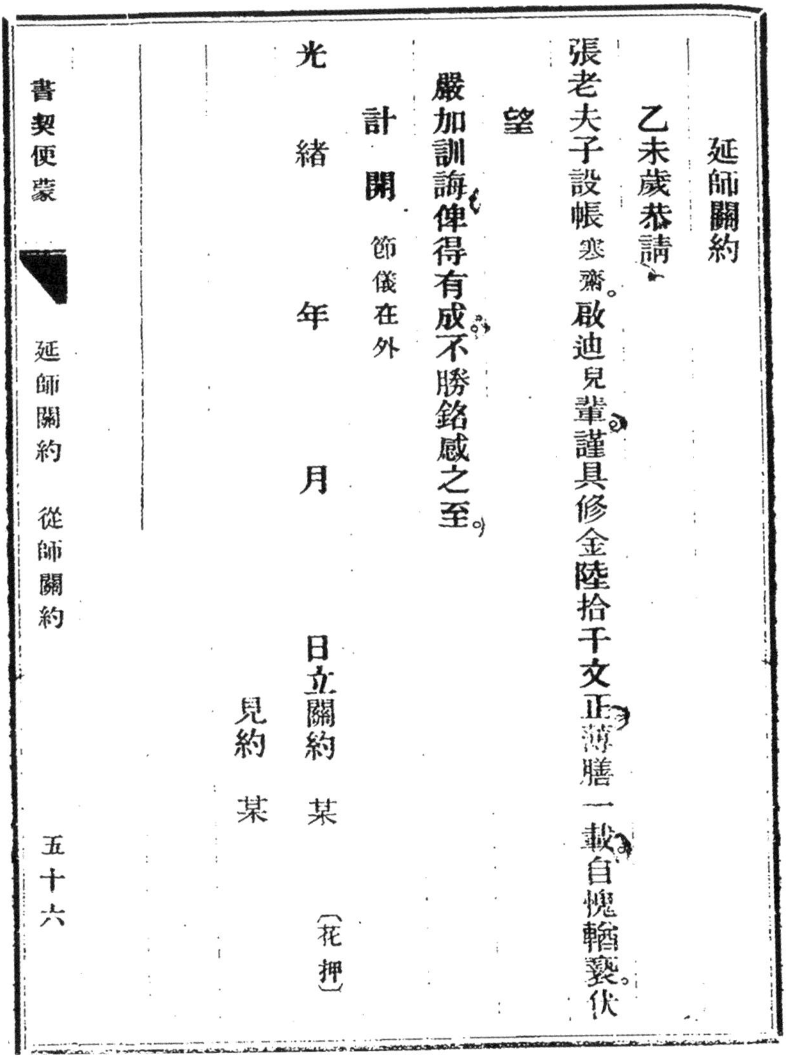

延師關約

乙未歲恭請

張老夫子設帳寒齋。啟迪兒輩。謹具修金陸拾千文正。薄膳一載。自愧輶褻。伏

望

嚴加訓誨。俾得有成。不勝銘感之至。

計開　節儀在外

光緒　年　月　日立關約　某　（花押）

見約　某

書契便蒙　延師關約　從師關約　五十六

图 9　《书契便蒙》中的“延师关约”

从上述契式可见，“延师”情形中的学习场所是学生家中，即“设帐寒斋”。在费用上，延师一方需要向老师支付学费和伙食费（“修金”与“薄膳一载”）。另外，逢年过节延师一方还可能有额外的支出（“节仪”）。在《书契程式》中，“请师”的关帖式也大同小异：“某某岁恭请大师范某某老夫子、某老先生，在舍设帐，训迪儿辈。全年敬送脩金若干圆、薄膳供应。书此奉订。”[1]

“从师（就师）”与“延师”最大的不同在于学习场所的不同。从老师至学生处教学，转为学生赴老师处上学，即所谓“负笈从师”（〔唐〕王勃：《山亭兴序》）。如《书契便蒙》的“从师关约”：

> 甲乙岁命男三官，负笈从桂香老夫子帐下受诲一载。薄具修、膳两仪，八折制钱三十两正，深愧輶亵，伏冀严加教训，倘得有成，铭感不戬，谨约。
>
> 计开 蒲菊在外
>
> 光绪 年 月 日 立关约 某〔花押〕
>
> 见约 某[2]

1 陈丙奎题签：《书契程式》，第 23a—23b 页。

2 〔清〕蒋升：《书契便蒙》，第 56b 页。

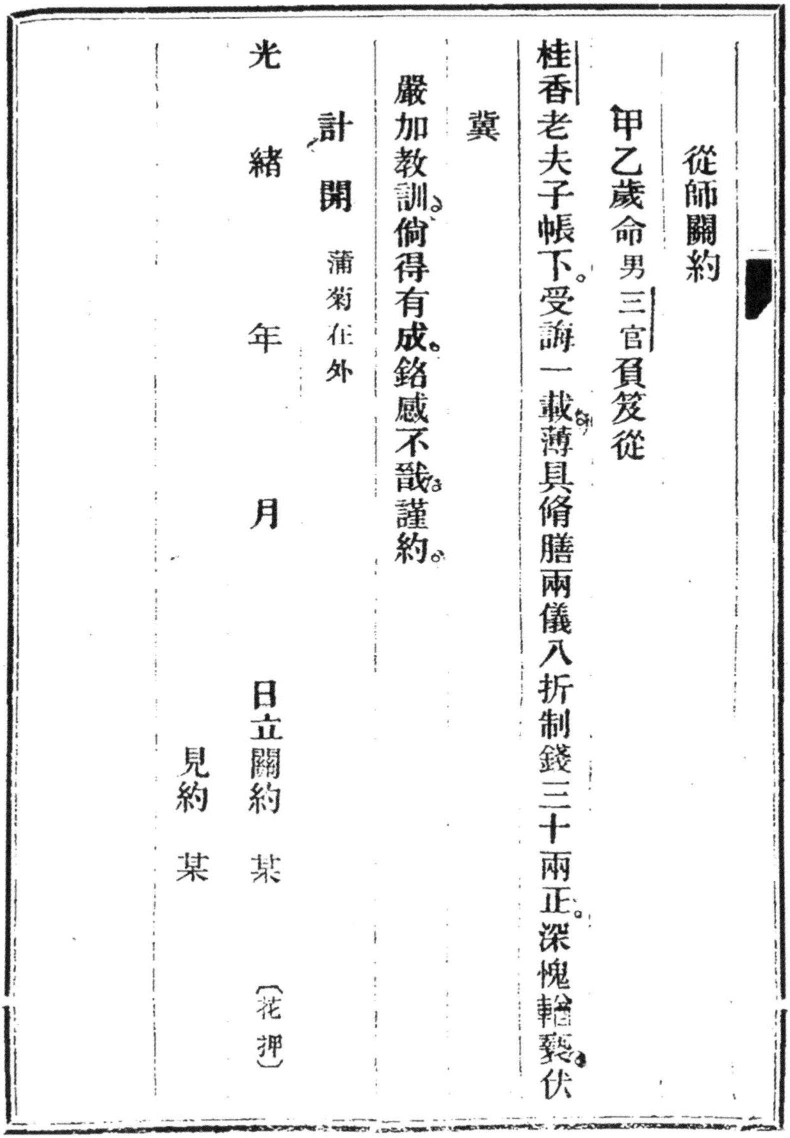

從師關約

甲乙歲命男三官負笈從

桂香老夫子帳下。受誨一載。薄具脩膳兩儀八折制錢三十兩正。深愧輶褻。伏

冀

嚴加教訓。倘得有成。銘感不諼。謹約。

計開　蒲菊在外

光緒　年　月　日立關約　某　（花押）

見約　某

图 10　《书契便蒙》的“从师关约”

除了学习场所的不同，“从师”同样需要支付学费和伙食费（“修、膳两仪”），只不过此处的“膳”显然不是指老师的伙食费，而是指学生因在老师处用餐而向老师缴纳的伙食费。在《书契程式》中，除了将其称为“就师”之外，其规定与“从师”基本一致。[1]

（二）“投师”

相较于“延师”与“从师”，“投师”的条款则更为复杂。在《书契便蒙》中甚至还依据行业的区别给出了两类繁简略有差异的契式。第一类是“如医、画、写照之类”等似乎较为高阶的行业所使用的“投师关约”：

> 立投师关约丁乙生，有男二宝，年十五岁，为因无业营生，央中拜从陆老先生为师，学习医道〔绘画〕为业。自从之后，务祈传授心法，如不遵教训，听凭督责，决不姑息。他日成就，言定奉酬仪金陆拾两正。此乃终身衣食之计，断不背师忘报。恐后无凭，立此投师关约为证。
>
> 光绪 年 月 日 立投师关约 丁乙生〔花押〕
>
> 见约 汪癸生[2]

1 参见陈丙奎题签：《书契程式》，第23b页。

2 〔清〕蒋升：《书契便蒙》，第57a页。

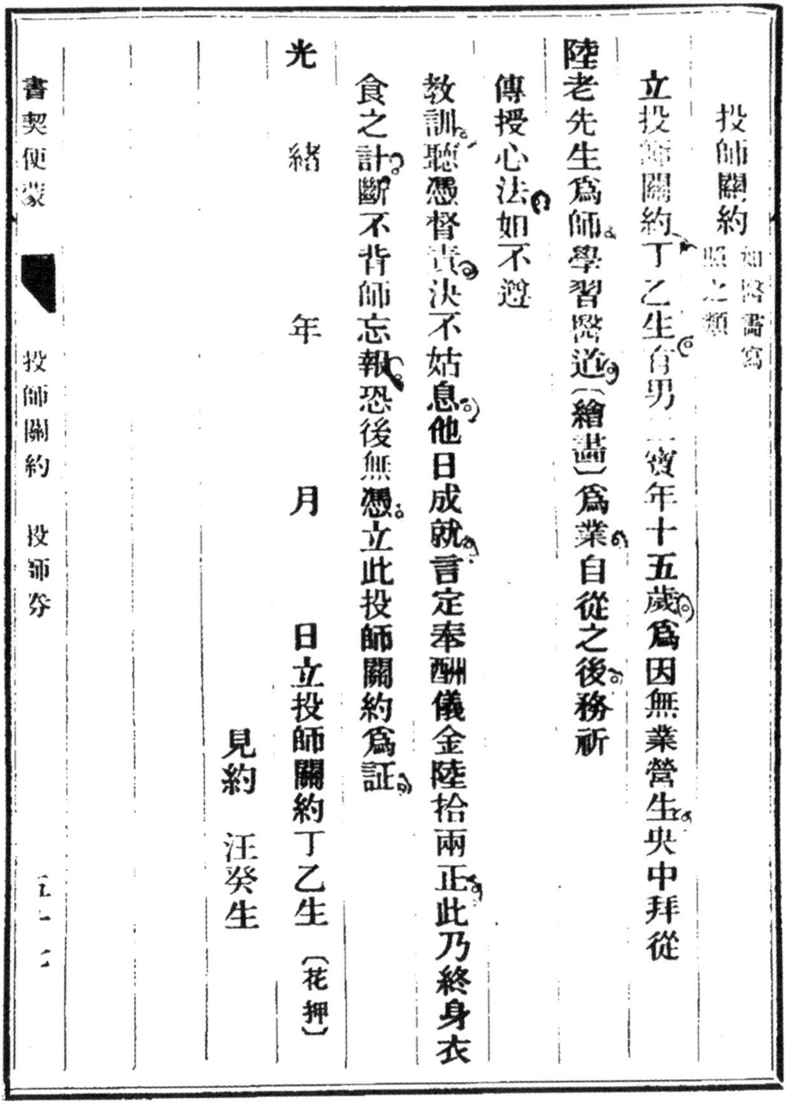

投師關約 細路書寫照之類

立投師關約丁乙生。有男（ ）徵年十五歲。爲因無業營生。央中拜從

陸老先生爲師。學習燃道。（繪畫）爲業。自從之後。務祈

傳授心法。如不避

教訓。聽憑督責。決不姑息。他日成就。言定奉酬儀金陸拾兩正。此乃終身衣

食之計。斷不背師忘報。恐後無憑。立此投師關約爲証。

光　緒　　年　　月　　日立投師關約丁乙生（花押）

見約　汪癸生

書契便蒙　投師關約　投師券

图 11　《书契便蒙》的“投师关约”

第二类则是“如木作、水作、成衣之类”，即常谓的“五行八作”所使用的“投师券”：

立投师券丁乙生，有子甲生，年十三岁，尚无行业营生，情愿央中送于朱老司务门下，学习成衣一业。言定学习三年为满。自投之后，早晚辛勤攻习，不得偷安。如有违逆教训，任凭本师责治，决无异言。今欲有凭，立此关书为照。

计开：

一、当日先奉开手银若干；

一、年满之后，送谢礼若干，置酒几席；

一、学成之后，无力酬谢，情愿帮师几年；

一、年满之后，出店开张，任凭自主；

一、年满之后，仍旧帮师，须议定工钱；

一、倘私自逃走，算还饭金；

一、倘有不测，与师无干。

光绪 年 月 日 立投师券 丁乙生〔花押〕

经 中 汪庚生[1]

1 〔清〕蒋升：《书契便蒙》，第 57b—58a 页。

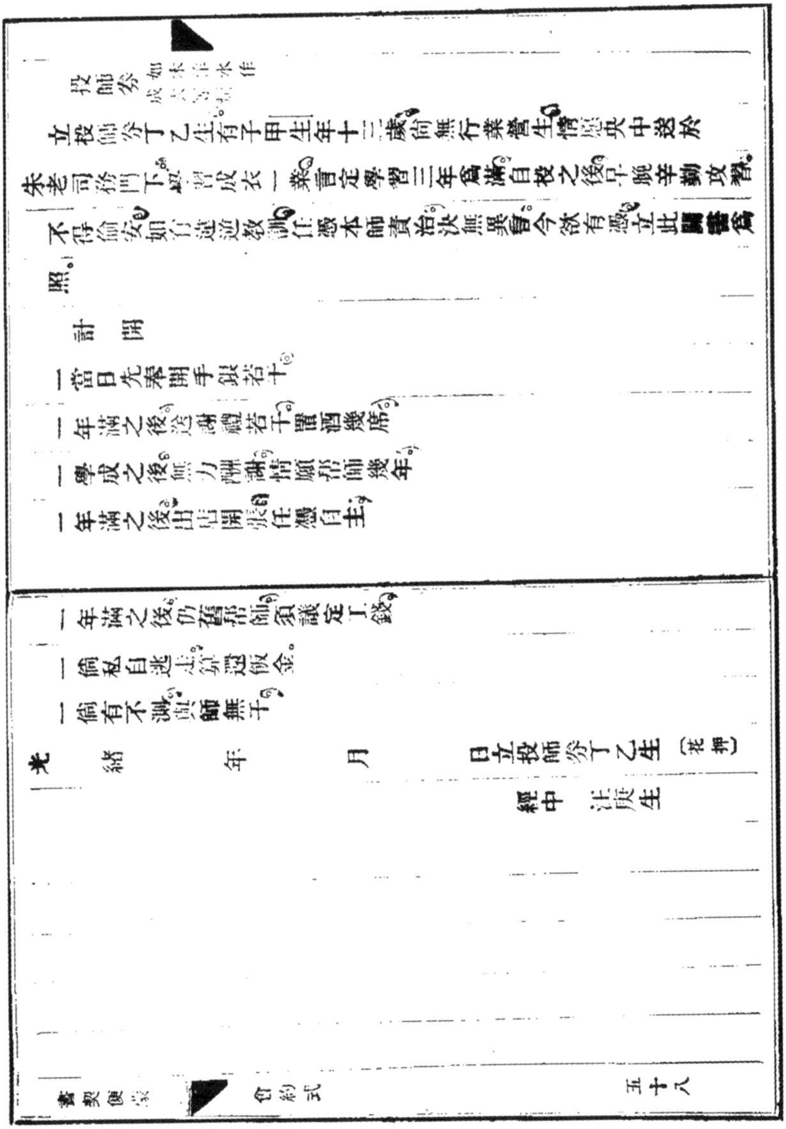

投師劵 如木作水作成衣等類

立投師劵丁乙生有子甲生年十三歲尚無行業營生情愿央中送於
朱老司務門下學習成衣一業言定學習三年爲滿自投之後早晚辛勤攻習
不得偷安如有違逆教訓任憑本師責治決無異言今欲有憑立此關書爲
照。

計開

一當日先奉開手銀若干
一年滿之後送謝禮若干置酒幾席
一學成之後無力酬謝情願帮師幾年
一年滿之後出店開張任憑自主
一年滿之後仍舊帮師須議定工錢
一倘私自逃走算還飯金
一倘有不測與師無干

光緒　年　月　日立投師劵丁乙生（花押）

經中　汪庚生

書契便蒙　合約式　五十八

图12　《书契便蒙》的“投师券”

显然，对于曲艺、戏曲等演艺行当来说，普遍使用的应为后一类契式。这一说法可以得到其它资料的印证：如侯宝林回忆其十一岁时（约 1928 年）学戏所写的“字据”，中有“投河溺井，死走逃亡，与师傅无干；如中途不学，要赔偿损失（饭钱）”等语；[1] 又如 1929 年，马三立拜师周德山时，据称拜师文书中也写有“授业期间，死走逃亡，业师概不负责”一类的话语。[2] 而这些用语基本与上述契式中所列明的“倘私自逃走，算还饭金”“倘有不测，与师无干”相一致。关于类似条款的记述还有很多，当然也有关于“改革”此类条款的记载。如常宝堃和苏文茂之间在订立拜师文书时，前者认为“之前几乎所有契约都有的‘生死患病，投河觅井，打死勿论’一类的词语，决不能写进他们之间的契约中”。[3]

再以 1918 年尚小云胞弟尚富霞拜师时的“关书”为例：

> 立关书人尚小云，今将胞弟小五儿，年十二岁，情愿投在叶师名下为徒，学习黎园，七年为满。言明四方生理，听凭师父代行。七年之内，所进银钱，俱归叶师收用。无故不准告假回家，倘有天灾病症，各由天命。如有私自逃走，两家寻找。年满谢师，但凭天良。日后若有反悔，有中保人一面承当。口说无凭，立字为据。
>
> 立关书人尚小云押，中保人谭小培押，中保人迁武雄押。年

1　侯宝林：《侯宝林自传》上，黑龙江人民出版社 1982 年版，第 21 页。

2　刘连群：《马三立别传》，百花文艺出版社 1991 年版，第 33 页。

3　参见孙福海、常贵芹：《永不落幕的相声大师常宝霆》，天津人民出版社 2018 年版，第 26—28 页。

月日。[1]

此份“关书”中关于“天灾病症”“私自逃走”等条款的约定，均与前述契式相类，且有“投在叶师名下为徒”的说法。几下印证，足以说明“投师”契式确为当时艺人们所实际使用，或者有时则直称为“投师学艺文约”。

当时写立投师契约，常常称为“写给”，即将某学徒经过“写（契）”而“给”了某师父。其中“最重要的原因，就是学戏不用给师父钱，立个字据就成，一旦成了角儿了还能挣钱。”[2]在常宝丰口述的《我的父亲常连安》中，有一段关于写立拜师契字的详细描述，从中可以窥见相关情形：

> 签订学徒契约“关书”称为“写字”，有“穷写字”与“富写字”之分。据京剧大师张君秋说：所谓“穷写字”，就是家里不仅没有学戏的钱，连孩子也养活不起，就把孩子全“写”给人家了。孩子住在师父家，吃穿用度师父全包，一边跟着师父学戏，一边给师父家干杂活，打骂都在师父，家长不得干涉。所谓“富写字”，就是学生只到师父家去学戏，吃、穿、住都由自家料理，所以“富写字”的孩子可以少受点委屈。“穷写字”的孩子进了师父的门，吃的是残羹剩饭，穿得衣不蔽体，个个面黄肌瘦，生了病也得不到医治，挨打受骂是常事，要是学不好，还被说成是白吃饭的。[3]

1 文沙：《伶界的拜师“关书”》，《吉普周报》1946 年第 26 期。

2 常宝丰口述、鲍震培执笔：《我的父亲常连安》，天津人民出版社 2018 年版，第 12 页。

3 同上，第 12—13 页。

而至于其父亲所写立的“关书”，据口述者回忆，则大致如此：

今有常安（师赐艺名小鑫奎）情愿拜于朱玉龙门下，受业学演京戏。6年期满，谢师效力1年。课艺期间，收入归师，吃穿由师供给。死路生理，天灾人祸，车轧马踏，投河觅井，悬梁自尽，各听天命，与师无涉。中途辍学，赔偿X年膳费。自后虽分师徒，谊同父子，对于师门，当知恭敬。身受训诲，没齿难忘。情出本心，绝无反悔。空口无凭，谨据此字，以昭郑重。[1]

再下面，是艺徒签字画押，引、保、代师签字画押，及年月日等信息。[2]这一例子中比较特殊的是，其人后来还经历了一轮所谓的“转徒弟”。根据回忆，在其“转徒弟”的文书中提及了原委：“由于本人戏班在海参崴经营不善，将戏班解散，伶人各谋出路。唯手把徒弟小鑫奎学戏一年，尚未出师，转给丁俊亭为师继续学徒，期限顺延5年，新师当奉60元为转徒费。”[3]这显然不是常见的情形，但是“转徒弟”的行为得以出现和被认可，也更鲜明地说明了在签订契约之后，学徒对师父极为强烈的人身依附性，以至于徒弟可以像是货物一样被随需转让。

1 常宝丰口述、鲍震培执笔：《我的父亲常连安》，第12—13页。

2 同上，第13页。

3 同上，第19—20页。

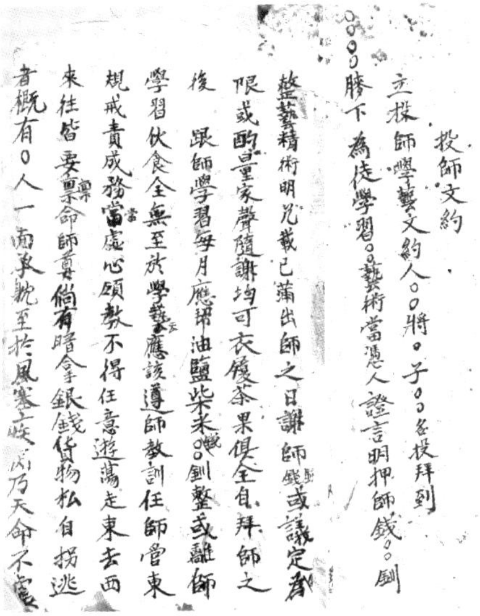

投師文約
立投師學藝文約人○○將○子○○名投拜到
○○○膝下為徒學習○○藝術當憑人證言明押師錢○○
整藝精術明允載已滿出師之日謝師錢○或議定者
限或酌量家聲隨謝均可衣履茶果俱全自拜師之
後跟師學習每月應帮油鹽柴米○○整或離師
學習伙食全無至於學藝應該遵師教訓任師管束
規戒責成務當虛心領教不得任意遊蕩走東去西
來往皆要禀命師尊倘有暗拿銀錢貨物私自拐逃
者概有○人一面承耽至於風寒病○乃天命不當

图 13　“契式簿”中的“投师文约”[1]

“转徒弟”的现象表明，与前两种模式相比，“投师”最大的特点在于师徒间人身关系的强化。如图 13 所示的一份“投师文约”中给出的条款：“学艺应该尊师教训，任师管束，规戒责成，务当虚心领教，不得任意游荡，走东去西，来往皆要禀命师尊。”此种“尊师教训，任师管束”的师徒关系约定，显然远超一般的知识教学必要。《清稗类钞·优伶类》中有“伶人畜徒”条：“京师伶人，辄购七八龄贫童，纳为弟子，教以歌舞。身价之至钜者，仅钱十缗。契成，於墨笔划一黑线於上，谓为一道河。十年以内，

1　该“契式簿”系笔者所藏，蛀蚀严重，载有诸多契式，不著辑录者与年代。

生死存亡，不许父母过问。”[1]这一类契约的实质，甚至常常被认为是“有一定期限的‘卖身契’”[2]。相较而言，在学习场所上，虽然“投师”与“从师”都是赴老师处学习，但是“投”显然比“从”（或“就”）更强调较为强烈的人身依附关系。换言之，在学期间的学徒已经“投”在老师名下，或者如前所说的，已经被“写给”师父，而非仅是前来求学者。其一大体现或许是老师是否仍收取“饭金”。与“从师”不同，“投师”契式中并未提及缴纳伙食费，但反过来载明，倘若学徒私自逃走则须“算还饭金”。也即在正常情况下，学徒的伙食费用应由老师承担，只有在学徒违背契约的情况下才需要向老师偿还这一部分的支出。如前引马三立先生拜师时，即言明“衣、食、住、行，概由师父承担”[3]。

进一步，有的“投师”契式中还约定学艺期间老师需要向学生支付工钱，如：“情愿投拜与某都某姓老师学习某艺，面断三年为规，共计工钱几千文，足三年之外，艺业成功，另行设席拜谢”（见“投师约式”，《居出账簿》）。同样，也有双方之间不约定工钱的情形，如前引“投师券”中有“年满之后，仍旧帮师，须议定工钱”，正说明学艺期间并无工钱。当然，以上各类条款都并非绝对，契式条款只是当时社会中的通行做法，使用者完全可以根据具体情况作相应调整。

---

1 徐珂编纂：《清稗类钞》第38册，第12页。

2 宋希芝：《戏曲行业民俗研究》，第73页。

3 刘连群：《马三立别传》，第33页。

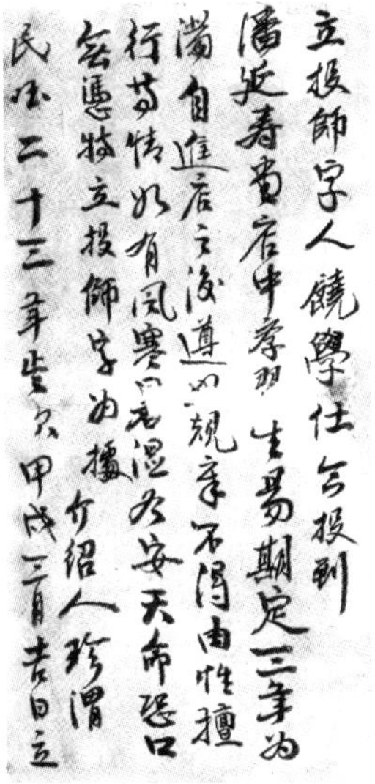

图 14 清水江文书中的“投师字”

在清水江文书中，也可以发现有“投师字”的存在：

立投师字人饶学仕，今投到潘延寿当店中学习生易（意），期定三年为满，自进店之后，遵照规章，不得由性擅行等情。如有风寒暑湿，各安天命。恐口无凭，立投师字为据。

介绍人 珍渭

民国二十三年岁次甲戌三月吉日立[1]

与前文所提及的各行当不同，这是一份关于学习当店生意的投师契约。虽然行业有异，但其条款约定与前文所分析的“投师”

1 锦屏县河口乡瑶光村潘维坤家藏文书。

方式基本一致：例如，在学习期限上“期定三年为满”，在学习场所上学徒需要“进店”学习，并且在学习要求上需要“遵照规章”“不得由性擅行”等。尤其，其中所特别约定的“如有风寒暑湿，各安天命”，与前文提及的“倘有不测，与师无干”或“倘有天灾病症，各由天命”等规定相类，几乎可以被视为投师契约的标识性条款。虽然这份文书的年代是民国年间，但是可以作为旁证，说明“投师”这一方式在清水江流域的存在。

表 5　延师、从师与投师

类别	学习地点	学费	伙食费	工钱
延（请）师	学生处	需支付学费	学生承担老师伙食费	—
从师	老师处	需支付学费	学生承担自己伙食费	—
投师	老师处	可以无学费	老师承担学生伙食费	可约定支付工钱与否

就“延（请）”“从师”与“投师”三种不同的师生（徒）关系，表 5 中整理了三者间的若干差异。当然，表中所展示的只是一般情况，具体的情况还可以随契约的签订而调整。总体来说，日用类书中对“延师”“从师”与“投师”的类型化建构，体现了当时民间社会对这些现象的系统化看法。这三者在内部存在渐进式的演进，即自“延师”至“投师”，师生间的关系愈加紧密，在知识教学以外的人身关系上愈发增强。除了这些内部的区别，其在外部适用上也随之产生了相应的差异。譬如，延师者一般至少是殷实人家，所教授内容一般也应为文化知识或武术之类（如有

契式则言明“请师教读”)，更多地对应于《大清律例》所指的“儒师”。而投师者则可能家庭较为困苦，常是“为因无业营生”，方才投师学艺，所教授内容一般也应是“五行八作”一类的谋生手艺，更多地对应于“百工技艺之师”，而曲艺及戏曲等演艺行当自然也在其中。从（就）师者则介乎二者之间，既可以“就师读书”，也可以“从师学艺”。如《书契程式》中的“从师学艺关约式”

> 立关约某某，今就大师范某某老夫子、某老先生宝铺学习某业，自某岁起，至某岁止，几年期满，奉送修金若干，每月送若干，仍存若干，按岁支送，外加随餐伙食大洋若干，每月支送不致延欠。立此为照。
>
> 民国某年某月 日 立关约某某[1]

这说明，学艺的方式其实可以由人选择，学艺者并非必须“投师”学艺，也可以选择“从师”。当然，相应也需要依“从师”条款另缴“随餐伙食”。

通过对上述文献材料的梳理，基于这三种类型化的情形再来思考曲艺行当中的拜师现象，便不难发现，其实拜师这种“江湖规矩”并非殊胜。它与人们所熟知的私塾老师、学堂先生或手工艺学徒一样，都是处于同一条逻辑脉络之中的某一种知识或技艺的传承方式罢了。

---

1 陈丙奎题签：《书契程式》，第 23b—24a 页。

四、契约传统中的“摆知”

“摆知”，又称“摆支”[1]，即拜师仪式（也有称为谢师仪式的）[2]，被认为是曲艺、戏法等艺人的行业习俗。[3]但与拜师现象本身一样，如将其置于民间社会的契约传统之中，就会发现这一仪式也非鲜见。并且，“摆知”中相当重要的所谓“三师”（即引师、保师、代师），其实也是源于契约活动本身普遍的制度需要。

如前所述，在传统民间社会中，各类重要契约的签订一般需要以酒宴等方式举行相应仪式，如大宗的田宅买卖、分家析产、承继领养等。在有的地方，这一习惯被称为“吃割食”，“即凡买卖田宅，于书契交价之日由买主备席，邀集卖主、中人、代笔人暨亲邻，到场聚饮之谓”。[4]作为契约的一种，“拜师”自然也需要摆酒订约，因而“摆知”同样可以视为基于拜师契约所举行的仪式。在一定程度上，订立契约时之所以常伴有宣示性的盛大宴席或演出，其真实目的在于将契约事项对大众公布，如他人有异议，则可以即时提出，而之后的质疑则可能不再被取信。[5]

“摆知”的作用其实也是如此。人们常说“拜师帖”属于一

---

1 罗扬主编：《中国曲艺志·天津卷》，中国 ISBN 中心 2009 年版，第 800 页。

2 同上。

3 参见刘先福：《谈谈相声拜师习俗的变迁》，《曲艺》2010 年第 1 期。

4 参见法政学社编：《中国民事习惯大全》，第 34 页。

5 参见［美］曾小萍等编：《早期近代中国的契约与产权》，李超等译，浙江大学出版社 2011 年版，第 25 页。

种具有法律效力的合同。但在清代，这类契约所具备的效力，很大程度上并不是现代实证法意义上的法律效力，而可能更多地体现为一种社会实效，即在某一个行业或社区中为人所认知及认可的秩序存在。这种效力的获得，一定程度上恰恰依赖于具备公示意味的“摆知”仪式。

参加“摆知”仪式的除了当事人（即师、徒双方）外，最为重要的是引、保、代三师，[1]以及其他到场见证的来宾。[2]而在对契约传统的描述中，当事人同样需要招待所有参与议事写约的人，俗称“摆契酒”[3]。参加者除当事人外，主要包括中人、代笔人和见证的亲邻。不难发现，这两种仪式的规程其实是高度相似的。

以来宾来说，“摆知”中的来宾，一般都是相关行业的代表，如因行当相近而大致属于同一共同体的评书、大鼓、戏法艺人等。同样，“摆契酒”中到场的亲戚、邻居，也与当事人处于同一共同体内。甚至由于“亲邻先买权”的存在，其到场（或签押）既是见证，更是对约定事项并无异议的表示。

在契约传统中，中人是极为重要的角色，所谓“议价时有中，成契时有中，回赎时又有中，即加典时亦无不有中。邀中必备饭，俗所谓办东也，多则两三席，少亦六七人”[4]。中人的作用主要包

1　参见王凤岐：《“拜师”之我见》，《北京中医药》2010 年第 3 期。

2　参见周巍峙主编，王加华本册主编：《中国节日志·胡集书会》，光明日报出版社 2014 年版，第 57—59 页。

3　周耀明编著：《汉族民间交际风俗》，第 140 页。

4　〔清〕许文浚：《塔景亭案牍》，俞江点校，北京大学出版社 2007 年版，第 160 页。

括介绍、保证，及见证和可能纠纷的调处。一般来说，不同功能是由不同的中人分别实现的。

对应的，“摆知”中的引师，其实源自契约中负责引荐介绍的中人。前引契式中常见“央中拜从某某为师”的字句，中人在其中即发挥着重要的居间撮合的作用。而保师，则属于保证契约得以遵守的中人，或称为“保中”或“中保人”。如尚富霞拜师关书中的“中保人谭小培”，其作用即在于“日后若有反悔，有中保人一面承当”。至于代师，或曰代师传艺之师，但以契约传统来看，其实本指代笔人。[1] 以当时社会的一般文化水平而言，不仅仅是江湖艺人，绝大部分人在需要书写契约时，都必须仰仗识文断字且具备相应知识和公信力的代笔人。从代笔人获得的报酬来看，其重要程度与中人相当；因而代师亦与引、保二师并列。民间写契要求“四人”到齐，即当事双方与中人、代笔人。以此来看，“摆知”与一般契约签订的要求完全一致：对应为师、徒（当事双方），引师、保师（两类中人），代师（代笔人）。

因而，常被认为特有的“摆知”，其实无非是一种“摆契酒”而已，而“摆契酒”在社会中显然是普遍存在的。不仅投师学艺需要“摆知”，“从师”或“延师”在订立“关书”的时候也需要相应地置办酒席。[2] 故而，“摆知”与否与选择何种学习方式并没有必然联系，而仅是一种使约定事项在一定行业或社区内获得认知的手

1 参见罗扬主编：《中国曲艺志·天津卷》，第 800 页。

2 参见周耀明编著：《汉族民间交际风俗》，第 117—118 页。

段。当然，随着现代法律的发展和登记制度的完善，这一习惯则更体现为某种民俗的遗留，而不再是签订契约所必需的了。

五、结论

通过以上的讨论，民间社会普遍而久远存在的契约传统得以凸显。并且，通过对传统法律中和契式文献中关于“师”的不同概念定义和解释，得以梳理清楚类型化架构下不同的“师”的种类，及其在相应的法律上和生活中的对待方式。进而，可以认为曲艺行当中常谓的“拜师”，其实是可以归属于契式书中所归纳的“投师学艺”的范畴之下的。而“摆知”这一似乎特殊的习惯或规矩，也仅是契约传统在特定行业之中的具体展现而已。据此，上述讨论更加凸显了契约传统在中国民间社会中的广泛存在。这也再次呼应了在这本小册子的开头，在正式进入关于契约的讨论之前，所强调的关于契约在中国传统社会秩序构建中的基础性作用的认知。

据此，其实不难发现，“拜师”“摆知”这类曲艺的行业传统其实并非想象中那么特殊。这些现象都可以在社会传统的格局之中找到其应属的位置。所谓的“江湖规矩”，所体现的更多的是一种似乎去今已远的民间话语。如果可以将“庙堂之高”视为国家法的源出场域，那么“江湖之远”满载的则应是民间生活的叙事逻辑。无论是何种方式，都在一定的时空中构建着人们的秩序与生活方式。因而，毋需将江湖视为异类，它本就一直接合于社会生活这张无所不在的“无缝之网”之中。

结语

『立字为据』的契约传统

中国传统社会中的契约文化是一个令人着迷的主题。日本学者寺田浩明在研究清代社会的契约秩序时认为，清代社会“并不是一个单纯的未开化的社会，人们的日常社会生活已经远远超过面对面的小范围交往，早已构成了一个大规模的复杂社会”，这样的一个社会可以通过契约得以运行，或者说“至少总体上能够维持民事秩序”[1]，这个事实本身就构成了一个谜。岸本美绪同样有过类似的疑惑：“在中国社会里，私法性的关系通过民间个别缔结的大量契约自发地形成和发展，并显示出相当复杂的面貌。但是，如果承认这一点的话，像旧中国这样大规模的复杂社会，究竟是什么样的机制支撑或维系着这种私法秩序并使其在一定程度上顺利运转的呢？这似乎是一个谜？”[2]虽然事实还有待于进一步考察和厘清，但通过前文的讨论，或许可以认为，维持这样一个社会秩序稳定的，是这个社会方方面面有意无意的制度生长或制度设计；而作为一种机制或工具的“契约”，在其中的参与无疑是极为广泛的。

在前文的讨论中，着重强调了以文斗寨为例证的清水江社会与“契约”的关系。通过对这些契约文书的分析和探究，研究者

1 ［日］寺田浩明：《权利与冤抑：寺田浩明中国法史论集》，王亚新等译，第111页。

2 ［日］岸本美绪：《明清契约文书》，载《明清时期的民事审判与民间契约》，第307—308页。

可以感受到这些契约作为一种制度规范的生长和衍变。哈罗德·约瑟夫·伯尔曼在《法律与宗教》中曾论及中古教会的“法律生长原则”[1]；与之相类，在清江两岸的村寨共同体内，各种契约相关的制度文化也在基于一种内在的需求而生长起来。这些制度文化绝不应被孤立地理解，他们当然必须是整个共同体内所有规则的一个组成部分；在契约以外，国法政令、风俗习惯、宗族礼仪、家族规范等，或许都处在同一无所不在的“无缝之网”上。但仍可强调的是，以目前的材料来看，这种制度文化的生长似乎较少地顾及了正式权威对于风俗习惯的理性化归置，这种可能自发的生长因而是适合这片土壤且充满生机的。

但是，也必须了解的是，人们可能会逐渐发现，历史上这些西南偏远苗寨的生活图景并不必然是一般所希冀的契约社会的脉脉温情或理性张扬。相对于强调这些村寨的特殊性，更需要认识到的前提是，它们仍然是人们所熟知的中国传统社会中的一个组成部分。虽然这些村寨在群山之间相对闭塞且远离内地，虽然它们有着民族的特色和相对的语言区隔，虽然它们较为鲜见地至今仍留存着极其丰富的契约文书以及契约文化，并且在历史上有着发达的木材经济和相应的商事规则，但它们仍没有逃脱中国传统社会的基本逻辑，仅是作为具有自身特色的组成部分而存在。越是对清水江的契约进行更具生活化地还原，越是试图发掘其内在的价值观念，就越会发现它并非是世外桃源的事实。通过对清水

1 ［美］哈罗德·约瑟夫·伯尔曼：《法律与宗教》，梁治平译，第55页。

江流域村寨中契约制度的研究，读者可能会有这样的朦胧印象，那就是，这些契约制度中那些值得欣喜的地方，可能正是那些实际存在于传统社会中却常不易为当今所着意发现的东西。如果传统的现代转化是一个值得努力的方向的话，所需要继续做的工作，或许正是在正视这种逻辑的前提下，在最乡土的联系中寻找所谓契约的精神和关于理性的种子。

前述诸章已经从不同的角度，呈现并解释了中国古代传统契约的若干面向。归结起来，契约一般以中人为成立的关键角色，以代笔为其书写完成的主要方式，而以“中、笔”为关键要素的订约过程无疑是需要相应费用的，以上几点均已得到比较详细地展现。在一般程式以外，几种特定的契约种类，典契、林契和拜师契约，被专门选定来进行分析，以讨论不同语境下的真实契约实践。它们共同传递出一个核心认知，即，在基础性的意义上，中国古代传统社会的秩序构建是广泛存在契约的参与的。这本小册子愿意将这种关于契约的实践与文化，以及相关的制度与规范，归纳为一种在中国民间社会中深植而久远的“契约传统”。而借以理解这一“契约传统”的关键，或许即在于这本小册子的主题名——“立字为据”。

至此，终于要解释一番，何以要以“立字为据”这一似乎为人们所“日用而不知”的习语，来冠名这本有关于中国传统契约的小册子。“立字为据”四字，来自人们在日常生活中常说的“空口无凭，立字为据”，其实，这也是传统契约文书中的常用套语。

但是在笔者翻检契约文书的经验中，其一般的表达常常不是“空口无凭”，而是“恐口无凭，立字为据”。“空口无凭”与“恐口无凭”，其中的区别可能在于，前者是对于一种事实的描述，即未经记录的言辞（“空口”）是无法作为凭据或者产生借以凭据的效力的；而后者则是在表达一种担忧，即担忧仅仅凭借言辞无法产生证据的效力，进而所“恐”的，其实是仅以言辞达成的合意事项在后续时间里所可能产生的纠纷。更为重要的是，后者所表达的这种担忧其实构成了一种理据，即，基于对无法留下凭据和事后可能的纠纷的“恐”，所以需要留下文字的、物质性的记录，即所谓的“立字”。而自然，“立字”的目的就是“为据”，即作为当事双方或多方基于现场的言辞（“口”）所达成的合意事项的证据。

基于此，则可以在两个层面上解释何以选择这四个字作为题名。首先，以笔者所经眼的材料为限，在传统契约中，其实在大多数情况下，契约文本中对契约的自我指称都是“字”，而非“契约”。这一点在前文中也有提及。在留存下来的文书中当然存在不少以“契”或“约”自称的，但直接使用“立某某字”的写法或许更多。据此，成立契约的过程其实更应当被概括为“立字”。这本小册子既然是要讨论契约的文化和运行，那么，以“立字”为题，似乎算得上文可对题。

其次，如前所述，成立契约的目的，在很大程度上是为了创制所约定事项的证据，是为“为据”——这同时也解释了契约的基本功能和其在社会中的基本作用机制。但必须认识到的是，契约的一切效力首先都在于其是一件真实可信的证据。故而，纠纷发生的时候，第一步常需要先行验明契约的真伪，嗣后契约才可能在纠纷裁断中发挥其效力。而一件所谓为“真”的契约，其实应被理解为是经历过“立字”过程的契约。易言之，只有经过“立字”的“字”才得以“为据”。据此，“立字”本身又成为“为据”的条件和方式。所以，“立字为据”的表达，一方面直接指明了契约的成立过程，另一方面则大致解释了其在社会中的作用机制，似乎应当是一个合适的题目。

更主要的，以“立字为据”来理解契约传统，其目的在于回应或补充以现代或西方意义上的“合同”来理解“契约”的尝试。基于“合同”的理解，在讨论“契约”时，往往需要分析出当事方之间所谓“合意”的这一抽象概念，并讨论当事各方主体地位的平等与否。但是，中国的传统契约往往是更为实际而具象的。极富洞见的认知是，“明清时期的契，可以把它理解成一种收据”；其进一步解释道，“比如，田房卖契，是田房买卖完成后，卖主向买主写立的文书。这份文书的内容，主要是说自己曾经合法拥有的田房已经出卖给某某，并已收足价款。然后由卖主署名画押，交由买主收执。将来若有争执，买主就用卖契作为管业合法来源的证据。所以说，卖契更像是卖主向买主出具的收据，就像今天的民间借据或借条，是借钱人向出借人写立收到借款的凭据”[1]。

1　俞江：《天下合同都一样（代序）》，载《徽州合同文书汇编》（第1册），第1—7页。

如果以“收据”来理解“契约”的话，可能更强调的是作为某一物质的契约或曰契约的物质性，即收执契纸以为凭据，而非仅凭抽象达成的合意及进一步达成的抽象契约就可以完成管业的目的。对于很大一部分的田房土地契约来说，另外一个可能妥帖的现今比喻是“房地产权证”或“不动产权证书”。相对来说，契约的作用更主要的是在于证明持有者对产业的正当占有和管业，而非是证明持有者拥有某种基于合同的债权而具有对于某特定对象的请求权。

关于这一认知的精到解释在传世的古代典籍文字中也常可找见。《周易·系辞下》说：“上古结绳而治，后世圣人易之以书契，百官以治，万民以察，盖取诸夬。”在俞琰的《周易集说》中解释道：

> 后世圣人为书契以代上古结绳之政，盖取诸夬。书，文字也，载之于简策者也。契，约也，所以合同也。以刀刻其言于木者，予者执左，取者操右，彼此各有所据，以为验也。上古民淳事简，大事则结以大绳，小事则结以小绳，后世圣人易之以书契者，言有不能记，事有不能信，则证之以书契也。[1]

这一段叙述可以视为大致回顾了从“上古结绳之政”到“证之以书契”的中国契约“发展史”。当然，这与其说是一种释读，毋宁说是一种关于契约理论的建构。其认为，“书，文字也，载之于简策者也”，故而契约的关键在于有文字的记载。而在没有

1　〔宋〕俞琰：《周易集说》（钦定四库全书本）卷三十二，第18页。

文字的年代，记载则只能是“以刀刻其言于木”，或“大事则结以大绳，小事则结以小绳”。这在“上古民淳事简”的情况下或许可行，但是对于“后世”则显然不适用。而“后世圣人”之所以要“易之以书契”，其目的其实是“言有不能记，事有不能信，则证之以书契也”。对于记载事项这一目的而言，仅凭口头言辞是不足够的，凭借记忆力是“不能信”的，而必须以各种形式书写下来的契约作为证据。这一话语其实可以视为“恐口无凭，立字为据”的另一种表达。可以发现，在上引文献中，关于契约古史的建构也离不开基于“立字为据”的理解。这本小册子倾向于认为，这一四字短语所传递的基本理念，构成了中国契约传统的底色，或许也是理解中国传统契约的不二法门。

以“立字为据”来理解中国民间社会的“契约传统”，也更好地解释了契约在中国社会生活中存在的普遍性。以现代合同而言，社会中存在诸多无法以合同进行规制的事项。例如婚姻，人们一般以合同作为比喻，但并不会明确地认为其属于一种标准意义上的合同。《民法典》第四百六十四条第二款规定：“婚姻、收养、监护等有关身份关系的协议，适用有关该身份关系的法律规定。”因而，涉及婚姻关系的协议并不直接适用合同法的规定。但是，如果仅将其视为一种就其所记载的权利义务内容具备证明效力的文书的话，那么订立婚书的过程显然是一种可以用“立字为据”进行解释的行为。据此，婚书也就可以在特定的语境中被解释为是一种契约。再比如，对于清水江地区大量存在的纠纷解决文书

“清白字”或“认错字”来说，如果依据现代合同观念，这些文书显然无法归入合同的范畴；它们更多地像是“道歉书”或者“检讨书”，而这类文书从各种意义上来说，都很难适用现代合同法。但是，如果以“立字为据”的契约传统进行解释的话，则会发现，这些文书是对既往发生的事实及道歉行为的记载，并希望以此记载防止道歉者事后反悔。因而，这是一种订立契字、记载事项以作为凭据的行为。在这个意义上，这类文书无异于一种契约。在社会秩序的构建中，有大量涉及人际间权利义务关系变化的事实需要被物质性地确定，即以某一种合乎公示公信的方式较为长久地确定下来。而此处就是契约，作为一种特定的秩序机制发挥作用的场域。这种作用的发挥，以最为简洁的形式，则可以表述为“立字为据”。

至此，已经颇为庞杂而琐碎地赘言了许多基于本书题名的思考。关于这些杂乱思考的更加系统的中文表达尚有待来日，但是期望这些片语只言在不失偏颇的情况下，能够对关于中国传统契约的进一步讨论有所助益。无论“‘立字为据’的契约传统”这样的表达，是否真的能串联起这本小册子关于中国传统契约文化的零散尝试，它所希望传递的信息，是对传统契约的固有语境在比较视野下的再次重视。这种重视显然不意味着“沉溺”于一种关于契约和相关机制的原生的、初始的设定——执拗地“泥古”与肆意地“求新”一样，显然都是不尽可取的研究方法。在一种假定发展的前提下，观察者需要在“乱花渐欲迷人眼”之前，及时地意识到自身所立足的语境，在探查所观察的对象时无可避免地存在。对于深入险远的探究者而言，诚实地面对这种可能导致“失真”却又必然存在的比较视野，与诚实地转述所探查到的“奇伟瑰怪”，其实一样可贵。基于此一态度，进一步的，似乎可以期盼这些“有志与力”的探究者所开展的研究，可以在契约的两个名字及其所代表的迥异的文化时空语境之间逡巡往返，并最终搭建起连接往古与来今的津梁。

参考文献

一、著作

1.〔宋〕俞琰：《周易集说》（钦定四库全书本）。

2.〔宋〕郑克：《折狱龟鉴译注》，刘俊文译注点校，上海古籍出版社 1988 年版。

3.〔明〕李贽编、陈眉公选集、王百谷注：《卓吾增补素翁杂字全书》，康熙八年（1669 年）书林千赋堂刊本。

4.〔明〕凌蒙初：《初刻拍案惊奇》，张明高校注，中华书局 2009 年版。

5.〔清〕爱必达：《黔南识略》，台北成文出版社 1968 年版。

6.〔清〕蒋升：《书契便蒙》，京都鸿文书局光绪三十一年（1905 年）石印。

7.〔清〕昆冈等修：《钦定大清会典事例》，光绪二十五年（1899 年）重修本。

8.〔清〕刘岱修，艾茂、谢庭薰纂：《独山州志》（乾隆三十四年刻本），载《中国地方志集成·贵州府县志辑》，巴蜀书社 2006 年版。

9.〔清〕刘衡：《牧令书》，载《官箴书集成》第 7 册，黄山书社 1997 年版。

10.〔清〕毛焕文增补：《增补万宝全书》，乾隆丙寅年（1746年）金阊书业堂刊本。

11.〔清〕武亿：《授堂遗书》，北京图书馆出版社 2007 年版。

12.〔清〕许文浚：《塔景亭案牍》，俞江点校，北京大学出版社 2007 年版。

13.〔清〕佚名：《居出账簿》（“仰头马功直号”），光绪三十年（1904 年）春月。

14.〔清〕裕谦：《再论各代书牌》，《牧令书·卷十八·刑名中》，载《官箴书集成》第 7 册，黄山书社 1997 年版。

15.〔清〕赵翼：《陔余丛考》，河北人民出版社 1990 年版。

16. 马坚译：《古兰经》，中国社会科学出版社 1981 年版。

17. 阿风：《明清时代妇女的地位与权力：以明清契约文书、诉讼档案为中心》，社会科学文献出版社 2009 年版。

18. 常宝丰口述、鲍震培执笔：《我的父亲常连安》，天津人民出版社 2018 年版。

19. 陈丙奎题签：《书契程式》，上海鸿宝斋书局民国八年（1919年）三月版。

20. 陈金全、杜万华主编：《贵州文斗寨苗族契约法律文书汇编——姜元泽家藏契约文书》，人民出版社 2008 年版。

21. 陈金全、杜万华主编：《贵州文斗寨苗族契约法律文书汇编——姜启贵等家藏契约文书》，人民出版社 2015 年版。

22. 陈金全、郭亮主编:《贵州文斗寨苗族契约法律文书汇编——易遵发、姜启成等家藏诉讼文书》，人民出版社 2017 年版。

23. 程泽时：《清水江文书之法意初探》，中国政法大学出版社 2011 年版。

24. 敦煌研究院编：《敦煌遗书总目索引新编》，中华书局 2000 年版。

25. 法政学社编：《中国民事习惯大全》，台北文星书店 1962 年版。

26. 冯学伟：《明清契约的结构、功能及意义》，法律出版社 2015 年版。

27. 高聪、谭洪沛主编:《贵州清水江流域明清土司契约文书·九南篇》，民族出版社 2013 年版。

28. 高其才：《礼失野求：礼法的民间样态与传承》，孔学堂书局 2017 年版。

29. 高其才：《中国少数民族习惯法研究》，清华大学出版社 2003 年版。

30. 高玉琮主编：《搭档》，百花文艺出版社 2018 年版。

31. 贵州省编辑组编：《侗族社会历史调查》，贵州民族出版社 1988 年版。

32. 郭建:《典权制度源流考》, 社会科学文献出版社 2009 年版。

33. 侯宝林：《侯宝林自传》上，黑龙江人民出版社 1982 年版。

34. 江平、王家福总主编：《民商法学大辞书》，南京大学出版社 1998 年版。

35. 锦屏县地方志编纂委员会编：《锦屏县志（1991—2009）》，方志出版社 2011 年版。

36. 李均明、刘军:《简牍文书学》, 广西教育出版社 1999 年版。

37. 李伟民主编：《法学辞海》，蓝天出版社 1998 年版。

38. 李文治编:《中国近代农业史资料》第一辑, 生活·读书·新知三联书店 1957 年版。

39. 连阔如：《江湖丛谈》，当代中国出版社 2005 年版。

40. 梁聪：《清代清水江下游村寨社会的契约规范与秩序——以文斗苗寨契约文书为中心的研究》，人民出版社 2008 年版。

41. 梁治平：《清代习惯法：社会与国家》，中国政法大学出版社 1996 年版。

42. 廖耀南编：《太平天国革命时期侗族农民首领姜映芳起义资料》，载《民族研究参考资料》第十三集，贵州省民族研究所

1982 年版。

43. 林玉茹、王泰升、曾品沧等：《代书笔、商人风——百岁人瑞孙江淮先生访问记录》，台北远流出版公司 2008 年版。

44. 临时台湾旧惯调查会编：《台湾私法》第一卷上，台北南天书局 1995 年版。

45. 临时台湾土地调查局编：《台湾土地惯行一斑》第 3 册，台湾日日新报社 1905 年版。

46. 刘道胜：《明清徽州宗族文书研究》，安徽人民出版社 2008 年版。

47. 刘连群：《马三立别传》，百花文艺出版社 1991 年版。

48. 刘锡蕃：《领表纪蛮·字契》，上海商务印书馆 1934 年版。

49. 鲁彦：《河边》，上海良友复兴图书印刷公司 1936 年版。

50. 罗洪洋：《清代黔东南锦屏人工林业种财产关系的法律分析》，云南大学出版社 2006 年版。

51. 罗扬主编：《中国曲艺志·天津卷》，中国 ISBN 中心 2009 年版。

52. 苗鸣宇：《民事习惯与民法典的互动——近代民事习惯调查研究》，中国人民公安大学出版社 2008 年版。

53. 潘志成、吴大华、梁聪编著：《林业经营文书》，贵州民族出版社 2012 年版。

54. 潘志成、吴大华、梁聪编著：《清江四案研究》，贵州民族出版社 2014 年版。

55. 潘志成、吴大华编著：《土地关系及其他事务文书》，贵州民族出版社 2011 年版。

56. 彭信威：《中国货币史》，上海人民出版社 1958 年版。

57. 前南京国民政府司法行政部编：《民事习惯调查报告录》，中国政法大学出版社 2005 年版。

58. 黔东南苗族侗族自治州地方志编纂委员会：《黔东南苗族侗族自治州志·林业志》，中国林业出版社 1990 年版。

59. 瞿见:《言出法随:〈采运皇木案牍〉校笺与研究》上、下册，花木兰文化事业有限公司 2019 年版。

60. 任继鸿主编：《律师实务与职业伦理》，中国政法大学出版社 2014 年版。

61. 宋希芝:《戏曲行业民俗研究》, 山东人民出版社 2015 年版。

62. 孙福海、常贵芹：《永不落幕的相声大师常宝霆》，天津人民出版社 2018 年版。

63. 台湾史料集成编辑委员会编：《台湾总督府档案抄录契约文书》第一、二辑，台北“行政院文化建设委员会”2005、2006、

2007 年版。

64. 台湾银行经济研究室编：《台湾私法物权编》第 3 册，台湾银行 1963 年版。

65. 田涛、［美］宋格文、郑秦编著：《田藏契约文书粹编（第一册）》，中华书局 2011 年版。

66. 田涛、郑秦点校：《大清律例》，法律出版社 1999 年版。

67. 田涛等：《黄岩诉讼档案及调查报告》下册，法律出版社 2004 年版。

68. 佟柔主编：《中华法学大辞典·民法学卷》，中国检察出版社 1995 年版。

69. 周巍峙主编，王加华本册主编：《中国节日志·胡集书会》，光明日报出版社 2014 年版。

70. 王利明：《合同法》，中国人民大学出版社 2021 年版。

71. 王旭：《契纸千年：中国传统契约的形式与演变》，北京大学出版社 2013 年版。

72. 王钰欣、周绍泉主编：《徽州千年契约文书（清·民国编）》，花山文艺出版社 1994 年版。

73. 王宗勋：《文斗——看得见历史的村寨》，贵州人民出版社 2009 年版。

74. 王宗勋考释：《加池四合院文书考释》卷一至卷四，贵州民族出版社 2015 年版。

75. 王宗勋主编：《乡土锦屏》，贵州大学出版社 2008 年版。

76. 吴经熊校勘:《袖珍六法全书》，会文堂新记书局 1935 年版。

77. 吴俊莹：《台湾代书的历史考察》，台湾政治大学历史学系 2010 年版。

78. 吴密察主编：《淡新档案（十八）·民事编·田房类：抗租、霸收、霸占》，台湾大学图书馆 2006 年版。

79. 吴向红：《典之风俗与典之法律》，法律出版社 2009 年版。

80. 徐珂编纂：《清稗类钞》第 27 册、第 38 册，商务印书馆 1917 年版。

81. 徐晓光：《清水江流域传统林业规则的生态人类学解读》，知识产权出版社 2014 年版。

82. 徐晓光：《清水江流域林业经济法制的历史回溯》，贵州人民出版社 2006 年版。

83. 杨国桢:《明清土地契约文书研究》，人民出版社 1988 年版。

84. 杨起燮：《木业心得录》，福建省建设厅 1933 年版。

85. 尤陈俊：《法律知识的文字传播：明清日用类书与社会日常生活》，上海人民出版社 2013 年版。

86. 俞江：《清代的合同》，广西师范大学出版社 2022 年版。

87. 俞荣根、秦涛：《礼法之维：中华法系的法统流变》，孔学堂书局 2017 年版。

88. 俞荣根：《礼法中国：重新认识中华法系》，孔学堂书局 2022 年版。

89. 张传玺主编：《中国历代契约会编考释》，北京大学出版社 1995 年版。

90. 张新民主编：《天柱文书·第一辑》第 1—22 册，江苏人民出版社 2014 年版。

91. 张应强、胡腾文：《锦屏》，生活·读书·新知三联书店 2004 年版。

92. 张应强、王宗勋主编：《清水江文书（第一辑）》第 1—13 册，广西师范大学出版社 2007 年版。

93. 张应强、王宗勋主编：《清水江文书（第二辑）》第 1—10 册，广西师范大学出版社 2009 年版。

94. 张应强、王宗勋主编：《清水江文书（第三辑）》第 1—10 册，广西师范大学出版社 2011 年版。

95. 张应强：《木材之流动：清代清水江下游地区的市场、权力与社会》，生活·读书·新知三联书店 2006 年版。

96. 张涌泉：《敦煌写本文献学》，甘肃教育出版社 2013 年版。

97. 赵旭东：《法律与文化：法律人类学研究与中国经验》，北京大学出版社 2011 年版。

98. 中国第一历史档案馆编：《雍正朝汉文朱批奏折汇编》第 22 册，江苏古籍出版社 1989 年版。

99. 周耀明编著：《汉族民间交际风俗》，广西教育出版社 1994 年版。

100. [澳]唐立、杨有赓、[日]武内房司主编：《贵州苗族林业契约文书汇编（1736—1950 年）》第一卷，东京外国语大学国立亚非语言文化研究所 2001 年版。

101. [澳]唐立、杨有赓、[日]武内房司主编：《贵州苗族林业契约文书汇编（1736—1950 年）》第二卷，东京外国语大学国立亚非语言文化研究所 2002 年版。

102. [澳]唐立、杨有赓、[日]武内房司主编：《贵州苗族林业契约文书汇编（1736—1950 年）》第三卷，东京外国语大学国立亚非语言文化研究所 2003 年版。

103. [德]茨威格特、克茨：《比较法总论》，潘汉典、米健、高鸿钧、贺卫方译，法律出版社 2003 年版。

104. [古罗马]查士丁尼：《法学总论——法学阶梯》，张企泰译，商务印书馆 1989 年版。

105.［美］哈罗德·约瑟夫·伯尔曼：《法律与宗教》，梁治平译，中国政法大学出版社 2002 年版。

106.［美］曾小萍等编：《早期近代中国的契约与产权》，李超等译，浙江大学出版社 2011 年版。

107.［美］黄宗智：《清代的法律、社会和文化：民法的表达与实践》，上海书店出版社 2001 年版。

108.［日］池田温：《敦煌文书的世界》，张铭心、郝轶君译，中华书局 2007 年版。

109.［日］东洋文库明代史研究室编：《中国土地契约文书集（金—清）》，东洋文库 1975 年版。

110.［日］寺田浩明：《权利与冤抑：寺田浩明中国法史论集》，王亚新等译，清华大学出版社 2012 年版。

111.［日］滋贺秀三等：《明清时期的民事审判与民间契约》，王亚新等编译，法律出版社 1998 年版。

112.［英］H. L. A. 哈特：《法律的概念》，许家馨、李冠宜译，台北商周出版社 2000 年版。

113.［英］亨利·梅因：《古代法》，沈景一译，商务印书馆 1996 年版。

114. ［英］塞缪尔·克拉克：《在中国的西南部落中》，苏大龙译，姜永兴校注，贵州大学出版社 2009 年版。

115. Al-Hilali, Muhammand Taqi-ud-Din, and Muhammad Muhsin Khan, trans. *The Holy Qur'an: English Translation of Meanings and Commentary.* Medina: King Fahd Complex, 1998.

116. Appellate Body Report. *United States-Final Countervailing Duty Determination with Respect to Certain Softwood Lumber from Canada.* WT/DS257/AB/R (19 January 2004).

117. Chen, Li. *Chinese Law in Imperial Eyes: Sovereignty, Justice, and Transcultural Politics.* New York: Columbia University Press, 2016.

118. Clarke, Samuel R. *Among the Tribes in South-West China.* London: Morgan & Scott, 1911.

119. Doleželová-Velingerová, Milena, and Rudolf G. Wagner, eds. *Chinese Encyclopaedias of New Global Knowledge (1870–1930): Changing Ways of Thought.* Heidelberg: Springer, 2014.

120. Ellickson, Robert C. *Order without Law: How Neighbors Settle Disputes.* Cambridge and London: Harvard University Press, 1991.

121. Hart, H. L. A. *The Concept of Law.* 3rd ed. Oxford: Oxford University Press, 2012.

122. Hegel, Robert E., and Katherine Carlitz, eds. *Writing and Law in Late Imperial China: Crime, Conflict, and Judgment.* Seattle: University of Washington Press, 2007.

123. Hume, David. *A Treatise of Human Nature.* Edited by L. A. Selby-Bigge. Oxford: Clarendon Press, 1896.

124. MacCormick, Neil. *Institutions of Law: An Essay in Legal Theory.* New York: Oxford University Press, 2007.

125. Meyer-Förster, Wilhelm. *Karl Heinrich: Erzählung.* Edited by Herbert Charles Sanborn. New York: Newson & Company, 1904.

126. Neusner, Jacob. *The Halakhah: An Encyclopaedia of the Law of Judaism.* Vol. 3, Leiden: Brill, 2000.

127. Okamatsu, Santaro. *Provisional Report on Investigations of Laws and Customs in the Island of Formosa.* 1900; repr., Taipei: Ch'eng Wen Publishing Company, 1971.

128. Sandars, Thomas Collett. *The Institutes of Justinian: With English Introduction, Tanslation, and Notes.* Chicago: Callaghan & Company, 1876.

129. Savigny, Friedrich Carl. *Vom Beruf unsrer Zeit für Gesetzgebung und Rechtswissenschaft.* Heidelberg: Mohr und Zimmer, 1814.

130. Sokolowski, Robert. *Introduction to Phenomenology.* Cambridge: Cambridge University Press, 2000.

二、论文

1. 阿风：《中国历史上的“契约”》，《安徽史学》2015 年第 4 期。

2. 蔡志祥编：《许舒博士所藏商业及土地契约文书：乾泰隆文书（一）潮汕地区土地契约文书》，《東洋学文献センター叢刊》第六十五辑，1995 年版。

3. 曾江：《“古苗疆走廊”研究拓展边疆理论》，《中国社会科学报》2012 年 4 月 27 日。

4. 陈金全、侯晓娟：《论清代黔东南苗寨的纠纷解决——以文斗苗寨词状为对象的研究》，《湘潭大学学报（哲学社会科学版）》2010 年第 1 期。

5. 陈胜强、王佳红：《中人在清代土地绝卖契约中的功能——兼与现代相关概念的比较研究》，《法律文化研究》2010 年第 1 期。

6. 陈胜强：《论清代土地绝卖契约中的中人现象》，《民间法》2011 年第 10 卷。

7. 陈胜强：《中人对清代土地绝卖契约的影响及其借鉴意义》，《法学评论》2010 年第 3 期。

8. 陈小君：《我国他物权体系的构建》，《法商研究》2002 年第 5 期。

9. 陈学文：《清代土地所有权转移的法制化：清道光三十年山西徐沟县王耀田契（私契、官契、契尾）的考释及其他》，《中国社会经济史研究》2006 年第 4 期。

10. 陈学文：《土地契约文书与明清社会、经济、文化的研究》，《史学月刊》2005 年第 12 期。

11. 程泽时：《“姚百万”诬告谋反案与交易公平》，《原生态民族文化学刊》2012 年第 4 卷第 2 期。

12. 崔吉子：《韩国民法上的传贳权制度与中国典权制度之比较》，《法学》2005 年第 12 期。

13. 邓建鹏、邱凯：《从合意到强制：清至民国清水江纠纷文书研究》，《甘肃政法学院学报》2013 年第 1 期。

14. 邓建鹏：《清至民国苗族林业纠纷的解决方式——以清水江“认错字”文书为例》，《湖北大学学报（哲学社会科学版）》2013 年第 4 期。

15. 杜正贞：《从诉讼档案回到契约活动的现场——以晚清民

初的龙泉司法档案为例》，《浙江社会科学》2014 年第 1 期。

16. 范金民：《“草议”与“议单”：清代江南田宅买卖文书的订立》，《历史研究》2015 年第 3 期。

17. 冯学伟：《中国传统契式初探》，《清华法治论衡》第二十四辑，2016 年。

18. 冯学伟搜集整理：《清刻本〈写约不求人〉》，《法律文化论丛》2014 年第 2 辑。

19. 高桂林、吴国刚:《我国林权制度构建之研究》,《法学杂志》2005 年第 5 期。

20. 高利红：《森林权属的法律体系构造》，《现代法学》2004 年第 5 期。

21. 高其才：《锦屏文书的现代表现形式及其法文化意义》，载《锦屏文书与法文化研究》，中国政法大学出版社 2017 年版。

22. 龚国强:《曲艺拜师帖溯源》, 载《河南曲艺志史资料汇编》第三辑，《中国曲艺志》河南卷编辑部 1990 年印本。

23. 郭睿君、李琳琦:《清代徽州契约文书所见“中人”报酬》，《中国经济史研究》2016 年第 6 期。

24. 郭睿君：《徽州契约文书所见“中人”称谓》，《淮北师范大学学报（哲学社会科学版）》2017 年第 1 期。

25. 郭睿君:《清代徽州契约文书所见“中人”身份探讨》,《档案学通讯》2017 年第 4 期。

26. 何育美：《清代民国时期黔东南文斗寨的林业经济习俗研究》，广西师范大学硕士学位论文 2014 年。

27. 贺卫方：《“契约”与“合同”的辨析》，《法学研究》1992 年第 2 期。

28. 洪名勇：《清水江流域林地产权流转制度研究——基于清水江林业契约的分析》，《林业经济问题》2012 年第 1 期。

29. 胡旭晟:《20 世纪前期中国之民商事习惯调查及其意义(代序)》，载《民事习惯调查报告录》上册，中国政法大学出版社 2000 年版。

30. 胡玉浪：《我国关于林木物权的规定及其完善》，《林业经济问题》2007 年第 2 期。

31. 黄敬斌、张海英:《春花鱼鳞册初探》,《贵州大学学报(社会科学版)》2015 年第 2 期。

32. 江海波：《中国古代土地“活卖”关系之考释——兼论〈中华人民共和国民法典〉对“典权”制度的取舍》，《武汉理工大学学报(社会科学版)》2004 年第 6 期。

33. 康兆庆、苏守波：《中国传统文化中的契约精神——基于关系契约论的视角》，《管子学刊》2016 年第 3 期。

34. 李宏：《论森林资源采伐权——兼述国有森工企业改制上市过程中采伐权的处置》，《山西高等学校社会科学学报》2007 年第 5 期。

35. 李桃、陈胜强:《中人在清代私契中功能之基因分析》,《河南社会科学》2008 年第 5 期。

36. 李祝环:《中国传统民事契约中的中人现象》,《法学研究》1997 年第 6 期。

37. 林文凯：《“业凭契管”？：清代台湾土地业主权与诉讼文化的分析》，《台湾史研究》2011 年第 18 卷第 2 期。

38. 刘高勇、屈奇：《论清代田宅契约订立中的第三方群体：功能及其意义》，《西部法学评论》2011 年第 3 期。

39. 刘高勇：《清代买卖契约研究》，中国政法大学 2008 年博士学位论文。

40. 刘秋根、张强：《清代民国时期黔东南林区杉木连片经营——基于“清水江文书”的考察》，《河北大学学报（哲学社会科学版）》2017 年第 1 期。

41. 刘先福：《谈谈相声拜师习俗的变迁》，《曲艺》2010 年第 1 期。

42. 刘欣宁：《秦汉时代的契约》，《新史学》2021 年第 4 期。

43. 刘洋：《近三十年清代契约文书的刊布与研究综述》，《中国史研究动态》2012 年第 4 期。

44. 刘振宇：《清代黔东南苗族社会变迁与民间纠纷解决——以文斗寨解纷文书为研究对象》，《江苏警官学院学报》2011 年第 3 期。

45. 陆宇峰：《重读〈古代法〉：扬弃“纯理论”的努力》，《清华法治论衡》2007 年第 2 期。

46. 罗洪洋搜集整理：《贵州锦屏林契精选（附〈学馆〉）》，《民间法》2004 年第 3 卷。

47. 罗云丹、陈洪波、邓锦凤：《清水江文书分类法探讨》，《凯里学院学报》2015 年第 2 期。

48. 米健：《典权制度的比较研究——以德国担保用益和法、意不动产质为比较考察对象》，《政法论坛》2001 年第 4 期。

49. 瞿见：《清水江契约缀合及辨伪三则——兼论契约文书研究的物质性进路》，《西南民族大学学报（人文社会科学版）》2022 年第 2 期。

50. 任继昉：《清水江文书“捆”“冉”释名》，载《“敦煌文书、徽州文书整理与研究百年经验总结”暨“清水江文书与乡土中国社会”学术研讨会论文集》，贵州大学等 2021 年版。

51. 任志强：《传统社会契约的签订仪式探微》，《黄山学院学报》2010 年第 12 卷第 2 期。

52. 史建云：《近代华北土地买卖中的几个问题》，载《乡村社会文化与权力结构的变迁》，人民出版社 2002 年版。

53. 汪青松：《论股份公司股东权利的分离——以“一股一票”原则的历史兴衰为背景》，《清华法学》2014 年第 2 期。

54. 汪洋：《明清时期地权秩序的构造及其启示》，《法学研究》2017 年第 5 期。

55. 王凤岐：《“拜师”之我见》，《北京中医药》2010 年第 3 期。

56. 王剑锋：《也论典权制度的存废——兼评法工委的物权法征求意见稿相关条款》，《山东省经济管理干部学院学报》2003 年第 6 期。

57. 王明锁：《我国传统典权制度的演变及其在未来民商立法中的改造》，《河南省政法管理干部学院学报》2002 年第 1 期。

58. 王勤美、张应强：《文本书写与行动策略——以贵州苗人土司家谱〈龙氏迪光录〉为中心的探讨》，《北方民族大学学报（哲学社会科学版）》2016 年第 2 期。

59. 王群：《林木采伐权的法律问题探讨》，《林业科学》

2009 年第 5 期。

60. 王帅一：《明清时代的“中人”与契约秩序》，《政法论坛》2016 年第 2 期。

61. 王振忠：《收集、整理和研究徽州文书的几点思考》，《史学月刊》2005 年第 12 期。

62. 王宗勋：《清代清水江中下游林区的土地契约关系》，《原生态民族文化学刊》2009 年第 3 期。

63. 文沙:《伶界的拜师“关书”》,《吉普周报》1946 年第 26 期。

64. 吴才茂：《明代以来清水江文书书写格式的变化与民众习惯的变迁》，《西南大学学报（社会科学版）》2016 年第 4 期。

65. 吴吉远:《清代的代书与讼师》,《文史杂志》1994 年第 3 期。

66. 吴述松：《林业结构调整及其内生经济增长——基于 1466—1949 年清水江林粮兼作文书的证据》，《中国社会经济史研究》2014 年第 3 期。

67. 吴相湘：《中国民事习惯大全（影印本）前言》，载《中国民事习惯大全》，台北文星书店 1962 年版。

68. 吴向红：《典之风俗与典之法律——本土视域中的典制渊源》，《福建师范大学学报（哲学社会科学版）》2007 年第 2 期。

69. 吴欣：《明清时期的“中人”及其法律作用与意义——以

明清徽州地方契约为例》，《南京大学法律评论》2004年第1期。

70. 邢义田：《从简牍看汉代的行政文书范本——“式”》，载邢义田：《治国安邦：法制、行政与军事》，中华书局2011年版。

71. 邢义田:《汉代简牍公文书的正本、副本、草稿和签署问题》,《“中央研究院”历史语言研究所集刊》2011年第八十二本第四分。

72. 徐洁：《典权存废之我见》，《法学》2007年第4期。

73. 徐强胜:《论股份种类的设置》,《河北法学》2006年第9期。

74. 徐晓光、程泽时：《清水江文书研究争议问题评述》，《原生态民族文化学刊》2015年第1期。

75. 徐晓光、龙泽江:《贵州“锦屏文书”的整理与研究》,《原生态民族文化学刊》2009年第1期。

76. 徐晓光：《锦屏林区民间纠纷内部解决机制及与国家司法的呼应——解读〈清水江文书〉中清代民国的几类契约》，《原生态民族文化学刊》2011年第1期。

77. 许德平：《典权与不动产质权之比较研究》，《法学论坛》1999年第3期。

78. 闫平凡：《清水江流域竹林、坌处、远口三地文书考释与研究》，《贵州大学学报（社会科学版）》2012年第2期。

79. 杨国桢、陈支平：《从山契看明代福建山地的私有化》，载《明清福建社会与乡村经济》，厦门大学出版社 1987 年版。

80. 杨国桢：《〈明清土地契约文书研究〉第三版序》，《中国史研究动态》2020 年第 1 期。

81. 杨潇:《晚清至民国时期(1840—1949)契约文书研究述评》,《法律史评论》2020 年第 2 期。

82. 尹红强：《我国类别股份制度现代化研究》，《证券法苑》2011 年第五卷。

83. 尤陈俊：《清代讼师贪利形象的多重建构》，《法学研究》2015 年第 5 期。

84. 俞江：《“契约”与“合同”之辨——以清代契约文书为出发点》，《中国社会科学》2003 年第 6 期。

85. 俞江：《天下合同都一样（代序）》，载俞江主编：《徽州合同文书汇编》第 1 册，广西师范大学出版社 2017 年版。

86. 俞荣根:《超越儒法之争——礼法传统中的现代法治价值》,《法治研究》2018 年第 5 期。

87. 张俊民：《敦煌悬泉汉简所见“適”与“適”令》，《兰州学刊》2009 年第 11 期。

88. 张俊民：《敦煌悬泉置探方 T0309 出土简牍概述》，载长沙市文物考古研究所编：《长沙三国吴简暨百年来简帛发现与研究国际学术研讨会论文集》，中华书局 2005 年版。

89. 张明、戴泽军、丁正屏：《清水江文书的历史真实性考证》，《贵州大学学报（社会科学版）》2016 年第 1 期。

90. 张明、韦天亮、姚小云：《清水江文书侗字释例》，《贵州大学学报（社会科学版）》2013 年第 4 期。

91. 张强：《清代民国清水江流域民间“典当”：基于“清水江文书”的考察》，《原生态民族文化学刊》2019 年第 2 期。

92. 张强：《清代民国时期黔东南“林农兼作”研究》，河北大学 2016 年博士学位论文。

93. 张新宝：《典权废除论》，《法学杂志》2005 年第 5 期。

94. 张应强：《由〈凭折领钱〉所见清水江流域木植之采运》，《华南研究资料中心通讯》2005 年第 40 期。

95. 赵思渊：《19 世纪徽州乡村的土地市场、信用机制与关系网络》，《近代史研究》2015 年第 4 期。

96. 郑宏基：《从契字看台湾法律史上有关土地买卖的法律规范》，台湾大学法律学研究所硕士论文，1998 年。

97. 郑小春：《清朝代书制度与基层司法》，《史学月刊》2010 年第 6 期。

98. 周绍泉：《明清徽州契约与合同异同探究》，载张中政主编：

《明史论文集（第五届中国明史国际学术讨论会暨中国明史学会第三届年会论文集）》，黄山书社1993年版。

99. 朱力宇、粟丹：《清水江文书的契约精神及其传承与发展——以锦屏华寨村为例》，载高其才、王奎主编：《锦屏文书与法文化研究》，中国政法大学出版社2017年版。

100. 朱荫贵：《试论清水江文书中的“股”》，《中国经济史研究》2015年第1期。

101. ［韩］Kim Hanbark：《因何前去官衙：清水江文书中的红契分析》，《原生态民族文化学刊》2015年第4期。

102. ［韩］南玟玖：《清水江文书所见伐木分银问题的探讨》，载高其才、王奎主编：《锦屏文书与法文化研究》，中国政法大学出版社2017年版。

103. ［美］宋格文：《天人之间：汉代的契约与国家》，李明德译，载高道蕴、高鸿钧、贺卫方编：《美国学者论中国法律传统》（增订版），清华大学出版社2004年版。

104. ［日］岸本美绪：《民间契约与国家干预——明清时代的“契约正义”问题》，《中国经济史研究》2021年第2期。

105. ［日］岸本美绪：《明清契约文书》，载王亚新等编译：《明清时期的民事审判与民间契约》，法律出版社1998年版。

106. [日] 相原佳之：《从锦屏县平鳌寨文书看清代清水江流域的林业经营》，《原生态民族文化学刊》2010 年第 1 期。

107. [日] 相原佳之：《清代中国、貴州省清水江流域における林業経営の一側面——〈貴州苗族林業契約文章滙編〉平鳌寨文书を事例として》，载 [澳] 唐立、杨有赓、[日] 武内房司主编：《贵州苗族林业契约文书汇编（1736—1950 年）》第三卷，东京外国语大学国立亚非语言文化研究所 2003 年版。

108. Allen, Carleton Kemp. “Status and Capacity.” *Law Quarterly Review* CLXXXIII, no. 3 (1930): 277–310.

109. Berle, A. A. “Non-Voting Stock and ‘Bankers’ Control.” *Harvard Law Review* 39, no. 6 (1926): 67–93.

110. Carmody, Chi. “Softwood Lumber Dispute (2001–2006).” *The American Journal of International Law* 100, no. 3 (2006): 664–674.

111. Cooter, Robert. “The Intrinsic Value of Obeying a Law: Economic Analysis of the Internal Viewpoint.” *Fordham Law Review* 75, no. 3 (2006): 1275–1286.

112. Dunlavy, Colleen A. “Social Conceptions of the Corporation: Insights from the History of Shareholder Voting Rights.” *Washington and Lee Law Review* 63, no. 4 (2006): 1347–1388.

113. Faure, David, and Helen F. Siu. "The Original Translocal Society and Its Modern Fate: Historical and Post-Reform South China." In *Translocal China: Linkages, Identities and the Reimagining of Space*, edited by Tim Oakes and Louisa Schein, 36–55. London and New York: Routledge, 2006.

114. Foerste, Karla. "Eine Methode der Streitvermeidung: Die »dritte Partei« bei Begründung und Durchsetzung von Verträgen im traditionellen China." *Rabels Zeitschrift für ausländisches und internationales Privatrecht* 64, no. 1 (2000): 123–142.

115. Hohfeld, Wesley Newcomb. "Some Fundamental Legal Conceptions as Applied in Judicial Reasoning." *The Yale Law Journal* 23, no. 1 (1913): 16–59.

116. Kuntze, Johannes Emil. "Der Gesamtakt-ein neuer Rechtsbegriff." In *Festgabe der Leipziger Juristenfakultät für Dr. Jur. Otto Müller*, edited by Bernhard Windscheid and Johannes Emil Kuntze, 27–80. Leipzig: Verlag von Veit & Comp., 1892.

117. Maitland, F. W. "Prologue to a History of English Law." *Law Quarterly Review* 14, no. 1 (1898): 13–33.

118. Nanda, Vikram K., Z. Jay Wang, and Lu Zheng. "The ABCs of

Mutual Funds: On the Introduction of Multiple Share Classes." *Journal of Financial Intermediation* 18, no. 3 (2009): 329–361.

119. Qu, Jian. "A Brief Introduction to the Qingshui River Manuscripts." *ERCCS–Research Notes,* no. 2 (2018): 1–6.

120. Redfield, Robert. "Maine's Ancient Law in the Light of Primitive Societies." *The Western Political Quarterly* 3, no. 4 (1950): 574–589.

121. Skinner, G. William. "Introduction: Urban and Rural in Chinese Society." In *The City in Late Imperial China*, edited by G. William Skinner, 253–273. Taipei: SMC Publishing Inc., 1995.

122. Zelin, Madeleine. "A Critique of Rights of Property in Prewar China." In *Contract and Property in Early Modern China,* edited by Madeleine Zelin, Jonathan K. Ocko, and Robert Gardella, 17–36. Stanford: Stanford University Press, 2004.

123. Zhang,Yingqiang. "The Qingshuijiang Documents: Valuable Sources for Regional History and Cultural Studies of the Miao Frontier in Guizhou." *Journal of Modern Chinese History* 11, no. 1 (2017): 145–160.

后记

这本小册子作成于一个对个人而言颇值得标记的时间节点。在着手构思并组织文稿之时，我尚处于撰写海德堡大学博士毕业论文的最后阶段。每日起身，即缘内卡河（*Neckar*）畔溯游而上至研究所，及夜，则信步而返。“朝而往，暮而归”，堤岸道旁的芳草树木、松鼠野兔，随时序变换而生长，对当世间之剧变熟若无睹。彼时苦则苦矣，“而乐亦无穷也”。及至攒集完成，提交初稿之时我已经回到国内，而海德堡的博士论文也已完成答辩（*Disputation*），并在修订后获得许可（*Imprimatur*）而付梓。自欧亚大陆的一端奔赴另一端，经年之后，再自另一端万里而返。除了匆匆步履之外，也是一次文化语境的交织往复，这或许才是书中文字的潜在旅程。

这本杂乱浅薄的小书，其实可以说是过去十余年间，作者关于中国传统契约之粗浅思考的集中呈现。其中的大部分文字均曾以不同的形式散见各处，而这本小册子试图以一种可能系统的方式，将这些文字修删、改订、增补，并最终纂集一处而呈请校阅。虽然无甚宏论，但对传统契约的关注历时既长，其间的思绪转换或发展也就颇多地体现其中。在回顾和梳理的时候，发现有不少稚嫩的文字始终未得修正，以至于贻笑大方。此次难得有机会重新检视，虽然远远不符合预期，但毕竟不无小补。

由初稿而修订稿，不期这本小书又经历了一整年的时间；其间，斟酌修订了逾四千处，也增加了约五分之一的篇幅。在重新整理文稿的过程中，思绪亦随文字背后隐现的场景而时常漂移——无论是西南的雾岚与清华园的冬雪，还是巴黎的雨夜、海德堡的盛夏与鲁汶的初春，时空浩大无垠，但它们最终都被凝结收敛于张张字纸之上；由此观之，这未尝不也是一次“立字为据”。

这本小书之所以得以完成，最需要感谢的是俞荣根老师的信任、支持和鞭策！早在约十数年前，即蒙俞老师提携、鼓励而有机会参与编纂《中华大典·法律理论分典》。一时耆老俊秀咸集，于歌乐山修典的诸多日夜，是我极为珍视的经历。

2021 年 4 月，草就于上海康桥

2022 年 4 月，修订于六道口

2023 年元月，改定于柯鲁柯

腊月，终校于粤西